결국 부모의 말이 전부다

결국은 부모의 말이 전부다

교장 선생님이 알려주는 초등 자녀 소통법

초 판 1쇄 2024년 09월 26일

지은이 한선희
펴낸이 류종렬

펴낸곳 미다스북스
본부장 임종익
편집장 이다경, 김가영
디자인 임인영, 윤가희
책임진행 이예나, 김요섭, 안채원

등록 2001년 3월 21일 제2001-000040호
주소 서울시 마포구 양화로 133 서교타워 711호
전화 02) 322-7802~3
팩스 02) 6007-1845
블로그 http://blog.naver.com/midasbooks
전자주소 midasbooks@hanmail.net
페이스북 https://www.facebook.com/midasbooks425
인스타그램 https://www.instagram.com/midasbooks

© 한선희, 미다스북스 2024, *Printed in Korea.*

ISBN 979-11-6910-836-2 03370

값 20,000원

※ 파본은 본사나 구입하신 서점에서 교환해드립니다.
※ 이 책에 실린 모든 콘텐츠는 미다스북스가 저작권자와의 계약에 따라 발행한 것이므로 인용하시거나 참고하실 경우 반드시 본사의 허락을 받으셔야 합니다.

미다스북스는 다음세대에게 필요한 지혜와 교양을 생각합니다.

교장 선생님이 알려주는 초등 자녀 소통법

★★★★★
현직 초등 교장의
쉽고 즐거운 대화
38년 노하우

결국은 부모의 말이 전부다

한선희 지음

미다스북스

프롤로그

결국은 부모의 말이 전부다　　　　　　　　　　　　007

1장
초등 소통, 부모의 말이 전부다!

① 시대의 키워드, 소통　　　　　　　　　　　　013
② 초등 시기, 부모와의 소통이 중요한 이유　　　021
③ 우리 아이와의 소통이 왜 어렵죠?　　　　　　029
④ 부모가 된다는 것은?　　　　　　　　　　　　036
⑤ 당신은 안전한 부모인가요?　　　　　　　　　042

2장
아이와 어떤 소통을 하고 있는가?

① 대물림 되는 소통의 방식　　　　　　　　　　053
② 나는 어떤 부모일까?　　　　　　　　　　　　058
③ 강압적인 부모, 무기력한 아이　　　　　　　　066
④ 과보호하는 부모, 의존하는 아이　　　　　　　070
⑤ 믿지 못하는 부모, 자존감 낮은 아이　　　　　076
⑥ 욱하는 부모, 욱하는 아이　　　　　　　　　　085

3장

아이와 쉽고 즐겁게 대화하는 9가지 비밀

① "언제든지 들어와도 돼." - 아이의 눈높이로 대하기　097
② "네 입장에서 말해줄래?" - 질문하고 끝까지 듣기　105
③ "너무 고마워!" - 대화를 칭찬과 감사로 시작하기　114
④ "천천히 걸어 다니자." - 권유의 말을 사용하기　121
⑤ 그래서 속상했구나?" - 질문, 경청, 공감하기　128
⑥ "너는 특별한 친구야." - 욕구를 알고 인정해주기　137
⑦ 그렇구나, 오히려 좋아!" - 긍정적으로 소통하기　150
⑧ "어때? 맘에 들어?" - 나긋나긋 부드럽게 말하기　157
⑨ "맞아, 맞아!" - <아이가 술술 말하는 공식> 사용하기　165

4장

교장 선생님도 소통이 어려웠어요

① 잘난 부모의 함정　175
② 얼굴을 붉히며 아이들과 싸우다　181
③ 선생이 이래도 되는 거야?　194
④ 어른들의 따뜻한 시선이 그리워요　202
⑤ 일방적 소통의 최후　207
⑥ 소통 연습! 또 연습! 연습만이 살길　214
⑦ 넘어진 자리에서 또 넘어지다　219
⑧ 나를 살린 한 통의 문자　225
⑨ 갈등은 결국 단절을 낳는다　231

5장
교장 선생님, 소통은 어떻게 해요?

① 짱쌤, 유튜브로 소통하다 　　　　　　　　　　243
② 하루 첫 소통의 시작, 아침 등교 맞이 　　　　　248
③ 절친, 부모가 만들어 줄 수 없다. 　　　　　　254
④ 아이들의 '좋아요'를 받는 비결 　　　　　　　263
⑤ 교장쌤과 부르는 <꿈꾸지 않으면> 　　　　　269
⑥ 학교에 캠핑장이 생겼다고? 　　　　　　　　281
⑦ 잔소리 그만, 주도적인 아이로 키우는 방법 　　286
⑧ 쉿! 어른들은 모르는 아이들의 속마음 　　　　293

에필로그

당신은 이미 좋은 부모입니다 　　　　　　　　　299

일러두기

* 이 책에 나오는 학생의 이름은 모두 가명이며,
　사례는 각색한 것임을 알려드립니다.

===== 프롤로그 =====

결국은
부모의 말이 전부다

첫 책 『나는 초보교장입니다』를 출간한 지 벌써 4년이 흘렀다.

출간 이후 왠지 끝내지 못한 숙제가 남은 것처럼 부담감이 있었다. 학부모에게 꼭 부탁드릴 말이 있었고 두 번째 책 『결국은 부모의 말이 전부다』를 출간하게 되었다.

"이미 서점에 많은 부모의 소통법에 관한 책들이 넘쳐나고 있어요."
"그 책들과 다른 점은 무엇인가요?"

그것은 바로 **'학교 현장의 다양하고 생생한 사례'**에 있다. 교사 시절, 아이들에게 엄한 교사였다. 마음과는 다르게 아이들에게 따뜻함과 긍정적인 표현보다는 주로 명령, 비난과 지시 등 부정적인 소통이 많았다. 나의 사랑하는 두 아이에게도 마찬가지였다. 학생들과 두 아이와 건강한 소통을 하고 싶었다.

소통 공부를 하며 '어린 시절 부모와 맺은 애착과 소통방식이 자녀에게 평생 영향을 미치고 부모에게 배운 그대로 자신을 통해 자녀에게 대물림된다'는 것을 알게 되었다. **"아하~ 부모도 그들의 부모에게서 배운대로 자녀와 소통하고 있구나."** 어떤 부모는 그들의 부모에게 겪은 마음의 상처나 결핍을 해결하지 못한 채 자녀와 부정적 소통을 하고 있고 어떤 부모는 수용적이고 긍정적으로 소통을 하고 있다. 중요한 사실은 **'대물림된 부정적인 소통방식은 얼마든지 극복이 가능하다'**는 것이다.

요즘 학교가 위기다.
정서 위기 학생과 학교생활에 적응하지 못하는 무기력한 아이들이 늘고 있다. 미숙하여 벌어진 학급 아이들과의 문제 행동과 다툼이 부모 간의 갈등으로 번져 그 본질에 아이들은 없다. 아이들의 작은 실수의 잘잘못을 가리기 위해 변호사를 선임하고 맞학폭으로 신고를 한다. 방치된 아이들이 늘고 있으며 대처가 미흡한 부모들이 안타깝다. 도대체 원인은 무엇일까? 바로 부모와 자녀 사이의 소통의 부재이다. 대부분 자녀와의 관계에서는 부모가 문제다. 부모는 아이가 알아야 하는 모든 걸 직접 가르쳐야 한다. 올바르게 가르치려면 부모도 공부해야 한다. 그냥 나오는 대로 한다면 바로 대물림된 그대로 자녀를 대하는 것이기 때문이다.
자녀와 대화로 가르치는 소통의 적기가 바로 초등학교 시기다.

부모에게 가장 우선되어야 할 것이 자녀와의 관계이다. 아이들은 만 11세가 되면 자기 생각이 확실해진다. 그래서 초등학교 시기에 자녀와의 대화와 소통에 많은 투자를 해야 한다. 초등시기는 학교라는 작은 사회에서 아이들과 생활하며 관계를 배우고 소통을 배운다. 부모에게서 배운 그대로 아이들을 대하고 자녀가 성장해서도 마찬가지다. 자녀가 잦은 다툼으로 학교에 적응하지 못한다면 부모 자신을 먼저 돌아보아야 한다. 자녀와 대화하며 아이들과 평화롭고 안전하게 지내는 방법을 알려줘야 한다. 친구들과의 관계에서 일어나는 상황을 자녀와 자세하게 소통하며 긍정적인 대화법을 가르쳐야 한다. 이것이 초등학교 시기, 자녀와의 소통에 몰빵해야 하는 이유다.

아이들이 학교에서 발생하는 다툼의 원인은 대부분 놀이와 장난으로 시작하여 어느 순간 욱하면서 욕하고 때리고 침 뱉고 밀치고 약 올리고 시비를 걸면서 발생한다. "그만해!! 나한테 욕하지 마. 욕하는 건 나쁜 행동이야!!" 말보다 행동이 먼저 나온다. 말 연습과 습관이 안 되었기 때문이다.

이 책의 1장에서는 변화하는 세상에서 자녀와의 소통이 중요한 이유와 초등학교 시기가 왜 적기인지를 알아보고 2장에서는 부모의 유형에 따라 자녀에게 나타나는 특성과 부모의 소통방식이 자녀에게 대물림된다는 것을 담았다. 3장에서는 학부모들이 초등 자녀와의 소통에 도움이 될 만한 사례와 소통법을 제시하였다. 4장에서는 '완전한 부모는 없다. 그러나 노력하는 부모는 아름답다.'는 전제하에 학교 현장에서 겪은 나와 학부모들의 시행착오의 경험과 사례를 소개하였다. 5장에서는 열린 교장실과 유튜브 〈열린 교장실〉를 운영하며 만난 아이들과의 소통의 장면들을 소개하였다.

유튜브에서 핫한 '차미반 친구 차노을과 그의 아빠'의 대화 장면이다.

"노을아, 촬영하다가 힘들고 오래 걸릴 때도 있잖아."
"응."
"그래도 촬영이 하고 싶은 이유는 뭐야?"
"촬영이 재밌어."
"근데 찍은 것 또 찍고 밤까지 찍고 그러면 힘들잖아."
"근데 재밌어."
"재밌어? 근데 어떤 것 때문에 제일 재미를 느끼는 거야?."
"촬영 끝날 때 고생고생을 다해서 해서."
"아~ 끝났다 하는 기분이 좋은 거야?"
"응."
"너 혹시 보람이 뭔지 알아?"
"열심히 일한다는 뜻?"
"그때 느끼는 감정이 '보람'이야. 내가 열심히 일하고서 막 끝났다. 내가 뭔가를 만들었다 하고 느끼는 감정이 '보람'이야. 그럼 노을이는 보람 때문에 촬영이 재미있구나?"
"응."

아빠가 노을이에게 '보람'이라는 감정을 찬찬히 설명해주고 있다. 두 사람의 대화와 소통하는 모습을 보고 있자니 눈물이 핑~ 돈다. 바로 아이들이 부모에게 기대하는 모습이다. 아이는 부모와 솔직하고 안전한, 아이의 눈높이로 잘 가르쳐주는 대화와 소통을 원한다. 이 책이 도움을 줄 것이다.

2024. 더운 무더위를 잘 지내고 맞이하는 9월에

한 선 희

1장

초등 소통,
부모의 말이 전부다!

① 시대의 키워드, 소통

편리한 세상에 살면서도 행복하지 않은 아이들.

현재 초등학교에는 MZ세대의 부모와 알파 세대인 학생들이 있다.

알파 세대는 2010년 이후로 태어나 13세 이하인 아이들이다. 신세대의 기수인 1980년대 생의 밀레니얼 세대 부모에게서 태어나 이전과는 완전히 다른 방식으로 양육되었다. 코로나 시기를 거친 마스크 세대이기도 하다.

『트렌드코리아 2023』의 김난도 교수는 알파 세대의 특징으로 자기중심성이 강하다고 말한다. 또한 SNS로 '틱톡'을 사용하고 '국영수코'로 불리는 코딩 학습을 자연스럽게 받아들이면서 경제교육을 적극적으로 받고 있는 세대라고도 덧붙였다.

이전 세대에 비하면 비교할 수 없이 편리한 디지털 환경에서 풍족하게 자라는 아이들은 "지금 행복한가요?"라는 물음에는 어떠한 대답을 할까?

2022년 어린이날을 맞이하여 '어린이들의 행복지수'를 조사했다. 한국은 OECD 국가 중 가장 낮다는 조사 결과가 나왔다. 특히 10살 이하의 행복도 순위는 35개 국가 중 31위에 그쳐 최하위권에 머물렀다. 아동 청소년 우울증 환자는 3년 전보다 50% 가까이 늘었고 그중 2.0%는 자살을 생각한 것으로 조사되었다.

그럼, 왜!! 우리 아이들은 행복하지 않을까?

교육 전문가들은 그 이유로 초등학생의 82%가 받고 있는 '사교육 열풍'(2021년 사교육비 조사 결과)과 '물질 만능주의'(퓨리서치 여론 조사 결과)를 들었다.

학교가 끝나면 놀지도 쉬지도 못한 채 사교육 현장으로 몰려간다. 그리고 "너희 집은 몇 평이야?" 서로 부모의 경제력을 비교하면서 불행해진다고 하였다.

김현수의 『요즘 아이들 마음고생의 비밀』에서는 "요즘 아이들은 더 힘들어하고 무기력해져서 더 많이 포기하는데 그 이유는 외로움"이라고 했다. 아이들은 소통이 없는 세상에서 마음고생이 이만저만이 아니다. 그리고 남모를 상처는 더욱 깊어만 간다. 부모의 세대와는 전혀 다른 시대에 살면서 학업 스트레스와 하소연할 데 없는 외로움으로 우울한 아이들이 점점 늘어나고 있다. 아이들은 전혀 행복하지 않다.

기억력이 전부이던 시절

베이붐 시대의 마지막 세대인 나의 어린 시절은 외우고 또 외우는 '기억력'이 매우 중요하였다. 기억력에 의존하여 시험을 보고 성적을 냈다. 점수에 따라 쭈욱~ 서열을 매기고 전국의 학생들을 순서대로 한 줄로 세워 평가하였다.

중학교 입학하여 사회시험에서 사회책을 통으로 외워 100점을 맞았다.

그 뒤로 나의 필살기는 교과서 한 권을 모두 외우는 것이었다. 이해가 되지 않는 것들도 무조건 통으로 외웠다. 덕분에 성적도 좋았고 공부를 제법 한다는 소리를 들었다. 그 이후로 시험을 볼 때는 교과서를 무조건 통으로 외웠다. 그때 외운 영어문장 하나가 지금도 선명하게 남아 있다.

그 당시 선생님들은 교실에 들어오시면 칠판 왼쪽부터 오른쪽 끝까지 빼빽하게 필기를 하셨다. 학생들의 숨소리만 들리는 교실에서 칠판에 쓰인 내용을 그대로 공책에 베껴서 썼다. 선생님이 기다렸다가 "다 썼어?"라고 물으면 이어지는 설명 그리고 또 설명. 노트필기는 아주 중요했다. 토시 하나 빠트리지 않고 공책에 적었다. 교실은 사각사각 필기 소리만 들렸다. 시험을 볼 때는 노트를 달달달 외웠다. 중요한 시험문제가 필기한 노트에서 모두 나왔다.

고등학교 때는 수학이 제일 어려웠고 성적도 좋지 않았다. 수학의 풀이 과정도 이해가 되든 안 되든 모두 통으로 외워버렸다. 입에서는 단내가 날 정도로 외우고 또 외웠다. 기억력이 공부의 전부였던 시대였다. 시험을 치르고 3일이 지나면 차차 가물거리면서 거의 기억이 나지 않았다. 나의 학창 시절은 외우고 지우고 또 외우고를 반복하며 지냈다.

변화의 시대, 아이들에게 필요한 것은 무엇일까?

시대가 변하였다. 빅테이터, 사물 인터넷, 가상현실, 인공지능으로 대변하는 4차 산업혁명의 시대, 기술혁명의 시대가 되었다. 하루가 다르게 빠르게 변화하고 있다. Chat GPT에게 주제를 제시하면 쓰고자 하는 책의 목차와 줄거리가 차르르 뜬다. 발라드, 트로트 등 음악의 종류와 제시어만 주면 일류 작곡가의 곡처럼 음악이 뚝딱 만들어진다. 이런 변화무쌍한 시대에 살고 있으면서도 부모들은 여전히 사교육에 집착하며 예전의 방식으로 살아간다. 부모가 살던 시대와는 전혀 다른 세상에 살면서 기억력에 의존하며 아이들의 미래를 전혀 대비하지 못하고 있다.

부모는 여전히 '스카이 대학'과 '안정된 직장'이 목표이다. 자녀가 또래 아이들에 비해 뒤처질까 봐 두렵다. 그래서 자녀가 원하지 않는 사교육의 현장으로 뱅글뱅글 하루를 돌리고 있다. 초등학교 입학하자마자 학교 적응 기간도 없이 자녀를 닦달한다. 돌봄의 차원에서 억지로 보내진 학원에서 원치 않는 공부를 하며 아이들의 마음에는 화가 쌓여간다.

대부분의 부모는 아이가 좋은 성적을 내어 공부를 잘하는 아이가 되기를 진심으로 바란다. 자식이 공부를 잘하면 부모는 자랑거리가 많아진다. 마치 부모가 아이를 잘 키워서 인정을 받는 듯한 착각을 한다. 부모가 살아왔던 시대의 기준에 맞춰 아이들을 재단하고 평가하고 있다. 자녀가 좋아하는 일을 하고 자녀의 행복보다 곧 사라질 것에 가치를 두고 아이들에게 집착하는 바쁜 부모들을 보면 참으로 안타깝다.

변화의 시대를 살고 있는 '우리 학생들에게 가장 필요한 것은 무엇일까?', '무엇을 가르쳐야 할까?'로 고민하는 교사들에게 교육학자들은 공통적으로 미래사회를 살아가는 학생들에게 필요한 핵심역량은 4C, 즉 창의성(creativity), 소통(communication), 협업능력(co11aboration), 비판적 사고(Critical thing)

라고 말하고 있다.

> **창의성**(creativity)
> 지식을 외워서 공부하는 시대가 아니라 지식을 찾아 활용하고 기존의 지식을 융합, 연결하고 그것을 바탕으로 새로운 지식을 생산해내는 역량
>
> **소통**(communication)
> 다른 사람과 의견을 주고받으며 자신의 생각을 명확하게 전달하는 능력으로 글과 말을 통해 다양한 의견을 이해하고 대화를 통해 소통하는 역량
>
> **협업능력**(collaboration)
> 다른 사람과 효과적으로 협력하여 공동의 목표를 달성할 수 있는 능력으로 원만한 대화나 협동을 통해 최고의 성과를 이루어내는 능력
>
> **비판적 사고**(Critical thing)
> 단순하게 부정적으로 생각하는 것이 아닌 체계적이고 논리적인 사고를 통해 문제를 해결하고 결과를 도출해내는 능력

변화하고 있는 미래 사회는 우리 아이들의 독창적인 생각, 다른 사람과 의견을 주고받는 소통, 혼자가 아닌 함께 협력하는 태도, 문제해결 능력이 중요한 시대가 되었다. 이 가운데서도 이 시대의 키워드는 단연코 소통이다.

소통하지 않으면 독창적인 생각을 표현하는 데 어려움이 있고 협력하여 아이디어를 실행할 수 없다. 비판적 사고를 가지고 무엇인가를 해낼 때에

도 소통이 기반이 되어야 한다. 서로의 생각을 모아 아이디어를 창출하고 의견을 모으고 비판적 사고를 가지고 서로 나누고 공유해야 하는 모든 활동에 소통 능력은 꼭 필요하다.

우리 아이와 얼마나 소통하고 있나요?

우리는 자녀와 얼마나 소통하고 있을까?

초록우산 어린이 재단(2016년)에서 OECD국가 중 매일 자녀와 대화하는 부모 비율을 조사하였다. OECD 국가는 70.0%였으나 한국은 50.3%로 대화 시간이 턱없이 부족하였다. 그나마 주로 대화도 식사(외식)중(47.5%)에 하는 것으로 나타나 따로 시간을 내어 가족 간에 대화하는 시간은 하루에 고작 13분 정도에 그쳤다.

가족 간에 소통이 적은 이유로
첫째, 대부분의 아이들이 주중에는 거의 사교육에 참여하고
둘째, 맞벌이 부모가 더 증가하였으며
셋째, 나이에 관계없이 스마트폰 사용 시간이 현저하게 늘었기 때문이다.

가정에서도 서로 대화보다 각자의 방에서 스마트폰으로 '오늘은 뭘 먹을까?'를 카톡으로 서로 묻고 답한다고 한다. 스마트폰 사용이 늘고 부모의 맞벌이와 자녀의 바쁜 학업으로 가족 구성원간의 대화 시간이 줄고 이것이 세대 간 갈등으로 확대되고 있다.

나도 다른 부모들처럼 아이들을 키우면서 소통이 부족한 편이었다. 일하

는 바쁜 엄마였기 때문에 정해진 시간에 아이들을 깨워서 밥 먹이고 출근하는 것만도 전쟁이었다. 돌봐주지 못하는 동안 아이들은 학원과 공부방을 전전했다. 학원과 공부방을 늦게까지 다니느라 지친 아이들의 마음을 알아주지도 못하고 대화상대도 되어 주지 못했다. 소중한 아이들이 바쁜 일에 밀려 뒷전일 때가 많았다.

"이리 와. 엄마가 안아줄게. 우리 아들, 우리 딸 수고했어."
"오늘 하루도 힘들었지?" 하며 그냥 안아주고 토닥토닥 해주었더라면 좋았을 것을. 가장 우선하여 아이들의 마음을 챙기지 못하고 늘 일어나는 일에 몰두한 소통의 기본도 모르는 철없는 엄마였다.

시대가 바뀌었지만 여전히 자녀와의 소통에 어려움을 겪는 학부모들을 많이 만났다. 그동안 학부모의 세대도 바뀌었다. M세대의 학부모들도 자녀와의 소통에 어려움을 겪고 있기는 마찬가지다. Z세대의 교사들도 아이의 마음을 이해주기는 쉽지 않은 상황이다. 왜냐하면 젊은 학부모들과 교사들도 그들의 부모들에게 이해받지 못하고 성장하였기 때문이다. 대면보다 비대면으로 소통하는 것이 익숙한 MZ세대의 부모와 교사들 역시 자녀와 학생들과 소통하는 것이 어렵기는 마찬가지이다.

혹시 내가 아이를 키울 때처럼 아이와의 소통의 문제로 자책하고 있는 부모들이 있다면
"괜찮아요. 괜찮아요."
"하지만 함께 조금씩 나아질 수 있도록 노력해봐요." 등을 토닥토닥 해주며 따뜻한 위로의 말을 전하고 싶다. 육아를 먼저 해본 한 사람으로 아이를

키울 때 알았더라면 좋았을 것들을 함께 나눠 보면서 학부모들의 고민 지점에서 엉킨 실타래를 함께 풀어갔으면 좋겠다.

②

초등 시기, 부모와의 소통이 중요한 이유

"우리 아이가 학교에서 친구들과 잘 지내나요?"

학부모 상담 때나 학부모와 만날 때마다 교사들이 자주 듣는 질문이다.

잘 지낸다는 것은 '교실에서 아이들과 다투지 않고 잘 어울리며 생활한다는 뜻'일 것이다. 초등학교 아이들의 특성을 고려하여 대답을 한다면 부모가 다른 사람들과 잘 지낸다면 자녀들도 학교에서 원만하게 지낸다. 그 이유는 초등시기 아이들은 부모의 모든 가치관, 정서, 행동, 소통방식, 언어습관, 예절 등에 영향을 받고 조용히 따라 배우기 때문이다.

첫발을 내딛는 작은 사회, 초등학교에 입학하면서부터 아이들은 낯선 교사와 아이들과 함께 생활하게 된다. 미숙한 상태에서 학교생활을 하는 아이들은 스트레스가 이만저만이 아니다. 당연히 학교라는 공간이 어색하고 불안하다.

가정에서 호텔 수준의 화장실을 사용하다가 아이들과 함께 화장실을 사용하는 것도, 학교급식으로 좋아하지 않는 건강한 반찬을 먹는 것도, 여러 명의 아이들과 함께 생활하는 것도, 건드리는 아이들과의 관계나 대처 등 다양한 상황들이 아이들에게는 낯설고 엄청난 스트레스다. 그래서 초등학교 입학하는 시기부터 부모와의 소통이 아주 중요하다. 이 초등시기부터는 학교라는 작은 사회에서 아이들과 생활하면서 부모로부터 대화하고 소통하는 법을 배워야 한다. 부모는 사회생활의 모든 걸 잘 가르쳐주어야 한다.

학급에서 아이들끼리 다툼이 일어나는 이유는 대부분 부정적인 대화법 때문이다. 자신의 의견을 정확하게 표현하는 방법을 배우고 바르게 표현한다면 아이들과 잘 지낼 수 있다. 학교생활에서 친구 때문에 화가 나거나 짜증날 때 아이들은 표현이 어렵기 때문에 욕을 하거나 건드리며 싸운다. 시비를 걸거나 욕하거나 때리지 않고 말로 표현하는 것을 가르쳐주어야 한다.

아이들이 자라고 성장하는 것, 학교에 다니는 것을 우리 부모들은 아주 당연하게 생각한다. 엄마도 다 그렇게 학교에 다녔다고 이야기를 한다. 적응이 다소 더디고 힘들다는 자녀를 향해 "도대체, 해주는 따뜻한 밥 먹고 뭐가 힘든데?"라며 혼을 내며 유난을 떤다고 생각한다. 자녀의 마음을 헤아리지 못하는 부모의 말은 아이의 입을 꾹 다물고 마음도 닫게 한다.

초등시기의 가장 큰 특징은 '근면성'이다.
심리사회학자인 에릭슨은 인간의 생애주기를 8단계로 나누어 설명하였다.
각 단계마다 주요 과제가 존재하며 이를 해결하면서 개인의 성격 및 사회성이 형성된다. 따라서 해당 시기에 맞는 양육자인 부모의 태도가 매우 중요하고 자녀의 인생에 큰 영향을 미치게 된다. 즉 어린 시절 양육자인 부모와의 애착 관계가 또래와의 상호작용과 성인기로 이어지는 성격 형성에 크게 영향을 준다고 보았다.

초등학교 시기는 아동기(7세~12세)로 가장 큰 특징은 '근면성'이다. 아동기는 학교생활을 하면서 학업성취 등 다양한 영역에서 성취 경험과 실패를 경험하며 근면성과 열등감을 갖는다. 학교에 다니며 주어진 과제를 성실히 수행하고 결과물을 만들면서 '근면성'을 키운다. 아이는 도전을 통해 자신이 해낸 일을 인정받기 위해 자신의 능력을 지속적으로 확인하려고 한다. 이때 자녀가 이룬 성취에 대해 부모가 인정하고 격려해 준다면 자녀는 더욱 자신감을 갖게 된다. 아이는 더욱 성실한 자세로 근면성을 키워가게 된다.

또한 다른 아이들과 비교를 통하여 나보다 더 잘하거나 과제를 잘 해내지 못하면 능력의 부족함을 느끼고 질투를 하는데 이것이 열등감이다. 근면성과 열등감은 초등시기에 함께 배우는 정서로 성공적이고 긍정적인 정서를 넓혀 가느냐가 중요하다. 부모가 끊임없이 자녀가 하는 일을 비판하고 거절하며 꾸짖으면 아이는 자기 자신의 신뢰를 잃어버린다. 자신을 가치 없게 생각하고 열등감에 빠지게 된다. 그러므로 각 발달단계에 경험 등을 통하여 자녀의 발달이 잘될 수 있도록 돕고 대화와 소통을 통하여 격려하는 것이 바로 부모의 역할이다.

초등학교 시기에 부모와 소통하면 좋은 점

초등시기의 아이들은 부모와 다정하게 대화하는 것을 좋아한다. 행동반경과 환경이 넓어지며 하고 싶은 이야기와 궁금한 것도 많다. 아이들은 이해와 인정, 공감을 받을 때 마음을 활짝 연다. 부모에게서 충분한 사랑과 관심을 받고 자란 아이들은 정서가 안정된다. 초등학교 시기는 본격적으로 부모와 소통하면서 아이가 자신의 감정을 표현하고 공감 능력을 배운다.

내면을 다지고 자존감을 쌓아가며 성장하는 시기이다.

첫째, 높은 자존감과 정서 안정이라는 '최고의 자산'이 형성된다.
엄마: "식탁에서 그렇게 일어나는 것은 예의가 아니야. 여기, 헬멧 좀 벗고 이
야기해봐."
어기: "미안해, 엄마"
엄마: "괜찮아, 괜찮아질 거야."
어기: "왜! 난 이렇게 못생겼어?"
엄마: "넌 못생기지 않았어."
어기: "엄마는 내 엄마니까 그러는 거잖아."
엄마: "엄마 생각은 하나도 안 중요하니?"
어기: "그래요."
엄마: "엄마 생각이니까 제일 중요한 거야. 널 제일 잘 아니까."
"넌 못생기지 않았어. 네게 관심 있는 사람은 알게 될 거야."
어기: "나하고는 아이들이 말도 안 해요. 내가 다른 사람들과 다르게 생겼다고
그러는 거잖아. 괜찮은 척하려 해도 그게 안돼요."
엄마: "그랬구나."

영화 〈원더〉의 한 장면이다.
안면기형으로 태어난 어기는 스무 번이 넘는 수술로 얼굴에 흉터가 많다. 그러나 친구들 앞에서도 전혀 주눅이 들지 않는 자존감 높은 아이였다. 그럼에도 학교에서 '괴물'이라고 놀림을 당했다. 상심한 어기가 저녁 식탁에 앉아 헬멧을 쓴 채로 엄마에게 속상한 마음을 표현하고 있다. 어기가 우

울한 자신의 부정적인 마음까지도 솔직하게 이야기하자 공감해주는 엄마의 모습이 부러웠다. 슬프고 우울한 부정적인 감정을 나눈다는 것은 어기와 엄마와의 사이에 친밀한 애착관계가 형성되었고 정서적으로 안정되었기 때문이다. 어렸을 때부터 부모와의 소통으로 충분한 감정의 교류가 이루어졌고 부모에 대한 사랑과 신뢰를 확인했기 때문에 가능한 일이다.

부모와의 소통이 어기를 내면이 단단한 자존감이 높은 아이로 만들었다.
정서적 안정감은 아이에게 긍정적인 자아를 형성하는데 도움을 준다. 아이 자신에 대한 긍정적 정서는 다른 사람과의 관계를 맺을 때 중요한 영향을 미치게 된다. 나아가 자신에 대한 좋은 느낌과 확신은 학교생활, 사회생활을 해나가면서 다른 사람과의 관계에서 당당하게 행동할 뿐 아니라 다른 사람을 배려할 줄 아는 성숙한 사람으로 성장하게 된다.

둘째, 아이가 주도적으로 공부하는 동력이 된다.
많은 부모의 바람은 '우리 아이가 공부를 잘하면 좋겠다'는 것이다. 실컷 뛰어 놀아야 할 6세 미만의 영유아 20% 이상이 학원을 다니고 있다. 아이를 의사로 키우기 위해 초등학교 입학과 동시에 '초등 의대반'에 보내려고 엄마들이 치열한 눈치싸움과 경쟁을 한다고 한다.

우리 엄마도 교육열이 매우 높은 분이셨다.
다섯 살이 되던 해, 자신은 다니지도 않는 교회에 나를 데리고 직접 찾아갔다. 교회에서는 배울 것이 많다는 스스로의 지론 때문이었다. 크리스마스나 교회 행사 때마다 무대에서 노래하고 춤추는 나를 보고는 정말 좋아하셨다.

기억해보면 엄마와의 소통 방식은 늘 일방적이고 강압적이었다. 아이들이 네 명이나 되니 충분한 감정의 교류가 부족했다. 칭찬보다 꾸중과 질책을 더 많이 하셨다. 특히 '공부하라'는 말을 자주 하셨는데 엄마가 간절히 원하시니 나름대로 최선을 다했다. 엄마의 칭찬과 격려를 받았더라면 스스로 더 잘할 수 있었을 텐데 하는 아쉬움이 크다.

스스로 공부를 잘하고 배움을 좋아하는 아이의 비결은 바로 부모와의 정서적 안정과 소통에 있다. 정서적으로 안정된 아이는 엄마를 발판으로 새로운 환경에 관심을 보이며 적극적으로 호기심을 가지게 되고 자신감도 넘친다. 초등학교 시기에 접어들면서 주어진 과제를 도전적으로 해결하고 좌절과 실패에 대한 회복탄력성도 높아진다. 반대로 정서적인 안정감이 부족한 아이는 엄마와 떨어지는 것이 항상 불안하여 새로운 환경에 도전하기보다는 안주하는 편이다. 따라서 지적 호기심도 부족하다.

"야!! 공부를 엄마 때문에 하니? 너 좋으라고 하는 거지?"라는 부모의 일방적인 비난과 꾸중은 아이에게 공부가 엄청난 부담으로 다가온다. 공부를 하는 데 있어 외적인 동기보다도 내재적인 동기가 더 중요하다.

아이가 느끼는 감정과 심리적 부담감을 부모와 소통으로 해소할 수만 있다면 아이는 스스로 학습 욕구에 충실한 능동적인 아이가 된다. 자기 주도 학습으로 연결될 수 있다. 아이가 공부에 대한 필요성을 이야기하거나 욕구를 표현할 때 그때가 바로 소통을 통하여 격려와 자신감을 줄 때이다.

아이: "엄마, 오늘 시험 봤는데 80점 맞았어요."
엄마: "80점이나 맞았어? 그래서 기분이 좋구나."
아이: "공부를 따로 하지 않았는데도 80점이나 받았어요."
엄마: "우와, 앞으로 공부를 열심히 하면 점수가 더 잘 나오겠는데?"

중요한 초점은 점수가 중요한 것이 아니라 스스로 하는지가 중요하다. 아이 편에서 충분히 공감해주고 칭찬과 격려로 소통하는 것이 좋다. '부모와 자녀와의 대화가 많을수록 높은 학업성취를 이루는데 긍정적 효과를 갖는다'는 연구 결과도 있다. 아이들은 부모와 충분히 소통하며 강력한 내적 동기를 발휘하기 때문에 스스로 공부도 열심히 잘한다는 것이다.

아이: 엄마, 다음에는 더 잘하고 싶어요.
엄마: 그래? 그럼 어떻게 하면 더 잘 할 수 있을까?
아이: "나 학원에 보내주세요."
엄마: "학원에 다녀야 할 거 같니? 그럼, 어떤 학원이 좋을까?"

스스로 공부에 대한 필요성을 알고 더 잘하고 싶은 욕구로 학원을 다녀야겠다고 스스로 느낄 때 강한 동기부여가 된다. 동기부여에서 그치지 말고 자녀에게 맞는 학원은 어디가 좋을지도 대화를 나누어보자. 자녀와 소통을 하면서 원하는 학원도 함께 찾아보면 더욱 좋지 않을까?

자녀가 공부에 대한 관심을 보였을 때 부모가 소통을 하면서 적절한 환경을 만들어주고 지원하면 된다. 자녀가 스스로 학습에 집중하며 성취감을 느낄 때 그 과정에서 대화와 소통을 통하여 내면의 힘을 기를 수 있도록 도와주는 것이다.

셋째, 행복한 가정의 비밀이다.

행복한 가정의 모습은 어떨까? 초등학생들에게 원하는 가족과 부모의 모습을 물어보았다.

> 첫째, 잔소리, 화내지 않고 말하기
> 둘째, 나의 말, 행동을 이해해주기
> 셋째, 가족 모두 사이좋게 지내기

가족이 화목하게 지내고 목소리 높이지 않고 자유롭게 이야기를 도란도란 나누며 서로의 있는 그대로의 모습을 인정해줄 때 아이들은 행복하다고 느꼈다.

초등학교 시기의 부모와의 소통은 우리 아이들에게 매우 중요하다. 아이의 인생 전반에 아주 큰 영향을 미친다. 따뜻한 애정을 기반으로 나누는 일상적인 부모와의 대화는 아이들을 편안하게 하고 정서를 안정시킨다. 안정된 정서는 아이의 자존감을 향상시키고 배우는 일에 집중하도록 돕는다. 아이들의 일상을 행복하게 채워준다.

부모와 아이와의 솔직한 소통에는 위대한 힘이 있다.
부모와 아이를 살리고 성장하게 한다.

③

우리 아이와의 소통이 왜 어렵죠?

내 아이와 소통이 어려운 이유

오은영의 금쪽 상담소에서 가수 S가 나와 고민을 상담했다.

'어릴 적부터 타인에게 선의를 베풀었는데 오히려 오해를 받고 안 좋은 소리를 듣는 경우가 많았다'는 것이다. 친구하고 쇼핑을 갔다가 친구도 사주려고 "이거 너한테 잘 어울리겠다. 너도 사!!"라고 말했는데 친구가 기분 나빠했다는 것이다. 오은영 박사는 그 이유를 가수 S의 '일방적인 소통 방식' 때문이라고 했다. 일방적인 소통방식은 어릴 적 부모와의 의사소통 방식과 관계가 있다고 하였다.

가수 S는 부모와의 관계에서 다정한 소통의 기억은 별로 없고 통보와 명령 위주의 일방적 소통 방식을 고수하는 분들이었다고 회상했다.

그로 인해 어릴 적에 부모에게 사랑받고 있지 않다고 느꼈으며 상처를 많이 받았다고 했다. 가수 S는 성장하여 부모에게서 무의식적으로 배운 말들을 친구들과 주위 사람들에게 쏟아내며 같은 실수를 반복한 것이다.

내 어릴 적 상황도 비슷했다.

부모와 긍정적인 감정의 교류와 경험이 부족했다. 아이를 키우면서 감정의 교류와 소통이 쉽지 않았다. 대화를 할 때 여러 가지 이유로 자주 평정심을 잃었다. 아이와의 소통에 큰 걸림돌이 되었다. 가수 S의 부모처럼 과정의 설명 없이 결과만을 말했다. 부모로서 아이들에게 무언가 빨리 알려줘야 하는 압박감이 있었다. 그 과정에서 아이의 감정이나 마음의 상태를 전혀 고려하지 않았다. 왜냐하면 나도 나의 부모에게 공감을 받아본 적이 별로 없었다. 그래서 아이의 마음을 공감하고 이해하는 것이 한참 부족했다.

영화 보는 것을 좋아했다.
좋아하는 장면은 가족들과 모여 이야기 나누는 화목한 시간이었다. 부모와 자녀들이 둘러앉아 간식과 차를 마시며 하루에 있었던 일을 서로 말하며 웃음이 떠나질 않는다. 영화에서 보는 엄마는 아이의 이야기를 귀담아 들어주는 이해심 많은 모습이었다. 영화에 나오는 엄마의 모습처럼 아이들의 이야기에 귀를 기울여 들어주어야지!! 야무지게 다짐을 했었다.
하지만 마음처럼 쉽지 않았다. 아이와 마주 앉으면 불편한 행동이 먼저 보였다. 좋은 마음으로 이야기를 나누기보다 먼저 지적을 하고 꾸중을 했다. 그러다 보니 식사나 가족이 모이는 시간이 잔소리의 장이 되었고 모두에게 즐겁지 않은 시간이었다.

아이와 이야기를 나눌 때면 꼭 무슨 정답을 말해줘야 할 것 같았다. 아이와 마주 앉았을 때는 무언가 가르쳐 주고 해결해 줘야 될 것 같았다. 아이와의 침묵이 어색하고 불편했다. 아이와 어떻게 이야기를 시작해야 하는지 아이의 마음을 어떻게 받아주는지 몰랐다. 아이들을 너무나 사랑했는데 마음과 다르게 늘 화를 내고 잔소리를 했다. 도대체 나는 왜 그랬을까?

첫째, 나의 부모와의 긍정적인 소통의 경험이 부족했다.

　나의 부모님은 30년대 빈곤국에서 태어나 어렵고 힘겹게 살아오신 분들이다. 그 시절은 먹고 사는 문제가 절실하고 무엇보다 중요한 시절이었다. 일한 만큼 대가를 얻었기에 아침부터 새벽까지 일하며 산업화되는 과정에서 자신을 희생 해온 분들이다. 덕분에 우리나라 근대화 산업을 일으켜 세운 역군이었다.

　그 당시는 노동력이 재산이었기에 '스스로 먹을 것은 가지고 태어난다.', '산 입에 거미줄 치랴.'라는 말로 자녀를 많이 낳던 시절이었다. 배워야겠다는 일념으로 홀로 집을 떠나 교사가 된 9남매 장남인 아버지와 8남매 막내인 엄마가 만나 부부가 되었다. 그 당시를 생각하면 아버지는 따뜻하시고 도전적인 분이셨다. 엄마는 여자라서 배우지 못한 한을 네 명의 자녀교육에 쏟아부었다.

　부모님은 자신들이 경험하고 체득한 방식인 '노력하면 안 되는 일 없다'는 신념으로 우리를 강하게 밀어붙였다. 공부에 대한 갈망이 많은 엄마의 뜻에 따라 열심히 공부를 했고 틈틈이 집안일도 도와야 했다. 교사인 아버지처럼 교사가 되어야 한다는 암묵적인 약속이 나를 숨 막히게 했다.

　경제적인 어려운 상황에서 누구의 도움도 받지 못했던 나는 평범한 머리로 외우고 또 외우는 방법으로 공부에 매달렸다. 동생들이 많았던 나는 힘들어도 내색을 못했다. 꿋꿋하게 내 일을 잘 해냄으로서 부모님의 걱정을 덜어드리는 것이 맏이의 도리라고 생각했다. 엄마는 늘 '공부해라'는 말을 입에 달고 사셨다. 우리들에게 하시는 담금질의 대부분은 꾸중, 욕, 비난, 협박, 등짝 스매싱이었다. 그 당시 대부분 부모님들의 육아 방식이었다.

자라면서 부정적인 소통 경험이 더 많았다.

대화가 아닌 엄마의 일방적인 훈계였지만 하면 할수록 감정이 상하고 서로에게 상처가 되었다. 엄마와 편하게 이야기를 하지 못하고 늘 엄마의 감정과 눈치를 살피게 되었다. 자존감이 바닥이었다. 고민과 어려운 일이 있어도 말도 못하고 스스로 알아서 해결하며 성장했다. 엄마에게 듣는 "잘했다."라는 칭찬과 격려가 그리웠다.

나도 은연중에 우리 아이들이 공부를 잘 해주기를 바랐다.

무엇보다도 공부를 잘해야 기회가 많아지고 직업에 대한 선택의 폭이 커진다고 생각하였다. 그래서 아이를 키우면서 성적이나 어떤 결과가 기대 이상으로 나오지 않았을 때 나 역시 "최선을 다하지 않아서 그래. 좀 더 노력을 해봐."라며 아이들을 밀어붙였다. "도대체 뭐가 되려고 그래?"라며 아이들이 한마디도 못하게 했다.

둘째, 나의 감정을 이해받아 본 경험이 별로 없었다.

초등학교 1학년 때, 동네에 우물이 있었다. 마중물을 붓고 펌프질을 하면 물이 나왔다. 어느 날 엄마가 일하고 있는 동네 우물가에 갔다. 갑자기 엄마가 "너도 펌프질을 한번 해봐. ○○는 잘하던데."라고 말하셨다. 펌프질을 해보았지만 처음 해보는 일이라 잘 되지 않았다. 사람들 많은 곳에서 엄마는 화를 내며 "아니 그것도 못해?"큰소리를 치며 야단을 치셨다. 어린 나이였지만 너무 창피했다. 사실 가만히 생각해보면 아이 입장에서는 황당한 일이었다. 먼저 해본다고 한 것도 아니고 친구 ㅇㅇ와 비교하면서 갑자기 일어난 일이었다. 어린아이가 하기에는 펌프질이 힘이 들었고 처음 해보는 일이었다. 그런데 못한다고 사람들 많은 데서 오히려 혼이 났다. 엄마는 늘 '누구보다 잘하는가?'의 비교가 기준이었다.

나도 아이들의 감정을 이해하는 일에 서툴렀다. 아이들에 대한 관심이 많아질수록 간섭도 심해졌다. 내가 경험한 것이 최고인 것처럼 나의 잣대로 아이들을 판단하고 양육하였다. 내가 그토록 부모에게서 힘들고 나의 감정을 위로받지 못해 숨이 막혔던 부분을 나 역시 아이들에게 요구했다. 아이들이 더 잘하기를 바라는 마음이 결국은 지적질이 되고 간섭이 되었다. 아이들의 마음을 헤아리지 못했다. 막연히 경험이 많으니 아이들에게 도움이 될 것이라고 생각했다.

부정적인 정서를 자주 경험하는 아이들은 부모와 대화 자체를 일방적으로 듣게 되는 '잔소리', '피곤한 일', '피하고 싶은 일'로 인식한다. 그래서였을까?
아이들에게 힘이 되지 못했고 커가면서 속 깊은 대화보다 수박 겉핥기식의 일상적인 대화만이 간간이 이어졌다.

셋째, 부모님과의 관계에서 존중을 받은 경험이 적다.

우리는 아주 가까운 가족관계에서 상처를 더 많이 입는다. 가족이기에 함부로 대한다. 가족관계에서 받은 비난, 천대, 경멸, 추궁, 지시, 억압 등의 언어폭력 등은 아이에게 자연스럽게 부정적인 영향을 미치게 된다. 불안과 상처는 낮은 자존감으로 이어진다.

존중한다는 것은 한 사람을 인격체로 인정하는 것이다. 아이는 내가 배 아파 낳았다고 해서 내 소유물이 아니다. 남편과 나를 닮았다고는 하나 성격과 기질이 전혀 다르다. 아이를 존중한다는 것은 나와는 생각과 욕구가 전혀 다른 사람으로 인정하는 것이다.

아쉽게도 대부분의 부모는 아이를 소유물로 생각하는 경향이 있다.
어리다는 이유로 아이들의 말과 행동을 통제하려고 한다. 부모가 원하는 방향으로 지시하거나 통제하는 행동을 교육이라 착각한다. 아이들이 부모의 통제에서 벗어나려고 하면 너무 불안하다. 그래서 아이들에게 화를 내고 심한 말로 상처를 주기도 한다. 부모들도 그들의 부모에게서 자신들의 감정을 이해받지 못했다. 존중받지도 못했고 긍정적인 소통의 경험이 부족하다. 그런 아이들이 자라 성인이 되어 결혼을 하고 부모가 되어도 자녀와의 소통이 어렵기만 하다. 부모도 처음 경험해 보는 것이고 소통을 배운 적도 없다. 그냥 부모에게서 보고 배운 대로 습관적으로 소통을 한다. 그 습관이 자연스럽게 나의 소통의 방식이 된 것이다.

내가 부모에게서 자연스럽게 습득한 비난과 지시, 통제의 소통법이 그대로 아이에게 대물림 되었다. 성장하면서 자연스럽게 나에게 습득된 부모님의 가치관, 정서, 행동, 소통방식, 언어 습관, 사람을 대하는 자세 등이 그대로 아이들에게 영향을 주었다. 부모에게 배운 나의 소통 방법이 그대로 대물림 되어 사랑하는 자녀가 어렵고 힘들다면 부모로서 참으로 고통스러운 일이다.

오은영 박사는 아이를 '가장 사랑하는 약자'라고 표현하였다.
아이들 대다수는 어린 시절에 양육자인 부모의 가르침을 검증 없이 받아들인다. 아이들에게 부모란 가장 중요한 사람이기 때문이다. 아이에게 부모는 가장 중요한 존재이다. 아이들은 부모가 자신들을 다른 사람보다 더 소중한 사람으로 대해 주기를 바란다. 조건 없이 있는 그대로 받아주고 사랑해 주기를 바란다.

이제라도 늦지 않았다.
과거 소통의 결핍과 상처받은 나를 먼저 돌아보고 힘들었던 어린 시절의 나를 위로해 보자. 대물림된 나의 잘못된 소통법을 돌아보고 그 상처를 끊어내자. 그리고 가장 사랑하는 자녀와의 소통하는 법을 제대로 배워서 적용해보자.
그렇게 한 발짝 한 발짝 나아가보자.
오늘보다 나은 내일을 위해.

④

부모가 된다는 것은?

　부모의 역할 중 하나는 아이를 잘 양육해서 사회의 한 사람으로 건강하게 잘 살아갈 수 있도록 '**자녀를 독립**'시키는 것이다.

　어린 시절, 나의 부모님도 교육열이 대단하셨고 관심도 많으셨다. 덕분에 초등학교 시절에는 무엇을 하든지 제일 잘하는 아이여야 했다. 엄마의 취향대로 맞춤옷을 입히고 머리도 빨간색 리본으로 묶어주셨다. 엄마의 취향이 곧 내 취향이 되었다. 엄마가 "우리 집안은 교육자 집안이야."라는 말을 자랑삼아 자주 하셨는데 '아!! 나는 교사가 되어야 하는구나.'라는 압박을 느꼈다. 천만다행으로 교사가 되었다.

　엄마는 생활력이 강하셔서 집안 대소사를 모두 결정하셨다. 어려운 문제도 척척 처리하는 슈퍼우먼이었다. 그래서인지 내가 뭔가를 제대로 하지 못하면 '그런 것도 못하느냐.'며 불같이 화를 내셨다. 감정 기복에 따라 달라지는 엄마의 기분을 맞추기 위해 우리 사남매는 늘 눈치를 보았고 전전긍긍이었다.

우리의 기분이나 감정을 물어본 기억이 나지 않는다. 마음을 나누는 따뜻한 정서적 교감을 별로 못 느꼈다. 오히려 엄마의 부정적인 감정을 우리에게 쏟아내셨다. 학창시절에는 말실수를 하지 않을까? 노심초사(勞心焦思)하며 눈치를 보았기 때문에 친구를 만나고 사귀는 것이 두려웠다. 먼저 다가와 준 친구들과 어울리면서 말실수라도 할까 봐 말없이 조용히 지냈다. 누군가에게 거절을 하는 것도 부탁을 하는 것도 어려웠다. 거절을 하면 '나를 싫어할까 봐.' 두려웠다.

자유분방하면서도 자신의 원하는 것을 주장하고 자신의 하고 싶은 일을 선택해가는 친구들이 부러웠다. 내가 무엇을 원하는지 잘 몰랐고 좋고 싫음도 표현하지 못했다. 부모님이 정해주면 따르면서 자랐기 때문에 선택의 기로에서 언제나 망설였다. 항상 선택 앞에서 고민이 많았고 우유부단(優柔不斷) 그 자체였다. 부모에게서 아이들은 표현하는 방법도 배운다는 것을 나중에야 알게 되었다.

영유아기의 자율성과 주도성, 초등시기의 근면성, 청소년기를 보내며 그 시기에 마땅히 배워야 할 것들을 배우지 못했다. 그 결과로 성인으로 성장하여 여러 가지를 다시 경험하고 배워야 했다. 결혼 적령기에 쫓겨 준비 없이 결혼과 출산을 했다. 육아를 하며 엄마의 삶의 방식이 나의 삶에 그대로 투영되었다. 학교에 근무하면서 아이를 출산하고 복직하면서 세 살이 된 아이를 어린이집에 맡겨야 했다. 처음으로 어린이집에 데리고 간 날, 아이는 현관부터 엉엉 울면서 나를 붙잡고 떨어지지 않았다. 우는 아이를 달래느라 진이 빠져서 야단을 치기도 하고 곧 올 거라는 거짓말로 달래며 나의 품에서 억지로 떼어냈다.

지금에서야 낯선 환경에서 두려웠을 작은 아이가 보인다. 아이가 느끼는 두려움, 불안함보다 나의 품에서 떨어지지 않고 진정되지 않는 아이가 더 난감하였다. 내 눈에는 우는 아이를 둘러싸고 있는 잘 적응하고 있는 다른 아이들이었다. 내 아이와 비교가 되었다. 내 아이만 유독 적응하지 못하는 것 같아 속이 상했다. 어릴 적 엄마에게서 느꼈던 비교와 꾸중의 결핍된 감정과 행동을 아이에게 그대로 하고 있는 나 자신을 발견하였다. 아이가 어려서 그 상황을 이해하지 못했더라도 충분히 안아주고 눈을 맞추며 설명을 해주었더라면 어땠을까? 부족했던 나의 결핍을 인정하고 아이의 마음을 조금씩 이해해가며 아이와 함께 성장하며 단단해졌다.

이제 늙어가는 엄마를 바라보는 마음은 어릴 적 느꼈던 나의 마음과는 사뭇 다르다. 다그치며 뜻을 관철하던 엄마를 이해하게 되었다. 그 당시는 어렸고 강하게 밀어붙이는 엄마의 말로 상처받았다. 엄마의 말 뒤에 숨은 진심을 이해하지 못했다. 그 당시의 엄마만큼 나이를 먹고 보니 경제적인 어려움 속에서도 네 명의 자녀의 배움을 위해 동분서주 노력하던 엄마가 보였다.

예방주사가 귀했던 시절에 마을로 의사가 나왔다. 한정된 주사를 아이에게 맞히기 위해 누구보다 일찍부터 줄서기를 하던 엄마의 진심을 알게 되었다. 내 왼쪽 어깨의 수많은 주사 자국들이 이해되었다. 좋고 나쁨을 떠나 엄마는 옛날 사람이었다. 엄마도 배운 적이 없었기 때문에 부모에게서 받은 그대로 아이를 대했을 것이다. 단지 아들을 더 귀하게 여기던 시대적 상황에서 딸이란 이유로 공부를 하지 못한 결핍이 있었다. 내가 교장이 되었을 때 마치 자신이 된 것처럼 기뻐하던 엄마의 모습이 떠오른다. 자녀의 공부에 대해서는 아들딸 가리지 않고 열성을 보이시고 열심히 하라고 했던 이유이다.

부모가 된다는 것은 무엇일까?

학교에서 학부모들을 만나보면 아이를 키우는 일이 너무 어렵고 힘들다는 분들이 많다. 아이를 낳았을 때의 기쁨만으로 아이를 키우기에는 너무 버겁다. 잘하고 싶은데 생각대로 되지 않는다고도 한다. 어떻게 하면 그 어려운 일인 아이를 좀 더 잘 키울 수 있을까 고민하는 학부모에게 도움을 주고 싶다.

이 시점에서 '나는 아이들에게 어떤 부모일까?'에 대한 고민이 필요하다. 부모의 역할에 대해 진지하게 고민을 해보기를 바란다. 이런 진지한 고민 없이 본능적으로 부모에게 받았던 양육 경험대로 자녀에게 대물림을 하다 보니 육아에 어려움을 겪는 것이다.

요즘 핫한 드라마 〈슈룹〉을 보았다.

슈룹은 '우산'의 순우리말로 '가장 단단하고 따뜻한 엄마의 우산'을 뜻한다. 아들의 정체성을 알고 난 뒤 있는 그대로의 아들로 바라보기까지 엄마로서 실망과 아픔, 두려움의 혼란스러운 마음이 고스란히 전해졌다.

"내가 너를 어떻게 낳았는데 그럴 수 있느냐."

"네가 뭐가 부족해서 그러느냐?"

자식에 대한 원망과 비난의 마음을 추스르고 '네가 어떤 모습이든 넌 내 자식이야.'라고 말한 뒤 자신은 비를 맞으면서 아들 쪽으로 우산을 기울여 씌워주는 모습이 오랫동안 기억에 남았다. 아들을 존재 자체로 인정하고 지지해주기로 한 것이다. 자녀를 분신과 같이 여기는 부모들이 많기 때문에 자녀를 존재 자체로 귀하게 여기고 인정해주는 일은 쉽지 않다.

부모는 자녀에게 가장 중요한 존재이다.

또한 아이는 삶에서 중요한 존재인 부모가 자신을 가장 소중한 사람으로 대해주길 원한다. 다른 누구보다 조건 없이, 어떤 상황에도 자신을 가장 사랑해주길 원한다. 아이에게 사랑이 필요하면 아이를 누구보다도 최우선으로 사랑해주기를 바란다. 아이에게 보호가 필요하면 아이를 누구보다도 최우선으로 보호해주기를 바란다. 아이에게 위로가 필요하면 누구보다도 최우선으로 위로해주길 원한다. 아이가 외로울 때는 누구보다도 최우선으로 아이 옆에 있어 주기를 원한다. 아이들은 다른 누구보다 부모가 조건 없이 어떤 상황에도 자신을 가장 소중한 사람으로 대해주길 바란다.

부모에게 의존하고 싶은 욕구는 인간의 본능이며 인간이 마음의 평안함과 사랑, 자존감을 형성해 나가는데 아주 필수적인 인간의 본능적 욕구이다. 그래서 아이는 의존적 욕구를 누구보다도 자신을 키워주는 부모에게서 받기를 원한다. 아이에게 의존적 욕구가 채워지지 않으면 마음에 '결핍'이라는 큰 구멍이 생긴다.

부모가 된다는 것은 어떤 의미일까?

부모가 된다는 것은 아이에게 안전한 '둥지'가 된다는 것이다.

부모가 된다는 것은 아이에게 불안하거나 두려운 존재가 아니고 아이가 안도감을 느끼고 기댈 수 있는 존재가 된다는 것이다.

나도 어린 시절에 결핍이 있었고 충분한 안정감을 받지 못했다.
내가 부모의 안정적인 역할을 인식하게 된 것은 부모가 되었기 때문이다. 내가 가지고 있던 불안정적인 모습을 아이들을 키우며 알게 되었다. 부정적인 감정과 불안을 내 아이들에게 전해지길 바라지 않았다. 나의 아이들에게 '안전한 둥지'가 되어 주고 싶었다. 그 역할을 해주려고 부단히 노력하였다.
아이들이 무엇인가 하다가 지치고 위로가 필요할 때 여유롭게 휴식을 취하고 회복하고 활력을 되찾아 본래 삶의 자리로 돌아갈 수 있도록 편안하고 따뜻한 안식처가 되고 싶었다.

안전한 '둥지'에서 자신을 전적으로 신뢰하고 믿어주는 단 한 사람!!
현명한 엄마와의 소통으로 아이는 치유와 새 힘을 얻는다.
아이가 스스로 날 수 있도록 지켜보는 것이 부모이다.
부모가 된다는 것은 그저 아이에게 편안하게 쉴 수 있는 기댈 언덕이 되는 것이다.

⑤

당신은 안전한 부모인가요?

표현할 줄 아는 아이

누군가 나를 보고 다가오더니 반갑게 웃으면서 인사를 한다.

"짱쌤! 지난번 영상에 제가 아주 예쁘게 나왔더라구요?"
"예쁘게 나와서 아주 만족스럽구나?"
"네."
"네가 만족하니 짱쌤도 좋은데?"

학교 도서관 행사에 참여해서 인터뷰한 영상이 소개되었는데 자신의 모습에 아주 만족한 모양이었다. 보통의 아이들은 영상에 나와도 자신의 느낌을 표현하는데 익숙하지 않다. 영상에 나온 자신의 모습을 보고 예쁘게 나왔다고 만족스럽게 말해주니 '늘 무엇을 담아야 할까?' 하고 고민하는 나에게 힘이 되었다.

한 친구가 슬그머니 나에게 다가와 머뭇거리며 말했다.

"저도 인터뷰했는데 영상이 잘렸나봐요.
기대를 했는데 안 나와서 속상했어요."
"그래? 인터뷰하고 기다렸을 텐데 정말 속상했겠다.
왜 그렇게 되었는지 알아볼게. 짱쌤이 미안해."

이 아이는 반대로 자신의 모습이 나오지 않았다며 시무룩해서 말했다. 목소리가 아주 작았거나 주변의 잡음이 많이 들어갔던지, 개인정보 차원에서 영상을 잘라야 되는 상황으로 편집하는 과정에서 영상이 빠졌나보다. 아이가 말해주지 않았다면 몰랐을 것을 솔직하게 말해주어서 그 사실을 알게 되었다.

말을 하지 않았다면 혼자서 얼마나 속상했을까? 그 아이의 마음을 진심으로 위로해 주었다.

새로운 학교에서 아이들과 만났다.
학생들에게 실내 생활과 복도통행에 대해 알려주고 싶어서 아침 등교 맞이를 하면서 캠페인을 준비하였다.

'복도에서는 조용히 오른쪽으로 걸어 다녀요.'
'뛰어다니면 친구들에게 피해를 주고 다쳐요.'

라고 써서 1학기 동안 피켓을 들고 아이들을 맞이하였다. 처음에는 그 모습이 생소했는지 이상한 듯이 쳐다보았다. 며칠이 지나니 아이들은 늘 하듯이 "안녕하세요?" 하고는 쿨하게 지나쳤다. 그중에 호기심이 있는 몇 명은 나에게로 가까이 와서 그 문구를 큰소리로 또박또박 읽기도 했다.

몇 달이 흐르고 그날도 문구를 들고 아이들을 맞이하고 있었다.
"안녕하세요?", "안녕하세요?" 나와 아이들은 평소처럼 인사하며 등교 맞이를 하였다. 등교 맞이를 끝내고 들고 있던 판을 보았을 때 나는 깜짝 놀랐다. 판을 거꾸로 들고 있었던 것이다.
"아니 세상에, 어느 누구도 교장 선생님, 판을 거꾸로 들었어요."라고 말해주지 않았다. 교장 선생님이 평소에 들던 판을 거꾸로 들고 서 있으면 이상해서라도 말해주었을 텐데 한 명도 없었다. 거꾸로 들고 있는 내가 궁금하지도 않았을까? 친구들이 수줍어서 말하기가 어려웠을까? 거꾸로 들었다고 말을 하면 교장쌤이 창피할까 봐 그랬을까? 자신의 생각을 말로 표현하는 것이 어색한가? 많은 생각들이 스쳤다. 마음속의 이야기를 말로 표현하거나 본 것을 말로 표현하는 것은 아주 중요하다. 소통이 시작되기 때문이다.

아이들은 가장 가까운 관계인 부모와의 소통을 통해서 소통 방식을 배운다.
태어나서부터는 부모가 자꾸 말을 걸어줌으로써 대화하고 소통하는 방법을 배우고 익히게 된다. 부모와 아이가 좋은 관계를 맺으면 아이들은 자신들의 감정을 자유롭게 표현하게 된다. 그래서 부모가 수용적이고 열린 마음으로 자녀의 이야기를 들어주는 것은 중요하다.

반대로 아이가 자라면서 부모가 감정을 받아주거나 받아주지 않으면 부정적인 경험이 쌓여 소통 방식을 제대로 배우게 못하게 된다. 부모가 "너 왜 그랬어? 잘못했지?"라고 이야기도 끝까지 듣지 않고 꾸짖으면 "잘못했어요."라고 하면서도 아이의 마음은 어딘가 불편하면서 부정적인 감정으로 남게 된다. 부모가 언제 화를 낼지 모르기 때문에 화를 낼까 봐 눈치를 보고 표현을 제대로 하지 않게 되고 입을 다물게 된다. 가정에서 부모의 일방적이고 위협적인 경고의 말을 자주 들으며 자란 아이는 시간이 지날수록 더 반응하지 않는다. 그래서 아이를 다그치는 부모의 목소리는 점점 커지고 위협하는 강도도 더 높아진다.

일방적이고 강압적인 대화가 계속될수록 아이는 부모에게 더 강한 적개심과 반항심을 갖게 된다. 아이는 점점 부모가 싫어하는 행동으로 부모를 자극하고 부모와 좋은 관계를 유지하는 것은 점점 더 어려워진다.

나는 아이와의 소통에서 안전한 부모일까?
아이와의 관계에서 화를 내고 폭언을 하는 것은 아이에게는 무섭고 두려운 일이다. 부모는 아이에게 절대로 화를 내지 않으려고 노력해야 한다. 감정이 내려가면 아이와 편안하게 대화를 시작해보자. 아이가 말을 하지 않는다면 기다려보자.

등교 거부를 하던 우빈이가 2학기가 되면서 등교를 하였다. 완강하던 아이가 학교에 나오니 잘 마무리하여 우빈이가 무사히 졸업을 하는 것이 우리의 목표가 되었다. 등교할 때마다 우빈이를 보면서도 마음이 닫힌 우빈이에게 선뜻 다가서지 못했다. 학교에 들어서는 우빈이를 바라보며 "우빈아 안녕?" 하고 환하게 웃으며 반갑게 맞이하는 것이 전부였다. 가끔 때로는 고개를 아주 미세하게 끄덕이기도 하고 아주 잠깐 눈이 마주치기도 했다. 그러나 고개를 떨구고 거의 땅만 바라보고 걸으며 등교를 했다.

그러던 어느 날 아침 맞이 등교 시간에 "우빈아, 안녕? 하고 인사를 했는데 다른 날과는 좀 달랐다. 잠시 머뭇거리다가 조심스럽게 다가갔다.
"우빈아, 무슨 일 있니?"
아무 말이 없다. 그러더니 이내 눈물이 맺히기 시작했다.
"우빈이 울어?"
"……."
"우빈아, 우리 학교 한 바퀴 걷고 교실로 들어갈까?" 했더니 말없이 고개를 끄덕인다. 우빈이를 데리고 학교 운동장 쪽으로 걸어갔다.
아무 말 없이 한참을 걷다가 부드러운 목소리로 우빈이에게 물었다.
"혹시 아침에 무슨 일 있었어?"
"엄마가. 엄마가. 아침에 학교 늦는다고. 빨리 하라고. 빨리 하라고. 막 화를 내고 욕을 했어요. 기다려 주면 되는데."
"기다려 주면 되는데." 이 말이 오랫동안 울림이 되어 머릿속을 맴돌았다. 우빈이의 '기다려달라'는 외침이 예사롭게 들리지 않았다.

우리 부모들은 마음이 항상 급하다. 그래서 불같이 화를 내고 큰 소리를 치며 말한다.
처음에는 우빈이가 학교에 안 간다고 한 걱정을 하더니 이제 학교에 등교를 시작하니 등교 시간을 맞추라고 계속 아침마다 보챈다. 우빈이 말대로 이야기 해 놓고 좀 기다려줘도 된다. 그런데 틈도 주지 않고 끝없이 지시하고 명령하며 다그친다. 평소에 말도 없고 숫기도 없는 아이가 너무나도 또렷하고 정확하게 의사 표현을 하였다. "우빈이가 잘 알아서 할 텐데, 엄마가 아침에 빨리 빨리하라고 재촉해서 속상했구나?" 하며 속상한 마음을 헤아려주었다. 그것으로 충분하다. 우빈이가 원하는 것은 조언이나 충고, 문제해결이 아니라 감정을 알아달라는 신호이기 때문이다.

"기다려 달라고 네 마음을 엄마한테 이야기해 봤어?"라고 하고 싶었지만 참았다. 아무 말 없이 현관 입구까지 와서 아이와 헤어졌다. 나의 제안에 함께 운동장을 한 바퀴 돌아준 것만도 고마웠다. 우빈이의 이야기를 들어준 것만으로 충분하였다. 아이를 판단하고 가르치려 한다면 우빈이에게 또 한 명의 엄마가 될 뿐이다.

우빈이의 이야기를 듣거나 우리가 보는 것만으로 부모를 판단할 수는 없다.

부모도 아이의 등교 거부에 힘겨운 날들을 보냈었고 우빈이를 등교시키기까지 부모로서의 어려움이 있었을 것이다. 아침마다 엄마와의 관계에서 힘들어하는 우빈이를 언제까지나 닦달하며 재촉할 수는 없다. 우빈이가 잔소리로 여기지 않으려면 어떻게 해야 하는지 잘 배워서 적용해보았으면 한다. '학교를 가는 것은 선택의 문제가 아니라는 것'을 알고 서로 평화롭게 지낼 수 있는 약속들을 함께 정하는 것도 한 방법이다.

첫째, 아침에 일어나지 못하면 그 이유가 무엇인지 확인해보고 일어날 수 있는 환경으로 바꿔보기
둘째, 아침에 어떻게 깨워줬으면 좋겠는지 물어보기

셋째, 등교 시간을 정확하게 '몇 시'라고 이야기 해주고 준비할 때까지 몇 분 남았다고만 이야기 해주기
넷째, 출발 시간이 지났을 경우는 혼자 가야 한다고 명확하게 알려주기

위와 같은 약속을 통해 아이가 자신과의 약속을 지켜갈 수 있도록 믿고 지지해주자.

"괜찮아, 이야기하고 싶을 때 해도 돼."
"무엇을 도와줄까?"
"준비가 되면 이야기 해줘."

잘했을 때 칭찬과 인정이 먼저다. 그러나 잘못했거나 실수했을 때 부모로부터 듣고 싶은 말은 편안하고 안전한 말일 것이다. 아이가 무엇인가를 요구할 때 웃어주거나 대답을 하면서 관계를 맺어가는 것이 좋다. 시작할 때는 그다지 중요하지 않은 일상적인 이야기를 나누며 소통을 시작한다. 그런 이야기조차 나누길 싫어한다면 '걱정되는 엄마의 마음'만을 전달하고 잠자코 함께 있어 주는 것만으로 충분하다. 부모가 아이에게 바라고 기대하는 것이 있다면 직접 말로 표현해보자. 평화적이고 안전한 방법으로 부모의 생각도 전달해보자.

"나는 네가 등교 시간이 늦어질까 봐 걱정이 돼."
"엄마는 ○○가 숙제를 먼저 하길 바라."
"엄마는 ○○가 게임을 30분만 했으면 좋겠어."

부모가 아이를 어떻게 대하느냐에 따라 아이의 반응도 다르다. 엄마의 타이밍이 아니라 자녀의 타이밍에 맞추는 것이 중요하다. 마음 내킬 때 '네 이야기를 해도 된다.'라는 메시지와 '기다려 줄게.' 하고 여유 있는 모습을 보여주는 것이 핵심이다.

"어서 이야기를 하라고!!" 다그치지 말자.
아이를 다그치면 다그칠수록 아이의 행동이 악화된다. 일단 아이를 잘 관찰해보면서 지켜봐 주기를 바란다. 혹시 아이가 이야기를 시작한다면 중간에 끊지 말고 충분히 들어주자. 끼어들지 말고 들어주기만 해도 충분하다. 아이의 이야기를 집중해서 듣고 고개를 끄덕이며 들어주는 것만으로도 힘이 된다는 것을 잊지 말자.

아이들은 부모님께 말하면서 해결해 달라고 이야기하는 것은 아니다. 어른들처럼 아이들도 안전한 누군가에게 나의 이야기를 털어놓고 싶을 뿐이다. 고학년이 될수록 부모의 과한 개입이나 감정을 원하지 않는다. 그냥 자신의 말을 들어주길 원한다. 아이들은 생각보다 자신들의 문제가 어떻게 하면 해결되는지 아는 경우가 많다. 단지 자신이 해결할 수 없는 부정적인 감정을 처리하지 못해 힘들 뿐이다. 자녀가 해결할 수 없는 부정적인 감정을 부모에게 보여주는 것만도 대단한 일이다. 더하여 자신이 충족될 만큼 부모와 소통이 된다면 더할 나위 없다. 아이는 충분히 위로를 받고 일어설 수 있다.

다시 한번 기억하자.
부모는 아이에게 감정적으로나 정서적으로 안전한 존재여야 한다. 날 해치거나 공격하지 않는 안전하고 편안한 존재여야 한다. 의도적으로 아이와 관계를 좋게 맺어보려고 노력해보자. 나의 부모에게서 받았던 상처를 아이에게 그대로 드러내지 말고 그 상처를 조금씩 단계적으로 치유하고 끊어내자. 아이와의 관계를 회복하기를 진심으로 바란다. 말로 상처 주지 않도록 건강한 관계와 소통을 위해 부모가 먼저 노력해보자.

2장

아이와 어떤 소통을 하고 있는가?

①
대물림 되는 소통의 방식

'부전자전(父傳子傳)'이라는 말과 비슷한 우리나라 속담으로 '그 아버지에 그 아들', '피는 못 속인다.', '그 피가 어디로 가겠어?' 등의 말들이 있다. 이는 주로 '대물림'을 나타내는 말로 쓰인다.

신문에 헤드라인으로 〈스마트폰 중독 '대물림' 확인, 고의존 부모 자녀 중 79%〉이라는 기사를 읽은 적이 있다. 〈한국사회연구원〉에서 '부모의 스마트폰 의존도와 자녀의 스마트폰 의존도의 전이 관계'(김소연 외)를 연구하였다. 초등학교 6학년 아이와 부모의 스마트폰 의존도가 갖는 상관관계를 살펴본 결과 부모가 고의존형이면 자녀도 고의존형으로 스마트폰 중독도 대물림된다는 것이다.

예능프로그램 〈금쪽같은 내 새끼〉에는 다양한 금쪽이들이 나온다.
욕을 달고 사는 아이, 거짓말하는 아이, 입을 다물고 말을 하지 않는 아이, 등교 거부를 하는 아이, 폭식을 하는 아이 등 다양한 사례가 소개된다. 겉으로는 모든 것이 아이들의 문제 행동 같지만 결국은 부모와의 소통의 문제가 대부분이다. 아이보다 부모에게서 더 많은 문제가 발견된다.
"아빠가 무서워요."

"엄마가 화를 내요."

"우리 반 아이들이 나를 싫어해요."라고 아이가 속마음을 이야기할 때 그때서야 아이와의 소통 방식의 문제를 알게 된 부모는 죄책감에 눈물을 흘린다. 많은 사례 중에는 부모, 아이만의 문제가 아닌 자신의 부모와 자신과의 해결하지 못한 관계와 깊은 상처가 문제였다. 영상을 보면 체벌이나 폭력, 소통 방식, 행동 양상, 감정 표현 등 광범위하고 다양한 부분에서 부모에게서 받은 고통과 상처를 그대로 자녀에게 투영시키고 있는 것을 볼 수 있었다.

부모는 자신이 성장하며 느꼈던 결핍을 기억하고 아이에게 빨리 채워주고자 한다. 아이에게 찬찬한 설명도 없이 지시와 명령하고 강압적으로 통제한다. 말로는 "너를 위해서야."라고 부모 자신을 합리화 하지만 자신도 모르게 어린 시절 부모에게 겪었던 고통을 자신의 아이에게 똑같이 겪게 한다. 더구나 자신의 부모에게서 받은 그대로 자신의 아이들에게 똑같이 행동하고 있다는 것을 알고 나서 충격에 빠지기도 한다. 부모도 어느 정도 알고 있었지만 영상으로 관찰한 자신의 모습이 더 심하거나 과격한 모습이기 때문에 더 놀라기도 한다.

사례를 보면 놀랄 정도로 부모님의 모습이 자신의 행동을 통해 유사하게 반복되고 있다는 것을 발견한다. 부모도 어릴 때부터 자라면서 그들의 부모에게 겪은 마음의 상처나 결핍 그대로 자신의 아이들에게 똑같이 대하고 있다는 것을 알게 되는 것이다. "그때 내가 왜 그런 말과 행동을 했을까?"를 분석해보면 어린 시절의 부모에게서 받은 고통스런 기억들을 마주 대하게 되는 것이다.

감정표현과 감정수용이 서툴렀던 부모세대

내가 어렸을 적에 넉넉하지 못한 부모님은 여섯 명이나 되는 가족을 부양하느라 항상 바쁘셨다. 자라면서 부모님께 '나라도 좀 걱정을 덜어드려야지.' 하는 마음으로 집안일을 거들었다. 그때마다 부모님은 "우리 선희는 참 착해."라며 칭찬을 하셨다. 엄마의 칭찬이 그리워 스스로 '착한 아이 콤플렉스'에 갇혀갔다. 일이 버거워도 투정을 하거나 힘들다고 말하지 않았다. 엄마가 바라는 바가 아니었기 때문에 감정을 누르고 살았다. 입을 다물고 있는 것이 문제를 키우는 것보다 나았기 때문이었다. 가슴이 답답하고 울분이 쌓이는 날이 많아졌다.

결혼을 하고 육아를 하며 힘들고 어려울 때면 꾹꾹 눌렀던 감정들이 떠오르며 복받쳤다. 툭하면 모든 화살이 아이와 남편에게로 향했고 사랑하는 가족에게 '욱' 하며 분출되었다.

"엄마도 바쁘고 힘들어. 너희들이 뭐가 힘들어?"

"엄마가 해주는 따뜻한 밥 먹고 학교 다니면서."

"힘들어도 참아야지!!" 하며 아이들에게 '참을 것'을 요구하였다.

나의 이해를 바라며 엄마를 바라보던 아이를 향해 혹독한 얼굴로 야멸차게 입을 다물게 한 적도 많았다. 남편에게는 "아이들을 나만 키워요? 돈만 벌어오면 다라고 생각하는 거예요?"라며 짜증을 부렸다.

어린 시절 부모님이 나의 마음을 알아주고 어루만져 주었더라면 어떻게 달라졌을까? "힘들었구나." 하고 내 마음을 알아주었더라면 내 마음에 감정이 쌓이지는 않았을 것이다. 부모가 아이의 감정을 무시 또는 알아주지 않고 방치하거나 아이와 중요한 순간을 함께 하지 못하면 아이는 두려움과 좌절을 경험한다.

부모와 맺은 애착이 아이의 인간관계에 중요한 영향을 미친다.

1985년 버클리 대학의 메리 메인 교수가 애착 유형을 연구를 하였다.

만 12개월~만 3세 사이에 부모가 아이를 어떻게 대하고 양육했는지, 부모와의 상호작용은 어땠는지를 경험했느냐가 아이의 기억에 저장이 된다. 이 기억에 저장된 것이 모여 고정된 애착 패턴을 형성하게 되고 고정된 기억이 만 3세 이후의 인생에서 사람들을 만날 때 그대로 작동되어서 행동화한다는 것이다.

영유아기 때 부모와 맺었던 애착 관계가 아이가 살아가면서 맺는 인간관계에 영향을 미칠 만큼 매우 크고 중요하다는 것을 알 수 있다. 부모와 아이가 맺은 애착유형은 매우 중요하다. 부모에게서 경험했던 애착이 자녀를 키우는데 그대로 대물림이 된다는 것이 입증된 것이다.

부모에게 받은 마음의 상처나 결핍도 그대로 아이에게 대물림 된다. 부모의 소통 방식, 행동 양상, 정서적 표현도 아이에게 대물림이 된다. 부모에게 받은 나의 상처받고 결핍된 미숙한 부분이 자신도 모르는 사이에 사랑하는 자녀에게 대물림된다고 하면 너무나 고통스러운 일이다. 우리가 겪은 고통을 자녀에게 줄 수는 없다. 그래서 부모인 내가 나의 부족한 부분을 인지하고 깨달아 보완하거나 노력해야 하는 이유다.

한 엄마가 있다.

어린 시절 아버지가 일찍 돌아가셨는데 그의 어머니는 어린 딸에게 "아버지를 잡아먹은 딸"이라고 탓하며 정신적, 신체적, 노동력 학대를 했다. 성장하여 결혼을 하고 아이를 낳았다. 아이들에게 자신의 어린 시절의 불우하고 고통스러운 기억이 그대로 대물림될까 봐 무척 걱정이 되었다. 어린 시절 상처를 받았던 경험이 있는 아이는 아무런 주변의 도움을 받지 못했을 때 대부분 성장하면서 세상을 넓게 바라보지 못한다. 좁은 시야로 만들어진 생각은 자기도 모르게 무의식 속에서 자신을 누르고 있다. 물론 정신을 바짝 차리지 않으면 그대로 대물림이 된다.

어린 시절의 받은 상처와 고통을 기억하고 나의 대(代)에서 나쁜 기억의 대물림을 끊겠다는 다짐과 각오만 있다면 충분히 가능하다. 물론 그 과정이 무척 힘들고 어렵다. 때로는 넘어지기도 하고 실수를 하기도 할 것이다. 노은혜의『엄마라는 상처』에서는 "치유된 상처는 대물림되지 않는다. 그리고 아이들에게 내가 스스로 원했던 엄마가 되어줌으로써 대물림을 끊을 수 있다."라고 했다. 어릴 적 받았던 그 상처와 결핍을 딛고 다시 일어설 수 있다. 내가 잘난 사람이라서가 아니라 '아이들을 정말 사랑하니까' 가능한 것이다.

오늘은 학교에서 지친 몸과 마음으로 돌아온 아이를 반갑게 맞이하며 따뜻하게 안아주자.
"우리 ○○, 힘들었지? 수고했어."

②

나는 어떤 부모일까?

"혼자 있을 때는 가끔 누군가가 있었으면 좋겠다는 생각이 들어요."
"그런데 막상 누군가가 다가오면 부담스러워서 피하고 싶어요."
"평소에 사람들과 속마음을 잘 털어놓지 못해요."

주변에는 이처럼 대인관계에 어려움을 겪고 있는 사람들이 있다. 3년간의 코로나의 시기를 겪으며 더 심해진 경향이 있다. 더 이상 혼밥, 혼술이 낯설거나 어색하지 않다.

한 직원이 우리 학교로 왔다.
겨우 한두 달 지났을까? 같이 일하는 직원들이 너무 힘들어했다. 교직원들과 잘 어울리지를 못했고 말이나 행동이 공격적이었다. 아이들이 하는 말도 그냥 지나치지를 못하고 목소리를 높여 혼을 냈다. 학교마다 업무가 다르고 각자 자신이 맡은 업무가 있다. 우리 학교로 왔으면서도 전에 근무하던 학교에서 했던 일만을 고집했다.

그동안 협력해서 잘 해왔던 일들이 자신의 기준대로 나의 일, 너의 일을 따지게 되면서 서로의 관계가 삐거덕거리며 잡음을 내기 시작했다. 서로 언성을 높이는 일들이 잦아졌다. 학교 주변 사람들과 마찰이 심했고 관계에도 금이 가기 시작했다. 부서장도 손을 들고 뒤로 한발 빠지는 바람에 결국 교장인 내가 개입을 하게 되었다. 실제로 의사소통을 해보니 뭐라고 할 말이 없었다. 자신의 이야기만 하며 한발도 나아가지 못하는 꽉 막힌 불통의 상황에 직면하게 되었다.

어느 누구도 그와 이야기를 하려고 하지 않았다. 한 사람으로 인해 학교가 시끄럽고 조용할 날이 없었다. 자신이 사용하는 물건조차 찾을 수 없도록 엉망으로 관리되고 있었다. 한마디로 정말 힘든 사람이었다. 조용한 학교에 돌을 던져놓고 모르쇠로 일관했다. 거의 혼자서 지냈고 불편하여 다들 피하니 혼자 태평한 것 같았다.

어쩌다 그 직원의 개인적인 사정을 듣게 되었다. 오랫동안 병으로 누워 있는 동생을 보살피고 있다는 것이다. 아픈 동생을 돌보며 무한 책임감으로 힘든 생활을 하고 있는 것 같았다. 만나서 이야기할 때마다 사람을 쳐다보지 못하고 항상 방어적인 자세였다. 자신감 없는 말투와 행동 등 사람들과의 관계에서 마음을 많이 다친 듯했다. 말과 행동에서 상처와 흔적들이 보였다. 개인적으로 힘들고 고된 삶이 그를 다른 사람들과의 관계에서 스스로를 고립시킨 것 같았다.

한 사람을 이해하기 위해서는 태어나면서부터 어린 시절 부모와 맺었던 애착관계에서 찾을 수 있다. 심리학자 존 보울비는 대체로 어릴 적 형성된 애착 유형이 어른까지 지속되는 경향이 있지만 부모와 맺은 애착 유형이 절대적인 것이 아니라고 말한다. 애착 장애는 발달장애와 비슷하지만 관계를 맺는 상대에 따라서 또는 환경이 변하거나 시간이 지남에 따라 달라질 수 있다. 본인의 결핍을 꾸준한 노력을 통해 변화시키는 경우도 있다. 노력을 통해서 얼마든지 애착 유형이 바뀔 수 있다는 것이다. 부모인 '나'를 제대로 파악하고 관련된 문제점을 알고 변화하려 노력한다면 주변 사람들과 더 나은 관계를 형성하는 데 있어 도움이 된다.

나는 어떤 부모이며 나의 소통 방식은 어떨까?

부모의 양육방식은 자녀의 성격과 소통방식에 중요한 영향을 미친다.

바움린드는 애정과 통제를 기준으로 부모 양육 태도 유형을 4가지로 나누었다. 부모의 양육 태도를 결정짓는 중요한 요소로는 부모의 과거 경험, 사회 경제적인 지위, 부모가 속한 문화환경 등이 있다. 4가지의 양육 태도에 따른 부모 유형에 따라 자녀와의 대화나 소통 패턴에 영향을 준다.

부모인 나의 소통 유형이 우리 아이에게 대물림되는 부분이 있는 만큼 나는 어떤 부모 유형이고 평소 아이와의 소통 유형은 어떤지 아는 것이 매우 중요하다. 부모 자신이 스스로를 잘 알고 있을 때 자녀와의 대화와 소통에 도움이 되기 때문이다. 사티어의 부모의 4가지 소통 유형은 어느 한 가지 소통 유형으로 딱 떨어지지 않는다. 2~3가지 유형을 동시에 사용하기도 하고 주로 나타나는 일정한 소통 패턴의 경향성으로 보았다.

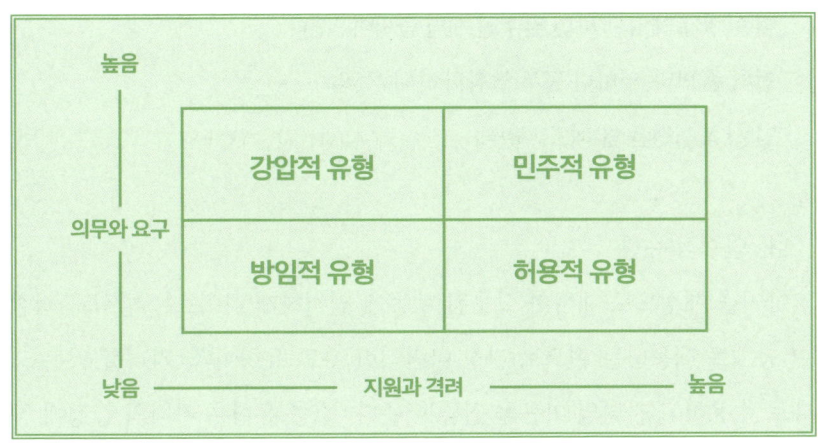

가. 강압적 유형

아이에 대해 의무와 요구가 강하며 주로 통제를 하는 부모 유형이다. 아이가 원하지 않는 것을 강요하고 일방적인 경향이 있다. 주로 획일적인 원칙을 강요하며 처벌적인 태도로 일관하는 부모 유형이다. 결국 아이는 부모에 대한 반감과 거부감으로 반항심이 생기고 공격적이 된다. 처벌이 두려워 소극적으로 보일 수 있으나 쌓아두었다가 한꺼번에 폭발하기도 한다. 소통 유형은 아이의 감정을 중요하게 생각하지 않고 받아주지도 않는다. 아이와의 소통을 주로 야단치거나 비난, 강요, 협박, 비교로 시작하거나 끝내는 편이다. 아이들은 이런 부모와의 대화에서 대부분 말투를 따라하며 부정적인 면을 자신의 소통법으로 배워가게 된다.

"하라면 해~!!" (명령)

"그러면 그렇지!! 네가 하는 일이 다 그렇지!!" (비난)

"내가 엄마니까 내 말 들어!!" (지시)

"너 이렇게 게임만 하면 일주일 게임 금지야." (협박)

"언니 좀 봐라. 얼마나 공부 열심히 하니?" (비교)

"넌 시험 걱정은 안 해?" (부정적)

나. 민주적 유형

아이를 애정으로 대하며 잘못된 행동에 엄격하게 타이르는 방식과 적절한 통제로 대응하는 편으로 가장 바람직한 부모 유형이다. 자녀를 있는 그대로 수용하고 자녀의 마음을 잘 읽어준다. 소통 유형은 자녀의 감정에 공감하고 반응하며 지지해준다. 아무리 급하고 화가 나더라도 아이의 이야기만 듣고 믿는 것이 아니라 전후 사정을 살펴보려고 노력한다.

아이가 실수와 실패를 했을 때 아이의 감정을 먼저 살피고 아이의 마음을 먼저 살펴야 한다. 부모가 아이의 마음을 잘 읽어주면 아이의 자존감이 높아진다. 아이가 자라면서 또래나 대인관계에서 공감 능력과 문제 해결력을 배운다. 부모는 적절한 칭찬과 격려를 통해 자신의 문제를 해결할 수 있도록 돕는다. 민주적인 부모가 자녀에게 사용하는 소통법은 주로 자녀에게 '질문'하기를 활용한다.

"오늘 뭐 먹었어?"

"친구랑 어디 갔었어?"

"너는 어떻게 생각해?"

"네가 해볼래?

다. 허용적 유형

부모의 유형은 아이에 대한 지원과 격려를 통한 애정은 높으나 통제 수준이 낮은 편이다. 아이가 원하면 허용하는 편으로 미리 알아서 다해주는 부모이다. 지나친 보호와 희생은 자녀에게 전혀 도움이 되지 않는다. 과잉 보호를 받는 아이는 스스로 나약한 존재라고 여기며 무기력한 존재라고 느낀다.

"기다려봐. 엄마가 해 줄게."
"아 해!! 30번 정도 씹어."
"그 아이가 욕을 하면 너도 해."

최근에 아이에게 강압적이거나 통제적인 부모 유형이 문제 되는 경향이 있었다. 그러나 애정과 정서적 지지가 지나치고 통제 없이 모든 행동을 허용하는 부모 유형이 증가하고 있다. 허용적 부모는 아이의 행동을 제대로 통제하지 못한다. 잘못된 행동을 했을 때 단호하지 못해 아이에게 휘둘리기도 한다.

엄마: "날씨가 추워. 코트 입고 가?"
아이: "싫어요."
엄마: "싫다고? 추운데 감기라도 걸리면 어떡해?"
아이: "그렇게 춥지도 않은데?"
엄마: "오늘 영하라고 했어!!"
아이: "코트는 무거워서 싫어요."

엄마: "코트 입으면 훨씬 따뜻할 거야. 입고 가자. 얼른 가져와."
아이: "코트 싫다니까. 절대로 안 입을 거야!"
엄마: "그럼 네 맘대로 해."

라. 방임적 유형

부모의 유형은 아이에 대해 무관심한 편으로 아이의 일에 관여하지 않는다. 자녀의 요구를 방치하거나 아이가 하고 싶은 대로 하도록 내버려 둔다. 언뜻 보면 부모에 대한 의존성이 낮아 독립적인 행동으로 보이나 정서적으로 냉담하여 아이는 정서적인 어려움을 겪는다. 아이는 부모의 애정을 얻기 위해 문제 행동을 통해 부모나 주변의 관심을 얻으려 하는 편이다. 소통 유형은 마음은 따뜻하지만 다양한 경험과 지식이 없어서 문제 행동에 대한 한계를 정해주지 못하고 그냥 내버려 둔다. 올바른 행동을 교정해주지 못하기 때문에 시간이 지날수록 아이로부터 권위를 잃게 되어 어떤 조언도 먹히지 않게 된다.

방임적인 부모의 유형은 의외로 자수성가한 부모나 먹고 살기 위해 바쁜 맞벌이 부모에게서 많이 나타나기도 한다. 부모는 자신의 부모에게서 받은 결핍된 사랑으로 인해 사랑을 주는 방법을 잘 모르기 때문이다. 어떻게 아이에게 사랑과 관심을 주는지 잘 모르기 때문에 아이를 돌보지 않고 간섭도 하지 않는다. 아이는 집에서는 반항적이지만 외부에서는 모범적으로 행동하게 된다.

엄마: "오늘 학교에서 잘 지냈어?"

아이: "아니, 오늘 내 짝꿍이랑 싸웠어요."
엄마: "왜? 싸웠어?"
아이: "내 연필을 밀어서 교실 바닥에 떨어트렸어요."
엄마: "괜찮아, 애들은 다 그러면서 크는 거야."

본인의 부모 유형을 먼저 살펴보고 양육 태도 및 소통 유형에서 부족한 점을 개선하려고 노력해야 한다. 물론 마음먹은 것처럼 쉽지 않고 힘이 들고 어렵다. 그러나 부족하다는 것을 인정하고 조금씩이라도 고쳐나가려는 노력이 나와 자녀를 서서히 변화시킨다.

부모도 처음이라 완벽할 수 없다. 그러나 한 가지 분명한 것은 초등시기의 아이들은 부모와 대화하고 소통하기를 원한다. 초등학교 시기는 자녀와 대화를 하며 소통을 하는 최적기이다.

첫째, 편안한 목소리로 나긋나긋하게 대화해보자.
둘째, 자녀의 말을 중간에 끼어들거나 자르지 말고 끝까지 들어주자.
셋째, 자녀의 의견이 부모와 다를 수 있음을 인정하고 자녀의 의견을 존중해주자.

③

강압적인 부모, 무기력한 아이

    강압적인 부모의 특징은 통제가 많은 독재적 유형의 부모이다.
  부모가 아이에 대한 애정이 부족하고 아이를 통제하기만 할 때 독재적 유형으로 분류한다. 아이에게 지나치게 엄격한 기준선과 잣대를 들이밀며 늘 성숙한 태도를 보일 것을 요구한다. 아이의 감정 감정을 잘 받아주면 수용적인 경험을 통하여 다른 사람들과의 관계에서도 잘 지낸다. 그러나 부모가 아이의 감정을 잘 받아주지 않으면 다른 사람들과의 관계에서 불편을 느끼고 잘 지내지 못한다. 또한 부모가 되어서도 아이의 감정을 수용하지 못하고 공감해주지 못하는 경향이 있다. 즉 부모의 소통방식이 아이의 인간관계에도 영향을 미치며 자신이 부모가 되어서도 아이의 감정을 수용해주지 못하고 공감 능력도 부족하다.

  코로나로 비대면 수업을 하다가 등교수업으로 바뀌면서 등교 거부를 하는 아이가 있었다. 담임교사가 몇 번의 전화와 가정방문으로 대를 시도하였지만 설득을 하지 못했고 등교일 2/3에 걸려 유급의 위기에 처했다. 학부모는 어떻게든 아이를 등교시키려 하였으나 아이는 꿈쩍도 하지 않았다. 아이와 대화를 해보고자 함께 학교에서 만나기로 하였다. 아이를 설득하기 어려웠는지 약속한 날짜가 한참을 지나서야 겨우 만날 수 있었다. 반가운 마음에 상담실로 갔더니 엄마와 아이, 상담교사, 교감 선생님과 함께 있었고 나도 자리를 잡고 앉았다.

분위기를 바꿔보려고 말을 걸어도 도무지 쳐다보지도 말도 하지 않았다. 엄마는 계속해서 "교장 선생님 좀 쳐다봐. 교장 선생님이 말씀을 하시잖아."

그러더니 "초등학교는 의무교육이라서 네가 학교를 안 가면 엄마가 감옥 가는 거야."라며 아이를 윽박질렀다. 아이를 가르친다면서 비난과 모욕을 준다. 아이는 익숙한지 모자를 푹 눌러쓰고 가만히 앉아 있었다. 속으로는 '엄마의 말을 제지해야 하나? 어쩌지?' 하고 갈등하였다. '아이고야. 오늘 처음 어렵게 등교했는데 아이에게 이처럼 상처 되는 말을 하다니. 처음 보는 여러 사람들에게 둘러싸여서 얼마나 마음이 두려울까?' 하는 생각이 들었다. 이 상황에서 A가 할 수 있는 것은 입을 다물고 앉아 있는 것 외에는 아무것도 없었다.

엄마는 그동안의 아이에 대해 힘들었던 마음을 사람들 앞에서 '내가 너 때문에 정말 힘들었어.' 하고 인정받기라도 하듯 아이를 향해 쏟아붓고 있었다.
나도 어렸을 적 상처 속에서 힘들고 외로울 때 엄마가 따뜻하게 말을 해주고 내 마음을 이해해줬으면 하고 바라지 않았던가?
그래서 A에게 말했다.

"A야, 오늘 학교에서 만나니 너무 기뻐."
"친구들도 반가워 할 거야."
"내일 아침 학교에 나올 거지?"
"……."

도대체 무엇이 A의 입을 다물게 하고 무기력하게 했을까?
아이가 등교 거부를 하니 엄마로서 정말 당황하고 화가 났을 것이다. 부모들이 대부분 그러하듯 아이에게 윽박지르고 겁을 주는 방식으로 학교에 등교하기를 바랐다. 그러나 오히려 아이의 말문을 닫는 결과를 초래했다. 누구나 흔하게 하는 실수이다. 부모의 화난 감정을 쏟아내는 거친 비난의 말들이 아이에게 상처만 줄 뿐이었다. 근본적인 문제해결에는 전혀 도움이 되지 않는다. 당연히 아이와 부모의 관계도 나빠진다. 이미 이야기를 했지만 A의 엄마도 자라면서 자신의 부모와의 관계에서 '일방적인 소통 방식'을 강요받았을 것이다. 강요와 통제를 경험함으로써 자신도 알지 못하는 사이에 자신의 자녀와의 소통방식에서 그대로 드러난 것이다. 과거의 상처가 무의식적으로 아이에게 상처를 주는 말로 나타났다.

A가 드디어 등교를 했다. 학부모를 따로 만난 자리에서 "A가 학교에 오니 너무 반갑네요. 그런데 어떻게 해서 학교에 나오게 되었나요?" 하고 물었더니 "여름 방학이 끝나갈 무렵 그냥 A가 학교를 가고 싶다"고 말했다는 것이다. "어머 그랬어요? 정말 잘 되었어요? 우리 한번 지켜보기로 해요. 그 대신 잘 못하는 것을 지적하고 꾸짖기보다 잘하는 것을 칭찬과 격려를 해주면 좋겠어요."라고 특별히 부탁을 드렸다.

한 달이 지나자 "어머님, 이제부터는 교문 안에는 스스로 들어올 수 있도록 해보는 것이 어떨까요? 한번 A와 이야기를 해보세요." 하고 권했다. 며칠이 지나고 A가 교문으로 혼자 들어왔다. "혼자 가라고 했을 때 A가 잘 받아들이던가요?" 하고 물었더니 거부감 없이 스스로 혼자 학교에 들어가겠다고 했다고 전했다. 이렇게 단계적으로 늘려가면서 혼자 하다 보면 이제 거부감 없이 혼자 등교하게 될 것이다.

아이의 무기력도 대체로 강압적인 부모와의 관계에서 비롯된다.
아이가 하는 일에 부모가 끊임없이 강압적으로 대한다면 자신감을 잃는다. 자신에 대한 확실한 신뢰가 없어 무기력한 아이로 자란다. 그동안 아이가 등교를 거부하면서 서로 상처를 받았던 엄마와 A가 대화로 아주 조금씩 소통하며 관계를 회복하고 있다. 아이들은 가장 좋아하고 사랑하는 부모로부터 위로받고 인정받기를 원한다. 최소한 아이를 비난하기, 야단치기, 비아냥거리기, 명령하기, 훈계하기 등을 줄여보자.

현재는 A가 초등학교를 무사히 졸업하는 것이 목표이다. 하지만 아이를 조금씩 이해하게 되면서 엄마와의 좋은 관계도 회복하고 더 큰 목표를 이루게 될지도 모른다. 엄마의 바람이 이루어지는 그날을 기대해본다.

④

과보호하는 부모, 의존하는 아이

드라마에 많이 나오는 단골 대사가 있다.
"내가 너를 어떻게 키웠는데 네가 나한테 이럴 수가 있어?"
"있는 것 없는 것 먹여가고 입히면서 오냐오냐 키웠더니."
"돈도 없는데 학원까지 보내줬구만."
애지중지 키웠더니 '자신의 뜻대로' 하려는 자식에게 화가 나서 울며불며 소리치는 부모의 모습이 상상된다.

아이를 과잉보호하는 학부모들이 너무 많다.
요즘에는 대부분 외동아이들이기 때문에 가정에서 두 명의 자녀만 낳아도 다자녀가구이다. 2~3년 전부터 초등학교 잠재적 고객인 병설 유치원 원아들이 확연하게 줄어들었다. 학령기 아이들의 인구감소를 실감하고 있다. 아이들이 귀하다. 그만큼 아이를 귀하게 키운다. 맹목적인 집착으로 올인하기도 한다. 아이가 하나밖에 없으니 위험한 곳에 보내지 않으려 하고 차로 교문 앞까지 태워서 데려다 준다. 교문 안까지 개방하면 다른 아이들의 안전과는 관계없이 차로 교실 앞까지 들어올 기세다.

"그거 안 돼! 이거 먹어!!"
"잠깐 기다려봐. 엄마가 손질해 줄께!"
"아~~ 입 벌려. 입에 넣고 30번 정도 씹어."

아이가 말하기도 전에 알아서 다해주고 최고의 수준으로 아이를 입히고 가르친다. 과잉 보호형 부모는 일반적으로 아이를 지나치게 보호하며 세세한 관심과 보살핌으로 모든 문제를 대신 해결해준다. 항상 자녀 곁에서 떨어지기를 두려워하며 아이가 어른이 되어서도 비슷하다. 아이의 자율성을 해치고 자존감을 떨어뜨려 아이를 망치는 부모다. '막장 부모' 드라마의 단골 주제가 되기도 한다.

과잉 보호형 부모는 특히 아이에게 공부를 강조하며 공부만 잘하면 그 외에 일은 관계없다고 생각하는 부모도 많다. 아이가 원하는 것은 무엇이든 들어주며 아이를 온실의 화초같이 키운다. 아이가 실패와 좌절을 겪을까 걱정되어 아이에게 문제가 생기면 과도하게 개입하여 아이 스스로 문제를 해결할 기회를 주지 않는다.

과잉 보호형 부모의 아이에게 나타나는 문제로는 부모의 과보호로 자녀가 부모를 의존하게 되면서 자녀의 독립심을 기를 수 없다. 독립심을 기르지 못하는 아이는 사회성을 배우지 못한다. 과잉 보호형 부모의 아이들은 부모의 영향력에서 벗어나고 싶어도 쉽지 않으며 벗어날 생각조차 하지 않는다.

그래서 아이는 부모에게 의지하려는 경향이 강하고 겁이 많으며 스스로가 주도적이고 책임감 있는 생활을 하지 못한다. 감정이 비교적 약하고 실수나 실패를 받아들이지 못하는 경향이 있고 스스로 조절하는 자기 통제력이 부족한 편이다. 자기중심성이 강한 편이어서 친구들과 좋은 관계를 맺기도 어렵다.

아이들은 학교생활을 통해서 사회생활을 배워가야 한다. 아이에게 배울 수 있는 기회를 주고 경험하게 하여야 한다. 직접 해보는 것이 가장 중요하다. 한번 해보는 것으로 100% 성공할 수는 없다. 그러나 그것을 한 번 경험해보는 것으로 다음에 더 성장한다. 부모가 해결책을 미리 제시하지 말고 아이가 부딪히면서 배울 수 있도록 도와주어야 한다.

"좀 별로면 어때?"
"좀 실수하면 어때?"
"안 해 봤잖아. 괜찮아."
"처음 시작인데 해보는 거야. 누가 뭐라 하면 어때?"

이런 마음으로 아이를 여유를 가지고 유연하게 지켜보자.
저학년이면 단계적으로 기회를 주고 경험할 수 있도록 하고 고학년이 될수록 학부모는 거리두기를 하고 아이 스스로 선택과 결정을 할 수 있도록 도와주자. 스스로 한 결정과 선택을 책임을 질 수 있도록 하여야 아이는 주도적으로 자란다.

아이를 과잉보호하는 부모는 그 부모의 정서와 밀접한 관련이 있다.
가족치료의 선구자인 레비(David Levy)에 따르면 '성장하면서 사랑을 받지 못한 엄마는 자녀를 과잉보호한다'고 하였다. 마음이 불안한 부모는 자신이 생각하는 대로 원하는 대로 아이가 행동해야 안심을 할 수 있기 때문에 통제하려하고 지시와 명령을 한다. 이런 모습은 부모의 마음대로 하고자 하고 자녀가 통제 되지 않으면 불편하고 불안함을 느끼게 된다. 부모의 불안을 해소하는 방식으로 상대적으로 약자인 자녀에게 나타나게 되고 자녀는 자율적인 힘을 발휘하지 못한 채 순종적인 모습을 보이게 된다. 자녀가 집에서는 순종적이지만 학교에서는 사회성이 떨어진다. 학교에서도 보면 친구들과 어울리지 못하고 주변을 어슬렁거리며 혼자 지내는 아이들이다. 사회는 여러 사람들이 어울려 사는 공동체이므로 혼자서는 살 수 없다. 그러므로 아이가 어렸을 때부터 인간관계를 잘 맺으며 살아갈 수 있도록 가정에서 부모가 가르쳐야 한다.

아이들마다 단계를 거치며 꼭 배워야 하는 행동 양식이 있다. 단계에 따라 행동 양식을 스스로 터득하며 배워야 한다. 학부모는 자녀가 커갈수록 자녀와 적당한 거리를 두어야 하며 스스로 단계적으로 배우고 익힐 수 있도록 적극적으로 도와야 한다. 아이들을 자기 마음대로 조정하는 헬리콥터형 학부모가 너무 많아 사회문제로 대두되고 있다. 법륜스님은 4단계로 나누고 단계에 따라 아이들을 잘 대해야 한다고 명쾌하게 말씀하셨다.

> **1단계:** (출생~3살) 다른 사람에게 맡기지 말고 부모가 직접 양육하며 최선을 다해 돌봄
> **2단계:** (4세~14세) 부모의 말과 행동을 보고 배우는 시기이므로 부모가 직접 모델이 되어야 함

> **3단계**: (15세~19세) 부모가 절대로 도와주지 말고 시행착오를 겪으면서 성장 할 수 있게 옆에서 지켜봄
> **4단계**: (20세~) 부모가 정을 끊고 알아서 살 수 있게 함

교육을 하는 사람으로서 아이가 단계별로 성장하면서 부모가 해야 할 핵심을 바로 딱 한 눈에 알 수 있도록 정리하신 말씀에 "맞아!! 바로 그거야!!" 하고 감탄을 하였다.

세 살 이전의 아이들은 엄마가 직접 양육하며 애정과 지원을 아낌없이 듬뿍 주어야 한다. 초등시기의 아이들에게는 "이렇게 하는 거야, 저렇게 하는 거야."라고 말만 하는 것이 아니라 부모가 손수 롤모델이 되어야 한다. 중학교 사춘기의 적절한 시기가 되면 더 이상 부모의 관여나 도움 없이 스스로 해결해야 하며 20세 이상이 되면 자립할 수 있게 부모의 간섭을 딱 끊어주라는 의미였다. 다 큰 자녀를 품 안에 끼고 '감 놔라 배 놔라' 하는 부모가 얼마나 많은가?

초등시기에는 아이의 인생에서 사람의 도리인 옳고 그른 것을 반드시 가르쳐야 한다. 아이의 인생이 담긴 가방은 무겁다고 엄마가 매지 말고 직접 메고 올 수 있도록 한다. 가방이 무겁다면 스스로 고민해서 문제를 해결해야 한다.

인사는 입으로만 "인사를 해야지?" 가르치지 말고 부모가 먼저 만나는 사람마다 "안녕하세요?" 인사를 직접 함으로써 손수 모범을 보인다. 아이

가 집에서 출발하기 전에 미리 오늘 할 일을 한 번 더 이야기 하면서 상기 시킨다. 집에서 헤어질 때 따뜻하게 안아주며 "잘 다녀와." 하고 배웅을 하고 "잘 다녀왔어?" 반갑게 맞이한다. 아이의 건강을 위해 가까운 거리는 걸어 다닐 수 있도록 한다. 초등학교 입학 전에 미리 부모와 함께 학교 주변을 둘러보고 안전한 통학로를 미리 익혀두면 도움이 된다.

무엇보다도 부모가 생활 속에서 솔선수범으로 모범으로 보여야 한다.
자녀가 충분한 능력과 인성을 가지고 사회에서 자기 책임 아래 스스로의 인생을 설계하여 나갈 수 있도록 도움을 주어야 한다. 그래서 20세 성인이 되었을 때 부모의 정을 딱!! 끊고 독립할 수 있다. 부모의 불안이 자녀를 놓지 못하고 과보호하게 된다. 아이를 믿고 단계적으로 가르치며 스스로 할 수 있도록 기회를 줘보자. 부족하더라도 조금 더 잘 할 수 있도록 소통을 통해 격려를 하면서 아이에게 힘이 되어 주는 부모가 되자.

⑤
믿지 못하는 부모, 자존감 낮은 아이

부모가 자식을 사랑하는 마음은 당연히 크고 넓다.

'내 눈에 넣어도 아프지 않을 정도'라고 하니 그 사랑의 깊이가 대단하다.

사랑하기 때문에 사랑하는 만큼 아이들을 보면 불안과 걱정도 같이 커지는 것은 당연하다. 걱정을 하는 마음 안에는 아이들이 스스로 해내지 못할 것이라는 불안과 두려움이 자리하고 있다. 그 마음은 고스란히 아이의 마음에 전달되어 오히려 아이가 부족함에 집중을 하도록 한다. 아이는 자신이 부모를 실망시킬지도 모른다는 불안감에 휩싸여 자신을 믿지 못한다. 자기 안에 부족함을 찾아서 계속 생각하게 만들고 자기 확신이 없어 쉽게 불안감을 느낀다.

아들이 초등학교 시절에 한동안 컴퓨터 게임을 즐겨 했다.

학교를 다녀와서 혼자 있는 시간에는 컴퓨터 게임을 하지 말자고 약속을 했었다.

"오늘 컴퓨터 게임했어?"

"오늘은 안 했어요."라고 해도 그 대답을 미심쩍어 하며 직접 컴퓨터를 손으로 만져보았다. 컴퓨터가 뜨거운가? 안 뜨거운가?를 직접 만져서 확인을 하고 나서야 안심을 했었다. 아들을 믿지 못하는 마음이 있었기 때문에 그런 행동을 한 것이다. 그 모습을 지켜보던 아들은 속으로 '엄마가 나를 믿지 않는구나.'라고 생각했을 것이다. "그래, 힘들었을 텐데 엄마하고의 약속을 지켰네. 대단한데?"라고 아들을 격려해주고 믿어주었다면 훨씬 좋았을 것이다.

교장실에서 몇 명의 아이들과 만나는 아이들 중 A, B, C가 있다.
같은 반 친구들로 가끔 시간이 있을 때마다 교장실에 들렸다. 무슨 좋은 일이 있는지 셋이 모이기만 하면 까르르 까르르 잘 웃었다. 어떻게 하면 학생들이 유튜브 〈노래하는 장쌤TV〉를 많이 볼까? 걱정해줄 만큼 가까운 사이었다.
자기들끼리 재미있게 노느라 집에 가는 시간이 5~10분씩 늦었다. 급기야 한 아이의 엄마가 아이를 찾으러 교장실에 왔다. 다음 날 들렸을 때 걱정이 되어 아이들에게 말했다.

"얘들아, 오늘은 몇 시에 가야 하니?"
"2시까지요."
"이제 준비를 해야 할 것 같은데? 5분 남았어."
시계를 자꾸 보며 아이들에게 채근하자 나를 보고 말했다.
"교장 선생님. 시계가 좀 빨라요."
"그래? 얼마나?"
"3분이요."
내 방의 시계가 좀 빨리 가는 것도 알고 있었다. 아이들도 늦지 않게 집으로 가려고 아이들도 나름대로 신경을 쓰고 있었다.

어느 날, 세 명의 친구가 교장실에 들렸는데 자기들이 함께 춤을 연습한다고 하였다.
"오늘은 짱쌤이 할 일이 있어서 교장실은 안 될 것 같은데?"
"마침, 5층 강당이 비어 있을 거야. 거기서 하는 게 어때?"
"2시까지 집에 가야 되니 늦지 않도록 하고?"
"네. 강당에도 시계가 있어요."
"시계를 잘 보고 맞춰서 집에 가야 해."
한 번 더 확인을 했다. 몇 분쯤 지나자 아이들이 교장실로 헐레벌떡 돌아왔다.
"저희 너무 늦었어요."
"아이구, 저런. 어쩌니?"
내 방에 놓고 간 가방을 가지러 와서는 가방을 어깨에 둘러매지도 못한 채 서둘러 교장실을 나갔다. 시간 가는 줄 모르고 저희들끼리 연습하고 있다가 부모님과 약속한 시간에 늦었으니 마음이 급해진 모양이었다. 부모님과 약속한 시간이 지났으니 얼마나 조마조마 했을까?

다음 날부터 A 혼자 교장실에 왔다. B와 C는 오지 않았다.
"혼자 왔어? 다른 친구들은?"
"B의 엄마가 저랑 놀지 말라고 했대요."라고 의기소침하게 말했다.
아마도 정해진 시간보다 자주 늦게 집으로 돌아오는 것이 B의 부모는 A의 탓이라고 생각한 거 같았다. A가 주도적인 성향이 강하다 보니 보여지는 것만으로 자신의 아이가 A에게 끌려다닌다고 생각했을지도 모른다. 그러나 절대 그렇지 않았다.

내가 지켜본 바로는 B와 C가 조용한 아이들이었지만 자신의 의사 표현을 정확하게 하는 편이었다. A가 호기심도 많고 에너지가 넘치는 아이로 주도적으로 일을 끌어가면 조심스럽지만 강하게 "왜 너만 해?"라고 똑 부러지고 정확하게 자신의 의사 표현을 하였다. 그럼 A가 약간 머뭇거리며 "그럼, 돌아가면서 하자"고 친구들의 의견에 서로 맞춰 갔다. 부모는 자기 기준으로 아이들을 판단한다. 그러나 아이들은 이렇게 맞춰가며 조금씩 친구 관계를 배우고 성장한다. 하고 있다. 아이들은 아직 어리기 때문에 부족하고 미숙한 면이 있다.

어떤 상황에서 늦은 건지, 그럼에도 그 친구를 좋아하는 이유가 무엇인지 등을 부모와 아이가 서로 충분히 대화를 해보는 것이 필요하다. 자녀가 스스로 조금씩 친구 관계를 풀어갈 수 있도록 도와주면 좋았을 것을 하는 생각에 아쉽고 안타까웠다.

부모가 어떤 이유에서든 "얘하고는 놀아, 얘하고는 놀지 마." 친구 관계에 대해 통제를 하며 정리해 주다 보면 자녀는 앞으로 친구 관계와 사회성을 배우지 못하게 된다. 스스로 무언가를 주도적으로 선택하고 결정할 때 어려움을 겪게 된다. 자신을 믿지 못하게 되는 것이다. 나아가 아이의 자존감도 낮아진다.

자존감이란 '자아존중감'을 간단히 이르는 말로 '자기 자신을 스스로 존중하고 사랑하는 마음'이다. 아이 자신이 '나는 무엇이든 할 수 있다'의 자신감과 '좋은 결과를 내지 못해도 나는 소중한 존재'라는 자기 가치감이 아이의 자존감을 결정한다. 부모는 왜 자녀에게 스스로 선택할 수 있도록 도와주지 못할까? 그 이유는 아이를 믿지 못하기 때문이다.

아직 경험이 부족하고 안심할 수 없고 걱정이 되는 것이 부모 마음이다.
부모의 아이에 대한 믿음은 아이의 자존감에 영향을 준다. 부모가 자녀를 믿어주지 않으면 자녀의 자존감은 낮아진다. 자녀를 믿지 못하는 부모는 자녀를 과도하게 통제하고 지시한다. 부모가 너무 과도하게 통제를 하면 자녀는 심리적으로 위축되어 수동적으로 변하고 무력감을 느끼게 된다.
자녀를 믿지 않는 부모가 자주 하는 행동은 자녀의 의견을 말할 기회를 주지 않는다. 자녀의 마음을 이해하고 공감하지 못해 감정적 공감능력이 부족하다. 의견이 다르면 핀잔을 주고 자녀의 감정을 인정해주지 않는다.

자존감을 형성하는 자신감은 성공과 성취의 경험으로 얻어진다. 다른 사람의 인정과 그로 인한 스스로의 만족감이 자신감이 되므로 무엇보다도 부모의 격려와 인정이 중요하다. 부모는 자녀를 대할 때 조급함이 있다. 아이들은 각자의 속도가 있다. 조금 늦더라도 직접 경험을 통해 단계적으로 자신이 알아가야 배움이 확실하다. 그러나 부모는 미리 알려주면서 힘들고 어려운 일을 대신 해주고 싶어 한다.

"얘들아, 너희들은 꽃길만 걸어라."
어느 학교 울타리에 학부모단체 이름으로 붙여놓은 현수막을 보았다.

아마도 눈에 넣어도 아프지 않을 만큼 귀한 아이들이기에 비바람을 막아주고 보호해주고픈 우리 부모들의 마음일 것이다. 아이가 실패로 낙담할까봐, 실수를 하면 안타까운 마음에 또는 불이익을 당할까봐 등 여러 이유로 꽃길만 걸었으면 좋겠다는 생각도 결국은 아이를 믿지 못하기 때문이다.

아이 자신이 스스로 해보아야 성취 경험도 얻고 성공 경험이 도전을 하게 하고 자신감을 갖게 한다. 실패의 경험은 다른 방법을 찾게 되는 문제해결력을 배우게 된다. 성공과 실패 도전 등의 경험치가 쌓여서 아이의 안전지대가 넓어지는 것이다. 초등시기를 기반으로 아이들은 실제로 경험해 보면서 자신의 안전지대를 확보해가는 것이다.

초등학교 시기에는 저학년부터 6학년이 될 때까지 서서히 단계적으로 자신의 의견을 표현하고 여러 상황에서 스스로 선택을 해 볼 기회가 필요하다. 아이가 좋은 선택들을 할 수 있도록 도와주는 것이 부모의 역할이다. 아이들이 발달 단계에 맞게 혼자 할 수 있는 영역을 늘려가면서 아이가 자기 주도적으로 할 수 있도록 도와주어야 한다. 초등학교 시기는 부모와의 소통을 통하여 자기 주도적으로 무엇인가를 해보고 선택하여 아이의 자존감이 향상되는 중요한 결정적 시기이다.

자신의 선택으로 실수를 한다고 해도 실패를 통해 배우고 책임을 느껴 실패의 경험이 아이를 더 단단하게 하는 밑거름이 되기도 한다. 초등학교 시기의 실수는 아이의 삶에서 큰 영향을 주지 않는다. 또한 부모와의 소통으로 충분히 극복해갈 수 있다. 이런 경험을 반복하며 아이는 스스로 자존감을 키워갈 수 있다.

마땅히 경험해서 익혀야 할 것들을 여러 이유로 부모가 대신 해준다면 아이는 불안한 모습으로 평생 부모를 의존하며 살아가게 된다.

엄마의 틀과 기준으로 자녀를 본다면 초등학교 저학년 시기는 몰라도 고학년이 되면서 부터는 엄마와 아이 사이가 어긋나기 시작하고 좋은 관계를 맺기 어렵다. 아이 마음에 한계를 정해주는 것은 지극히 주관적인 부모의 잣대로 한계가 없는 아이들을 주저앉히는 것이다. 엄마의 기준이 만들어 놓은 허용의 기준이 좁으면 좁을수록 아이는 그 틀과 기준에 맞춰 사느라 애를 많이 써야 한다.

"너는 도대체 뭐가 되려고 그러니?"
"누가 너 같은 애를 좋아하겠니?"
"너는 조심성이 없어."
"그것도 못해?"
"너는 왜 만날 하는 짓이 그러냐?" (존재 비난)

아이의 부족한 행동에 대한 훈계가 아닌 아이 존재 자체를 비난함으로써 부족하고 못난 아이로 낙인을 찍는다. 이런 부모의 말들은 결국 아이에게 씻을 수 없는 상처와 수치심을 주어 자존감이 낮은 무기력한 아이로 만든다. 이런 말들은 아이에게 두려움을 느끼게 하거나 반항심을 키울 뿐 정작 아이는 무엇을 잘 못했는지 알지 못한다. 사람의 존재 자체를 비난하는 것이 아니라 잘못한 행동을 바라보고 문제 행동에 대해서만 지적을 하고 올바르게 가르쳐 주어야 한다.

"속상하지? 하지만 그것은 나쁜 행동이야." (문제 행동 지적)

"안 해봐서 그래." (이해)

"자꾸 하다 보면 더 잘할 수 있어." (격려)

자녀를 위해 안전과 위험, 인간으로서 절대 넘어가서는 안 될 선에 대해서는 단호하게 말해주는 것이 필요하다. 자꾸 연습하다 보면 익숙해져서 더 잘할 수 있게 된다고 대화로 소통하며 아이를 격려해보자. 자녀 스스로 답을 찾아갈 수 있도록 격려하고 그 결과도 인정해주어야 한다. 자신을 알아가는 선택과 결정이 아이의 자존감을 키운다. 자신을 믿고 존중하기 때문이다.

자신이 선택한 것에 대한 믿음과 선택에 실수가 있더라도 그 실패를 바탕으로 점점 더 좋은 선택을 해갈 수 있다. 성장 발달에 따른 허용과 자율을 조금씩 단계적으로 아이에게 주면서 스스로 할 수 있는 일들을 선택하고 결정할 수 있도록 도와주고 아이를 믿어보자. 아이는 스스로 성장할 수 있는 무한한 가능성을 가지고 있다. 여러 가지 일들을 스스로 해볼 수 있도록 자녀들을 믿어준다면 아이 스스로 자신의 능력과 가치를 깨닫게 될 것이다.

〈초등 자존감 수업〉에서 "엄마가 믿을게."라고 말할 수 있는 힘은 엄마의 의지와 노력에서 나온다고 했다. 자녀를 믿어주는 것이 의지와 노력으로 된다고 하니 그만큼 쉽기도 하고 어렵기도 할 것이다. 엄마의 믿음을 바탕으로 아이는 마음껏 성장한다. 부모의 역할은 아이를 믿어주고 자기 힘으로 스스로 해내는 환경을 만들어 주며 아이와 대화로 좋은 관계를 맺으며 소통하는 것이다.

좋은 소통이란 아이의 생각을 존중해주고 마음을 나누며 믿어주는 것이다.

부모가 자녀에게 가지고 있는 불안과 불신을 단계적으로 줄이고 자녀를 지지하는 마음으로 바라보자. 부모와 자녀 사이에 왜 그런 선택을 하였고, 다른 선택 방법은 없었는지, 어떤 결과를 예상했는지 소통을 통해서 아이가 자율성을 갖춘 건강한 자녀로 성장할 수 있다는 것을 믿는 부모가 되기를 진심으로 바란다.

⑥
욱하는 부모, 욱하는 아이

'욱'은 부정적인 감정의 덩어리로 충전되어 있다가 한 번에 튀어나오는 감정이다. '화'는 못마땅하거나 언짢아서 생기는 노엽고 답답한 감정이다. 보통 '욱'과 '화'는 동시에 표출되는 감정으로 부정적인 감정이다. 부모의 부정적인 감정 표현의 모습도 아이들은 그대로 따라 배운다. 부정적인 감정을 표현하는 부모의 '욱' 하고 '화'를 내는 모습이 그대로 모델링이 되어 아이도 참지 못하고 '욱' 하고 '화'를 내는 어른으로 성장할 수 있다. 그래서 아이 앞에서는 '함부로 찬물도 마시지 못한다.'라는 말이 생겼나 보다. '화를 품고 사는 것은 내 안에 독버섯을 키우는 것처럼 위험한 일이다.'라고 어느 시인은 말했다.

학부모가 화를 못 이겨 씩씩거리며 학교로 찾아왔다.
돌봄 교사의 잘못된 안내로 아이가 돌봄 교실에 배정을 못 받았다고 돌봄 교사와의 전화 중에 갑자기 '욱' 하고 화를 내었다. 그 책임을 담당 교사에게 돌리며 화를 냈다는 것이다. 교사와의 대화에도 덜 풀렸는지 그 학부모가 분노를 품은 채로 교장실에 들어왔다. 교사와 나눈 대화를 녹음한 파일을 들고 와서는 다짜고짜 틀었다.

"교사의 동의를 얻고 녹음을 했나요?" 물어보니, "아니요."라는 대답에 너무 당황했다. 돌봄 교사는 이미 아이를 통해 안내장과 문자로 고지되었다고 대응하고 있었다. "보지 못했다"고 우기며 꼬투리를 잡아 그동안의 서운한 점을 목청껏 언성을 높이고 있었다. 가만히 몇분쯤 듣고 있다가 말했다. "녹음한 것을 제가 더 들어야 할까요? 돌봄 교실 배정을 받지 못하셔서 화가 나신 것 같아요." 했더니 선생님이 안내를 정확하게 해주지 않아서 이렇게 되었다면서 역시 큰소리로 화를 냈다.

교장을 만난 김에 그동안 쌓였던 이야기들을 풀어 놓았다. 아이가 유치원에서 겪은 일이며 유치원 학부모들 등쌀에 유치원을 몇 번 옮겼다는 이야기였다.
"저런, 그런 일들이 있었네요. 그동안 마음이 힘드셨겠어요."라고 했더니 약간 진정되는 듯 보였다. 함께 참석한 담당부장이 조목조목 학부모의 의견에 반박을 하자 갑자기 '욱' 하더니 부장에게 욕을 하면서 자리에서 일어섰다. "허억~" 이야기를 들어주고 있던 나도 깜짝 놀랐다. 함께 왔던 남편도 놀랐는지 "애 엄마가 성격이 불같아서요."라며 두둔을 한다.
"어머님, 이 문제는 그냥 지나칠 수 없습니다."
"부장님께 사과하셨으면 좋겠어요!! 사과하세요." 했더니 자리를 박차고 일어섰다. 남편을 향해 "야, 너도 나와. 말 같지도 않은 얘기를 뭘 듣고 있어!!" 하며 교장실 문을 '꽝!!' 하고 세게 닫고는 나가버렸다.
남편은 아내의 행동에 잠시 당황하더니 "갑자기 왜 저러는지."라며 난감해했다. 복도에서는 엄마가 고래고래 소리를 지르며 "그런 애길 뭐하러 듣고 있어. 빨리 나와, 안 나와?" 하며 남편을 향해 고래고래 소리를 질러댔다.

"아버님 오늘은 이만 가시는 게 좋겠어요. 돌봄은 그 이후라도 자리가 나면 연락을 드릴게요." 그리고 "어머님이 자녀가 교실에서 수업하는 모습을 직접 보고 싶다고 하셨지요? 담임교사와 상의하고 연락을 드릴게요." 하고 돌려보냈다.

화를 내며 학교로 쫓아오는 사람은 여럿 있어도 '교사에게 욕을 하는 경우'는 처음이라 심장이 파닥거렸다. 자녀가 돌봄 교실 배정을 못 받아서 화가 났더라도 직접 욕을 들으니 황당하고 어이가 없었다. 학부모와 이야기를 하며 느낀 점은 불같은 성격으로 화가 났을 때 사용하는 언어가 전부 욕이었다. 언어 습관이 평소에도 그런 것 같았다. 화가 나면 대상을 가리지 않고 욕을 하고 본질은 간데없이 말꼬리만 잡고 늘어졌다. 다른 사람의 이야기도 좀 들어야 하는데 자신의 이야기만 관철 시키려고 하니 대화가 되지 않았다. 아무리 화가 난 학부모라도 교장실에서 만나 대화를 하면 대부분 진정하는 편이다. 젊은 엄마는 의외였다. 화가 조절이 되지 않았다.

문제는 화를 참지 못하고 자주 화를 내며 욕하는 부모의 모습을 늘 지켜보는 M이었다. 자녀는 엄마의 행동을 보고 그대로 배우기에 보지 않아도 M의 학교생활을 충분히 예측할 수 있었다. M도 역시 주의력결핍 과잉행동장애(ADHD)로 교실에서 가만히 앉아 있지를 못하고 산만하게 돌아다녔다. 수업 시간에도 과잉행동으로 주의를 끌며 아이들과 자주 싸우고 욕을 했다. 주변에 있는 아이들에게 지나치게 간섭하고 아이들의 활동을 방해하니 아이들과 사사건건 부딪혔다.

담임교사는 수업 방해가 되어 수업을 진행하기 어려울 정도라고 하소연을 했다. 학급의 아이들과도 먼저 시비를 걸고 자주 큰 싸움으로 번지는 바람에 학부모들로 부터 원성이 자자하다고 했다. 방과 후 수업, 돌봄교실, 학원에서도 마찬가지였다. 교장실에서 엄마에게서 들었던 내용이 반복되고 있었다. 등교 맞이를 하면서 교문 뒤쪽에서 한참 동안 핸드폰 게임하느라 교문에 들어오지 않던 아이가 M이었다는 것도 나중에 알게 되었다. M이 심각해 보였다.

가정에서 이유도 묻지 않고 자주 혼나거나 엄마 아빠가 자주 싸우고 강압적이면 아이 안에도 울분이 쌓인다. 부모의 화가 조절이 안 되면 아이도 화가 많고 조절이 잘 되지 않는다. 감정적인 감내력이 떨어져 쉽게 분노를 느끼게 된다.

아이들도 눈치가 있어서 자기가 발단이 되어 부모가 싸우고 있다는 것을 안다. 특히 부모가 자주 싸우는 가정의 아이들은 항상 불안하고 심하게 눈치를 심하게 본다. 이 상황에서 아이는 뭔가 감정적인 갈등이 있거나 의견 대립이 있을 때 대화를 통해 타협해 나가기보다 사소한 일이어도 크게 다투게 되는 과정을 그대로 배운다. 그래서 아이도 불편한 감정이 생겼을 때 학교에서 아무에게나 '버럭' 또는 '욱' 하게 되어 친구들과 부딪히며 자주 싸우게 되는 것이다.

가정에서 부모가 쉽게 '욱' 하는 모습을 보고 자란 아이도 '화가 나면 저렇게 표현해도 되는구나.'라고 은연중에 학습한다. 역시 부모의 모습 그대로 아이에게 대물림되는 것이다. 이렇게 격하게 화를 내는 부모의 눈치를 보며 자란 아이는 당연히 모든 일에 자신감이 없다. 실수해서 혼날까 봐 위축

되어 있고 걱정하며 지레 겁을 먹고 시도조차 하지 않게 된다.

　엄마가 학급에서의 자녀의 행동을 몇 주간 지켜보면 안 되겠느냐고 부탁한 사항을 교사가 흔쾌히 허락을 했다. 무엇인가 자녀를 통하여 투영된 자신의 모습 에서 잘못된 부분을 바로 잡았으면 좋겠다는 생각을 하였다. 부모가 변해야 아이도 변한다. 학부모에게 연락을 드렸다. 다음 날부터 교사와 협의 하에 M의 수업을 학부모가 참관할 수 있게 되었다. 학부모가 복도에서 학급에서의 자녀의 모습을 지켜보았다. 분노 조절이 안 되던 어제보다는 다소 풀이 죽은 모습으로 학교를 방문 하였다. 먼저 부장 교사에게 어제 일을 사과하셨고 학급에서의 아이의 행동을 관찰하게 되었다.

　담임교사에 의하면 아이가 수업 시간에 책을 펴놓고 있지 않으면 답답해서인지 교실에 들어와서 책을 펴주었다. 수업 중에는 똑바로 앉으라고 안절부절 못하더니 3일 만에 관찰을 그만두겠다고 말하였다. 집에서는 혼자였지만 자신이 보기에도 다른 아이들과의 행동을 비교해보면서 깨달은 것이 많은 듯 보였다. 관찰 첫날에 복도를 지나면서 학급 뒷문에 서 있는 M의 엄마를 보았다. 가까이 다가가서 "안녕하세요? 좀 어떠세요?"라고 말을 걸었더니 그냥 웃음으로 대답했다. 교장실에서 욕을 하고 화가 나서 노발대발하던 모습은 전혀 찾아볼 수 없었다. 그냥 아이를 걱정하는 한 아이의 엄마였다.

　"너무 조급해하지 마세요. 오늘 학교에서 보셨던 이야기를 아이와 이야기를 나눠 보셨으면 좋겠어요." 복도에 함께 서서 아이와 소통해보기를 권했다.

ADHD 증상을 겪는 아이들은 대체적으로 충동적이고 산만한 행동 때문에 야단이나 꾸중과 같은 부정적인 얘기를 자주 듣는 편이다. 따라서 주변에서 말을 안 듣는 아이나 문제아로 평가되기도 한다. 부정적인 이야기를 자주 듣다 보니 스스로도 자신을 나쁜 아이, 뭐든지 못하는 아이로 생각한다. 이런 일이 반복되면 아이는 더욱 자신감을 잃는다. 산만하거나 충동성 때문에 또래 관계가 힘들어지고 따돌림을 당하기도 한다.

ADHD의 증상이 있는 자녀는 자신감을 회복하는 것이 관건이다. 가능하면 잘 관찰하고 있다가 칭찬거리를 찾아서 최대한 많이 칭찬해 주는 것이 필요하다. 문제 행동을 지적할 때는 먼저 감정을 공감해주고 난 후 차분한 단호한 목소리로 간단히 지시하는 것이 좋다. 주의를 산만하게 하는 환경도 자극이 적은 차분한 환경이 필요하다. 흔히 부모님들이 잘못 알고 있는 것 중에 자녀가 ADHD로 진단을 받으면 치명적 단점으로 여긴다. 그러나 ADHD는 비교적 잘 치료되므로 진단과 치료를 통해 아이가 회복될 수 있도록 돕는 것이 좋다. 가장 중요한 것은 우리 아이가 또래 아이들과 같이 잘 자랄 수 있다는 믿음이다.

어느 날, 퇴근 무렵 학교로 전화가 왔다. 학부모가 화를 내며 교장 선생님을 만나고 싶다는 전화를 교무부장이 받았다.

"어머님, 지금 화가 많이 나셨는데 이 상태로 교장 선생님과 통화하셔도 괜찮으시겠어요?"라고 물었다고 한다. 잠시 침묵이 흐른 뒤 "그럼 내일 다시 전화 드릴게요.", "교장 선생님은 내일도 학교에 계시니 언제든 오세요."라고 전해드렸다고 나에게 알려주었다. 며칠이 지나서 현명한 학부모를 만났고 이야기를 충분히 들어드렸다. 당연히 아이에 관한 문제도 잘 해결되었다.

이처럼 내가 안정되지 않은 상황에서 대화를 이어 나가면 상대방은 방어하게 된다. 결국 지나치게 되면 서로를 공격하게 되므로 의견을 조율하거나 맞춰나가기가 어렵다. 그러므로 화가 났을 땐 대화에서 한발 물러나 자신의 화부터 조절하는 일이 급선무이다.

그렇다면 화를 조절하는 방법은 무엇일까?

첫째, 화가 난 것을 스스로 인지하기
우리는 보통 화가 나면 얼굴이 달아오르거나 눈썹을 치켜뜬다. 심장 박동이 빨라지면서 몸에 힘이 들어간다. 말이 빠르게 큰소리로 말하고 호흡이 거칠어진다. 자기도 모르게 욕을 하거나 어금니를 물으며 꾸욱 참기도 한다. 각자의 방식에는 장점과 단점이 있다. 이때 가장 중요한 것은 화가 스멀스멀 올라오는 것을 인지하고 알아차리는 것이다. 그래야 자신만의 방법으로 화를 조절할 수 있기 때문이다. 화가 나서 이미 분노로 온몸을 다 태우고 나면 그 끝에는 항상 후회가 남는다.

둘째, 화났다고 말로 표현한 뒤 장소를 옮기거나 시간을 요청하기
자신의 감정을 표현하며 조절하는 방법으로 '나는 지금 화가 났다'는 것을 있는 그대로 가볍게 표현하는 것이 좋다. 화가 나려고 할 때는 그것을 인지하고 직접적으로 가볍게 아이에게 부모의 감정 상태를 알리는 것이 좋다. 아이에게 "우리 물 한잔 마시고 이야기하자"고 하며 서로에게 시간이 필요하다는 것을 알리고 그 후에 이야기하면 아이도 이해할 것이다. 엄마도 사람인지라 감정 조절이 잘되지 않기 때문에 화가 난다.

가장 먼저 할 일은 일단 말과 행동을 'Stop' 하는 것이 필요하다. 감정적으로 조절이 될 때까지 시간을 두고 기다리는 것이 가장 좋다. 엄마가 현재 자신의 감정이 불안정하다고 느낄 때는 아이와의 대화를 멈춰야 한다. 야단을 칠 일이 있어도 안정된 이후로 미루는 것이 좋다. 아이에게도 화가 났을 때 처리하는 방법을 보고 배울 수 있는 아주 좋은 기회이다. 감정은 순간적으로 폭발했다가 다시 가라앉는 것이 일반적이므로 현재의 상태가 지나가기를 기다리는 것이 현명하다.

우리가 화를 낼 때 아이의 문제 행동에 대해 꾸중하는 것이 아니라 부모의 감정을 실어서 아이에게 표출하고 있지는 않은지 돌아보아야 한다. 분노, 화 같은 부정적인 감정을 다루는 호르몬이 최고조까지 15초가 걸린다고 한다. 15초만 참으면 조금은 가라앉으니 15초 동안이라도 그 장소를 떠나 감정을 식힐 수 있으면 좋다. 물을 마시거나 손을 씻으러 화장실에 다녀오던지 심호흡 등 나름대로 방법을 강구하여 화가 날 때 사용하는 방법을 찾아 해보는 것을 권한다.

셋째, 자녀에게 무엇 때문에 화가 났는지 말하고 사과하기
사실 '분노'란 인간이면 누구나 가지고 있는 기본적인 감정이다. 그럼에도 불구하고 우리는 부정적인 감정을 말로 표현하기가 쉽지 않다. 아이는 엄마가 무엇 때문에 화가 났는지 잘 모를 수 있다. 이때는 말로 표현해보자.

"네가 ~해서 화가 난다."라고 말하면 엄마가 화가 난 것이 아이가 원인 제공자이기 때문에 아이의 기분이 나쁘고 위축이 된다. "나는 네가 ~하기를 바랐(기대했)는데 ~~해서 화가 나."라고 말하는 것이 좋은 표현 방법이다.

"네가 먼저 씻지 않고 밥을 먹어서 화가 난다."(X)
"나는 우리 ○○가 샤워부터 하고 밥 먹기를 바랐는데 씻지 않고 먼저 밥을 먹으니 화가 난다."(O)

연습하여 아이에게 사용해보자.

대부분 정신 차리지 않으면 같은 실수를 반복한다. 아이를 대상으로 심하게 화풀이를 하거나 야단을 친 후 곧바로 밀려드는 죄책감과 미안함 때문에 후회한 적이 있을 것이다. 아이에게 화를 냈다고 '나는 나쁜 엄마야.'라고 죄책감에 빠질 필요는 없다. 중요한 것은 아이가 이미 입은 심리적 상처를 어루만져 주고 "엄마가 너에게 화내서 미안해."라고 사과한다. 만일 사과하지 않고 그냥 넘어간다면 아이가 입은 상처는 아이의 마음속에 영원히 흉터로 남을 수 있다. 엄마의 입장에서도 남아있는 부정적 감정을 해소함으로써 아이와의 관계를 더욱 자신감 있고 좋은 마음으로 해나갈 수 있다.

화를 조절하는 일은 어렵다.

사랑하는 아이를 대할 때라도 사람이기에 욱하는 마음이 말과 행동으로 나타나는 순간을 맞이하기도 한다. 심지어 사랑하는 가족에게 화를 더 조절하지 못하는 경우도 있다. 내가 배려하지 않아도 상대방은 나의 끓어오르는 감정을 모두 받아줄 것이고 사이가 쉽게 끊어지지 않을 것이라는 믿음 때문이다. 하지만 소중한 관계일수록 더 노력해야 한다. 화를 조절하는 연습을 많이 할수록 감정을 더 유연하게 조절할 수 있고 소중한 사람에게 상처를 주는 실수를 막을 수 있다. 아이의 눈에도 노력하는 엄마의 모습이 보일 것이다.

부모가 화를 조절하려고 노력하는 모습을 통해서 자녀도 화가 났을 때 조금씩 조절해가는 것을 배우게 될 것이다.

3장

아이와 쉽고 즐겁게 대화하는 9가지 비밀

①

"언제든지 들어와도 돼."

아이의 눈높이로 대하기

 세월의 힘인지 나이가 들어가면서 아이들이 너무 예쁘다.
 교문에서 만나는 아이들도, 학교와 복도에서 만나는 아이들, 퇴근 후에 산책하며 만나는 아이들이 마냥 예쁘다. 그냥 아이들 자체로 대견해서 어쩔 줄 모르겠다. 교사에서 장학사로 전직하면서 교감, 교장이 되기까지 10여 년이 넘게 행정가로 살았다. 교감, 교장이 되면서 학교 현장으로 나왔지만 교장이 되니 아이들과 대면할 기회가 별로 없었다. 직접 가르치지 않아서, 코로나 상황이어서 아이들과 만나는 것이 더욱 힘들었다.

 조금씩 일상적인 학교생활을 회복하면서 복도에서 말이라도 걸면 "근데 누구세요?"라는 아이들과 소통하기 위해서는 특단의 조치가 필요하였다.
 우리 아이들의 고민은 무엇일까?
 우리 아이들이 하고 싶은 일은 무엇일까?
 우리 아이들의 관심사는 무엇일까? 등의 이야기를 나누며 진심으로 잘 지내고 싶었다.
 그런 고민의 시작으로 '열린 교장실'을 운영하기로 하였다.
 '열린 교장실'은 교장실을 개방하여 우리 아이들이 언제든 스스럼없이 들어와 잠시 머무르며 이야기를 나누기도 하고 쉬었다 가는 장소라고나 할까?

"아유, 안 바빠요? 시간이 돼요? 무슨 열린 교장실이야."

다른 교장 친구들이 말린다.

"문만 열어놓는다고 아이들이 교장실을 쉽게 들어올까?"

사실 교장실은 누구나 편하게 들어오는 장소는 아니다. 어떻게 하면 우리 학생들이 스스럼없이 교장실에 들어올 수 있을까?에 대한 고민과 생각이 점점 많아졌다. 우리 학생들 입장에서 생각해보고 먼저 나름의 규칙을 세우고 아이들을 만나기 시작했다.

첫째, 아이들의 눈높이로 친절하게 다가가기

소통을 잘하기 위해서는 먼저 관계 맺기가 중요하다. 처음에는 반복적으로 쉬는 시간마다 복도에서 아이들에게 인사를 하고 말을 걸었다.

"안녕? 어디 가니?"

"도서관에 가요."

"그러니? 책을 좋아하는 구나."

"근데 누구세요?"

"으응, 교장쌤이라고 해. 하하하. 친하게 지내자."

교장실 옆에 있는 보건실로 착각하여 어쩌다 잘 못 알고 들어온 아이들에게도 친절하게 맞이하였다. "선생님~" 하고 들어오면 문 앞으로 가서 "어디 아프니?" 하며 가까이 다가가서 살펴보고 말을 걸었다.

"보건실에 왔구나. 근데 여기는 보건실 옆에 있는 교장실이야. 교장 선생님이 보건실 알려줄게. 어쨌든 교장실에 들어왔으니 뭘 하나 주고 싶은데 뭘 줄까?" 하며 바구니에 준비된 사탕을 한 개씩 주었다.

"교장실에 가면 사탕 한 개씩 준다"는 입소문이 돌았는지 여러 명의 저학년 아이들이 교장실에 자연스럽게 들어왔다. 아이들이 교장실에 들어올 때마다 일하다가도 자리에서 벌떡 일어나 아이들에게 다가가 친절하게 맞이하며 "어서 와. 교장실은 언제든지 환영하니 언제든지 들어와도 된단다."는 말도 덧붙였다.

어느 날 학교가 끝나고 가방을 맨 두세 명의 저학년 남자아이들이 교장실에 들어왔다. 처음에는 머뭇거리다가 "교장 선생님, 안녕하세요?" 하고는 교장실 여기저기를 둘러보았다. 그리고는 "사탕 하나씩 가져가도 돼요?" 하고 용기 있게 물었다. "그럼, 너희가 좋아하는 사탕을 한 개씩 골라서 가져가세요." 했다.

처음에는 머뭇거리던 아이들이 교장실에 들어와서는 너무도 당당하게 "안녕하세요?" 하고 인사하고는 바로 사탕 바구니에서 냉큼 사탕 한 개씩을 집어 들고는 교장실을 쌔앵~ 하고 나갔다. 보상의 부작용이 발생한 것이다.

교장실 방문 목표가 사탕이 되어 버린 잘못된 보상으로 "이게 아닌데~~." 목적에서 벗어난 아이들의 행동으로 사탕이 다 떨어질 때까지 한동안 마음고생을 했다. 드디어 준비된 사탕이 모두 없어졌다. 바구니에 다시 사탕을 채워놓아야 할까 고민이 되었지만 일주일을 비워두기로 했다. 교장실의 사탕이 목적인 아이들의 방문은 더 이상의 관계로 발전하지 못하고 아쉽게도 그것으로 끝이었다.

이번에는 여자 아이들이 교장실에 들어왔다. 아이들과 하루 일과가 재미있었는지를 묻고 "어쩌지? 이제는 사탕이 없는데?" 하고 말했더니 "아니에요, 사탕 안 주셔도 돼요. 그냥 교장 선생님 보러 온 거예요." 부끄러워하며 예의를 차리며 말했다. 그렇게 교장실에 오는 것이 일상이 되어 버린 몇 명의 아이들은 집에 가기 전에 잠깐씩 들렸다. 나에게 오늘 있었던 이야기를 하고 자기들끼리 재잘거리며 이야기도 나누고 게임도 하는 만남의 장소로 생각하는 듯했다. 아이들에게 교장실이 즐거운 장소, 만남의 장소가 될 수 있도록 최대한 편안하게 배려하였다. 이렇게 아이들 눈높이를 맞추고 다가가니 어느새 우리는 서로에게 자연스럽게 스며들었고 친해졌다.

어느 날, 자기들끼리 '착한 선생님'에 대해 이야기를 하였다. 너무 궁금해서 컴퓨터에서 눈을 떼고 잠시 가만히 들었다. 아이들이 말하는 착한 선생님은 복도에서 뛰면 "복도에서 뛰면 안 돼."라고 조용하게 3번까지 알려주는 선생님이라고 했다. 참지 못하고 "혹시 계속 뛰는 아이들은 없어?" 물었더니 자기네 반에는 그런 친구 몇 명이 선생님의 속을 썩이고 있다고 했다. 그럴 때는 그 아이를 따로 불러서 "너 이제 3번이나 뛰었고 이제는 절대로 뛰면 안 된다."라고 야단을 쳐야 된다고 했다. "왜 따로 불러서 말해야 돼?" 했더니 여러 아이들이 있는데서 크게 말하면 그 친구의 자존심이 상한다고 했다.

어쨌든 아이들은 큰소리로 **"야, 너희들 몇 학년 몇 반이야? 응!! 복도에서는 뛰면 안 돼!!"** 라고 말하는 교사는 좋은 교사가 아니라고 정의를 내렸다. 아이들은 "몇 학년 몇 반이야?"라고 묻는 소리가 제일 싫단다.

"와우~세상에" 아이들의 속이 너무 멀쩡하다. 나도 학교로 바로 들어오지 않고 교문 뒤쪽에서 계속 스마트폰 게임을 하는 아이에게 화가 나서 다짜고짜로 "너, 몇 학년 몇 반이야?"라고 말하지 않았던가?

둘째, 아이들을 있는 모습 그대로 받아주기

어느 정도 얼굴도 익히고 친해지자 아이들 중 몇 명은 내 책상 바로 뒤로 와서 "교장 선생님, 지금 뭐 하세요?" 하며 묻기도 하고 내 자리 주위를 빙글빙글 돌았다. 책상 위에 놓여 있는 책이랑 안경, 여러 가지 물건들을 만지고 소파에 와서 털썩 앉기도 하고 여기저기 돌아다녔다.

30여 년이 넘게 교사로 살아왔기 때문에 고질적인 직업병이 있다. 그것은 아이의 좋지 않은 행동을 하면 그 행동을 지도해주어야 한다는 생각이었다. 어렵게 교장실에 오는 아이들과 좋은 관계를 이어가는 것이 목적이었기 때문에 서로에게 신뢰가 생길 때까지 일단 아이들의 행동을 지적하지 않고 받아주기로 했다.

특히 '너희들이 교장실에 오는 것을 정말 환영해.'라는 나의 반가움이 진심인지는 말로 표현하지 않더라도 금방 비언어적인 표현으로 드러난다. 굳이 말로 표현하지 않더라도 아이들은 몸짓과 표정, 자세 등으로 자신을 받아들이는지 거부하는지를 금방 알아챈다. 그래서 어느 상황에서는 말보다 비언어적 표현이 아주 중요하다.

셋째, 질문으로 대화하기

먼저 아이들과의 좋은 관계를 통해서 친밀감을 쌓고 서로의 신뢰가 형성될 때 비난과 지적질이 아닌 대화가 가능함을 깨닫게 되었다. 어느 날 끝말 이어가기 게임을 하자고 B가 제의했고 "아~ 좋아요." 하며 다른 아이들도 손뼉을 치며 좋아라 했다. 끝말잇기를 하다가 둑~에서 멈췄다. "둑, 둑, 하더니 잘 모르겠어요." 하기에 알려주려고 하다가 "오늘은 여기까지 해야겠네. 학원도 가야 하고, 내일은 '둑'으로 시작하는 낱말을 찾아와서 만날까?" 제안을 하고 헤어졌다.

다음날 교장실에 왔는데 '둑길, 둑방'이라는 단어를 찾아왔다. "어머, 어떻게 찾았어?" 했더니 B가 사전을 찾아보았다고 했다.

"아유. B가 사전에서 단어를 찾아보았구나! 그렇게 모르는 단어를 직접 찾아보니 기분이 어땠어?" 물어보니 "뿌듯했어요." 한다.

"앞으로 둑으로 시작하는 낱말은 잊어버리지 않겠다. 그렇지?"

사전으로 새로운 낱말을 찾아보면서 '뿌듯했다'는 B를 보면서 나도 기뻤다.

요즘 아이들은 무엇을 스스로 찾으려고 하지 않는다. 쉽게 해결하려고 한다.

"이건 뭐예요?"

"무슨 뜻이에요." 끊임없이 교사에게 묻는다. 아이들이 문제에 부딪혔을 때 스스로 찾아보는 경험이 중요하다. 스스로 찾아서 공부한 것은 오랫동안 기억에 남기 때문이다. 보상이 없어도 교장실에 찾아준 아이들과 눈높이로 다가가려는 노력 덕분에 소통을 하며 마음을 나누게 되었다.

열린 교장실을 통하여 많은 아이들을 만났다.
소통을 하며 내면이 단단한 아이, 자존감이 강한 아이, 위축된 아이, 공감 능력이 부족한 아이, 정서가 불안정한 아이, 말이나 행동이 예쁜 아이, 반대로 말이나 행동이 거칠고 공격적인 아이, 자신만 알고 배려심이 없는 아이 등 다양한 아이들을 만나게 되었다.
교장실에서의 만남과 소통으로 부모와의 소통을 잘하는 아이들에게는 다른 관계에서의 확장의 경험을.
부모와 소통이 어렵고 부족한 아이들에게는 소통의 경험을.
마음에 상처가 있는 친구들에게는 잠시 쉬어갈 수 있는 장소.
학교에 오면 아이들이 쉴 수 있는 안식처가 되기를 바란다.

무섭고 두려운 학교에서 자신을 믿어주는 단 한 사람만 있어도 아이들은 변화하며 성장한다. 학교에서 만나는 아이들에게 전적으로 믿어주고 지원하는 심리적인 지지자가 되고 싶었다. 기꺼이 그 역할을 감당하고 싶었다.

버지니아 사티어(Virginia Satir)는 자녀의 양육을 위해서는 아이를 하루 8번을 안아줘야 하고, 성장을 위해서는 하루 12번을 안아주어야 한다고 말했다.
나는 하루 8번이라도 기꺼이 아이들을 안아주고 싶었다. 부모는 아니지만 학교에 머무는 잠시 동안만이라도 그 역할을 대신해주고 싶었다. 학교에서 교사는 엄마와 비슷하니까.

아이들과 만나는 시간이 너무 소중하다.

교장실을 찾아주는 아이들 덕분에 꼬장꼬장한 교장 선생님에서 말랑말랑한 '소통하는 짱쌤'으로 스스로 진화 중이다.

②

"네 입장에서 말해줄래?"

질문하고 끝까지 듣기

"교장 선생님, 교장 선생님!!"
생각에 몰두하여 걸어오는데 1/4정도 열린 창문으로 눈만 간신히 보이는 두 명의 아이들이 나를 부른다. 얼굴을 들고 아이들 바라보았다.
"교장 선생님, 무슨 일 있으세요?"
"아니, 근데 왜 그렇게 생각했어?"
"교장 선생님 얼굴이 안 좋아 보여요."라고 한다. 깜짝 놀랐다.
내 얼굴이 안 좋아 보였나 보다. 깜찍한 아이들에게 들켜버렸다. 학교에서는 표정 관리도 잘해야 하나 보다.

서이초 사건과 관련하여 9월 4일 교사들의 집단행동이 있었다. 그 이후 이어지는 여진으로 고민이 많았다. 교육과정 운영이나 학교 활동에서 교사들의 의견에 차이가 있었고 협의가 이루어져야 할 부분들이 있었다. 얼굴에 근심이 나타났는지 작고 조그만 아이들에게 들켜버렸다. 소통은 이렇게 대상에 대한 관심과 관찰에서 시작된다.

등교 맞이를 하다보면 지각을 몇 분 남겨두고 우르르 대여섯 명의 6학년 남자아이들이 학교 안으로 들어온다. 항상 등교하는 시간이 비슷하였다. 사춘기의 아이들처럼 행동이 건들거리고 예쁘지 않았다. 아이들이 몰려다니면 경험상 좋은 일보다 좋지 않은 행동을 하는 경우가 많은 편이다. 그러나 학교에서 딱히 그 아이들과 관계된 일들이 드러난 일이 없었기에 두고 볼 뿐이었다.

마음 한편에서는 좋지 않은 일어나기 전에 어떤 방법으로든 예방해야 될 것 같았다.

마침 교감 선생님께서 교문에 나오셔서 "지금 들어간 아이들에 대해 아시는 것 있으신가요?"라고 여쭤보니 그 친구 중 두 명이 좋지 않은 행동으로 몇 번 주의를 받았다고 했다. 휴일에 잠긴 창문으로 2층 강당에 들어오려고 하다가 당직 주무관에게 딱 걸렸고 교감 선생님이 휴일에 근무하다가 잠긴 문을 따고 들어오려는 아이를 발견하고 주의를 주었다고 했다.

"지금 저를 보고도 인사도 없이 들어가네요."

어느 날, 한 학부모가 고학년 아이들 대여섯 명이 편의점 앞에서 라면과 과자를 사 먹고 쓰레기를 함부로 버리고 지나가는 아이들을 보고 자기들끼리 뭐라뭐라고 하면서 키득거린다고 전해주었다.

"고맙습니다. 잘 지켜보겠습니다." 했는데 바로 그 아이들이었다. 다음 날에도 같은 학부모가 편의점 앞에서 아이들이 함께 모여 있다고 전하면서 자신의 아이와 함께 등교하는데 자신들을 힐끗거리며 키득거리는 모습을 보니 기분이 나쁘다고 했다.

"아, 그러셨어요? 제가 들어도 기분이 별로 좋지 않을 거 같아요." 하고 말씀을 드리고 아이들을 기다리고 있었다. 뚜렷한 물증은 없고 심증만 있는 상황이었다. 역시 아이들은 어슬렁거리며 제일 마지막으로 등교를 했다. 들어오는 아이들에게 가만히 말을 걸었다.

"얘들아, 너희들은 항상 학교를 같이 오네. 서로 친하구나?"

"네."라고 답하며 느릿느릿 교문 안쪽으로 들어갔다.

"그런데 너희들은 어떤 공통점이 있어서 친구가 된 거니?" 하고 물어보니 "우리는 축구를 좋아해요."라고 했다. 더 이상 대화를 이어가는 것은 1교시에 늦기도 하고 그 정도로 몇 마디 나누며 눈도장을 찍은 것으로 만족하였다.

급한 학교 일을 보느라 늘 하던 등교 맞이를 하지 못했다.

갑자기 현관에서 다소 소란스러운 소리가 들려 '무슨 일인가?' 하여 얼른 복도로 나갔다. 고학년 학생들 대여섯 명이 모여 있었고 한 학부모가 아이들과 큰 소리로 이야기를 나누고 있었다. 둘러싼 아이들을 보니 함께 몰려다니며 축구를 좋아하는 그 아이들이었다. 지난번에 편의점 앞에서 아이들의 행동이 불편했다던 학부모가 주의를 주고 있었다.

아이들이 나를 보더니 "○○엄마가 오해를 하신 거예요."라고 말하기에 "지금은 교실로 가야 되니 점심시간에 교장실에서 잠깐 만날까?" 하고 아이들을 교실로 올려 보냈다.

집으로 돌아가는 학부모님과 잠깐 이야기를 나누었다.

"혹시 무슨 일이 있었나요?" 하고 물었더니 "우리 아이랑 함께 현관에 들어왔는데 뒤에서 아이들이 "사랑반!! 사랑반!! 하고 부르면서 우리 아이를 놀리는 거예요." 사랑반은 우리 학교 특수학급이다.

  아이들이 "사랑 반! 사랑 반!" 하고 뒤따라오며 부르니 자신의 아이를 놀린다고 생각하셨고 기분이 매우 언짢으셨다. 며칠 전에 편의점 앞을 지나올 때도 기분이 상했었는데 그냥 지나치지 못하시고 아이들에게 주의를 주고 계셨다.
  그 상황에서 대부분의 사람들이 그렇게 느낄 수 있는 상황이었다. 자세히 알아보고 연락을 드리겠다고 하고 학부모님을 돌려보냈다.

  점심시간에 아이들과 만나면 어떻게 이야기를 시작해야 하나? 고민이 되었다.
  아이들이 담임교사에게 이야기를 했는지 담임교사가 '무슨 일인가?' 걱정이 되어 점심시간까지 참지 못하고 1교시 쉬는 시간에 아이들과 함께 교장실로 왔다. 6명의 아이들의 얼굴에 긴장한 빛이 역력했다. 의자에 앉을 것을 권하고 앉아서 숨을 돌리게 했다.

  "너희들, 긴장했구나. 너희들의 잘잘못을 따지려고 부른 것은 아니야. 오늘 아침에 너희들에게 무슨 일이 일어났고 그로 인해서 누가 피해를 입었는지 이야기를 나눠 보려고 부른 거야. 혹시 너희들이 잘못한 부분이 있으면 직접 잘못을 바로잡으면 되는 거야. 이해했어?"
  "네."
  "그럼 이야기하기 전에 "첫째, 친구가 이야기할 때는 끼어들지 않고 충분히 듣기. 둘째, 교장실에서 나눈 이야기는 비밀로 하기, 어때? 지킬 수 있겠니?" 하고 두 가지를 약속했다.

"그럼 먼저 첫 번째 질문을 할게." 화해 중재 연수에서 배운 내용을 토대로 **"오늘 아침 무슨 일이 있었는지 너의 입장에서 이야기 해줄래?"** 라고 물었다.

"오늘 아침에 우리 6명이 함께 현관으로 들어왔어요."
"우리 앞에 사랑반 ○○이가 엄마하고 먼저 들어갔어요."
 그런데 갑자기 B가 "사랑반! 사랑반!" 하기에 우리도 같이 "사랑반! 사랑반!"하고 따라 했는데 ○○엄마가 "너희들 지금 뭐라고 하는 거야? 우리 ○○가 사랑반이라고 놀리는 거야?" 하시면서 우리한테 화를 내셨어요.
 그래서 우리가 놀린 것이 아니라고 하니까 "아니긴 뭐가 아냐? 그럼 우리○○가 앞에 있는데 왜 하필 그렇게 부른 거야?"하면서 사랑반 선생님을 부르셨어요. 사랑반 선생님이 사과하라고 하셔서 우리가 놀린 것이 아니라고 말하는 중이었다고 했다. "혹시 A가 말한 내용에 빠진 것이 있니? 누가 더 첨가할 말 있어? 없으면 너희가 말한 부분에 대해서 장쌤이 궁금한 것을 물어볼게."

나: "짱쌤이 교문에서 보면 거의 같이 들어오던데 너희들은 항상 아침에 같이 등교하니?"
아이들: "네, 학교 앞 편의점에 8시 30분까지 모여서 같이 와요."
나: "서로 시간 약속은 잘 지키는 편이야?"
아이들: "가끔 몇 명이 좀 늦긴 하는데 올 때까지 기다려요."
나: "너희들 같은 반이니?"

3장 아이와 쉽고 즐겁게 대화하는 9가지 비밀 109

아이들: "다른 반도 있어요."

나: "편의점 앞에서 기다리기만 하니?"

아이들: "아니요. 기다리면서 과자와 사발면을 사먹을 때도 있어요."

나: "과자나 라면을 사 먹기도 하는구나. 쓰레기는 어떻게 처리하니?"

아이들: 서로 쳐다보며 "쓰레기통이 있어요."

나: "비닐봉지와 나온 쓰레기는 쓰레기통에 넣었다는 거지? 그리고 편의점 앞에서 친구를 기다리면서 과자와 라면을 사서 먹으면 지나가는 아이들이 너희들을 자주 보겠네."

아이들: "그럴걸요?"

나: "그때 기분이 어때?"

아이들: "별생각 없는데요?"

나: "그렇구나. 오늘 아침에 ○○를 만났니?"

아이들: "사랑반 ○○를 걔네 엄마랑 현관에서 만났어요."

나: "그런데 너희들은 ○○를 말할 때 왜 사랑반 ○○라고 말하니?"

아이들: "……."

나: "너희들이 ○○이를 부를 때 꼭 사랑반 ○○이라고 부르더라구."

아이들: "잘 몰랐어요."

나: "네가 사랑반인데 만일 친구들이 너를 부를 때 사랑반 A야!! 하고 부르면 어떨 것 같니?"

A: "기분이 나쁠 것 같아요."

나: "기분이 나쁘겠지? ○○이나 ○○이 엄마가 사랑반 ○○!라고 부르는 것을 들었을 때 엄마의 기분은 어떨 것 같니?"

아이들: "기분이 매우 안 좋았을 것 같아요."

나: "그럼 그 상황에서 ○○엄마가 듣기에 ○○를 놀린다고 생각했을 거 같니?"

아이들: "네, 그랬을 것 같아요."

나: "그렇구나. 너희들이 ○○에게 잘못한 부분은 무엇이라고 생각하니?"

아이들: "사랑반 ○○라고 부른 거요."

나: "그렇구나. 그럼 잘못한 부분에 대해서 ○○이에게 사과할 수 있니?"

아이들: "네."

나: "그럼 점심 먹고 30분에 교장실에서 다시 만나자. 그때는 ○○이도 부를 거니까 ○○이에게 진심으로 사과해줘. 뭐라고 사과해야 할지 잘 생각해 보고 점심시간에 여기서 만나자."

네 명의 아이들은 자신들이 한 행동은 충분히 오해를 살만한 행동이며 그 부분에 대해 사과를 하겠다고 했다. 두 명의 아이들은 자신들끼리 한 말이라며 놀린 것이 아니라고 회피로 일관했다. 네 명의 아이들과 ○○은 점심을 먹고 교장실에서 만났고 ○○이에게 진심으로 사과를 하였다.

"아침에 현관에서 사랑반! 사랑반! 하고 불러서 미안해. 네가 오해할 만한 상황이었어. 그 소리를 들었을 때 네 기분이 상했을 것 같아. 앞으로는 ○○야!!라고 이름을 부를게."

"알았어."

"그래, 너희들, 진심으로 사과를 해줘서 고맙다. 앞으로는 서로 잘 지냈으면 해." 키가 나보다 큰 아이들이 서로의 잘못을 인정하고 사과를 하는 모습이 낯설었지만 감동이었다.

그 이후 등교 맞이를 하면서 늘 함께 몰려다니던 아이들이 두 명과 네 명으로 따로 다니는 것을 알게 되었다. "무슨 일이 있나?" 하고 걱정을 하던 차에 점심시간에 A가 혼자 주머니에 손을 넣은 채 학교 뒤쪽을 걷고 있는 것을 우연히 보게 되었다. 주머니에 손을 넣고 걷고 있는 모습이 마치 어른 같았다. 아이를 잘 살펴보니 고민이 많은 것처럼 보였다. 말을 걸어 볼까 하다가 혼자만의 시간이 필요한 듯하여 그대로 두었다.

몇 분 후에 교장실 앞을 지나가기에 얼른 뛰어가 잠깐 이야기를 할 수 있는지 물었다.

"A야, 혹시 무슨 일 있어? 너 혼자 고민이 많은 얼굴로 학교 뒤쪽을 걷고 있더라?" 아이가 한참을 망설이더니 "친구 두 명하고 사이가 안 좋아졌어요."

"그랬어? 그래서 고민이 되었구나?" 조심스럽게 묻고는 "혹시 교장쌤이 도와줄 일이 있니?" 하고 물었더니 대답을 하지 않았다.

몇 분쯤 가만히 지켜보다가 "그래. 알겠어. 교장쌤이 도울 일이 있으면 언제라도 말을 해줘."라고 말했다.

그 이후 그 친구는 함께 다니던 그 무리에서 나와 새로운 친구를 사귀었다. 다시 밝아진 아이를 등교 맞이를 하며 만났다.

"안녕, A야?" 이름을 부르며 내가 반갑게 맞이하니까 옆에 있는 A의 친구가 깜짝 놀라는 눈치였다. 옆에 있는 친구 이름도 물어보고 "○○친구야, 안녕?"하고 인사하니 쑥스러운 듯 서로 쳐다보며 둘이서 빠른 걸음으로 지나간다.

나는 그 친구들 사이에 어떤 일이 있었는지 잘 모른다. 얼굴 표정이 한결 밝아진 A를 보면서 어느 정도 마음이 편해진 것을 알 수 있었다. 함께 다니던 친구들과의 관계와 헤어짐에 대해 고민이 많았을 것이다.

많은 고민 끝에 그 무리들 속에서 나와서 새로운 친구를 사귀었다.

A의 선택을 존중하며 앞으로 더 멋진 A를 기대해 본다.

③

"너무 고마워!"

대화를 칭찬과 감사로 시작하기

대화의 시작을 어떻게 하고 있나요?
가만히 생각해보면 비난과 질책으로 시작하는 경우가 대부분이다.

"야! 너희들, 복도에서 뛰지 말라고 했지?"(질책)
"네가 그러면 그렇지"(판단)

잠시 긴~~ 심호흡이 필요하다.
올라오는 감정에 휩쓸리지 않고 페이스를 찾기 위한 노력이 필요하다.
대화를 비난과 질책보다는 칭찬과 감사로 시작해보면 어떨까?

우리 학교는 5층짜리 한 동으로 되어있다. 교장실에서 바라보면 복도를 중심으로 오른쪽에는 교실 왼쪽으로 화장실과 연구실 등이 배치되어 있다.
학교시설과 관리 면에서는 좋다는 장점이 있으나 생활지도 면에서는 단점이다.
거칠게 없이 쭈욱 뻗은 복도가 우리 아이들을 질주의 본능으로 이끈다.
우리 아이들의 100미터 달리기에 최적화된 장소이다. 실력을 알아볼 수 있다.

　쉬는 시간마다 복도 끝에 자리 잡고 있는 도서관을 향해 전력 질주를 한다. 도서관 가까운 쪽으로 교장실이 있으니 결승지점이 된다.

　복도는 시멘트 바닥으로 되어있어 뛰다가 넘어질 경우에는 생각만 해도 아찔하다. 복도에서 뛰는 문제를 해결해보려고 유튜브 영상에도 올려보고 복도에서 왜 뛰는지도 물어보았으나 별로 효과가 없었다. 그렇다고 복도 통행지도를 안하고 가만히 두자니 "이렇게 뛰어다녀도 괜찮은가 보네." 하고 아이들이 생각할까 봐 그것도 걱정이 되었다. 교육기관인 학교가 어떤 상황에서도 안전한 생활을 지도할 의무가 있기 때문이다. 후다닥~ 뛰는 소리를 듣고 쏜살같이 뒤따라 나가보면 이미 저만큼 가 있어 이야기를 나눌 수 없었다.

　저러다가 넘어져서 다치기라도 하면 어쩌나?
　생활지도를 하여도 보는 사람이 없는 틈을 타 아이들은 전력 질주를 했다.
　뛰는 아이를 뒤따라 나가서 아이를 만나 "애들아, 뛰지 말고 걷자.", "한 번 걸어보자." 하고 시범을 보여도 '뛰듯이 걷는' 걸 보면 아무래도 걷는 것을 잊은 것 같았다. 보통 때는 '아이들이니까' 하면서도 신경이 예민한 날은 참지를 못하고 즉각적인 반응을 하게 된다.

　복도에서 큰소리로 소리를 지르며 후다닥 뛰어가는 소리가 나서 나가보니 평소에 알고 지내던 아이 중 세 명이 뛰어가고 있었다.
　"이리 오세요." 하고 웃음기 없이 단호하게 불렀더니 '아차~' 싶었는지

쭈뼛거리며 뻘쭘하게 온다. 아이들 입장에서는 복도를 뛰어다니는 하고 많은 아이들 중 하필 오늘 재수 없게 걸린 것이라고 생각할 수도 있다.

아는 친구들이었기에 더 야속했다. 차오르는 화를 겨우 참으며 가라앉은 목소리로 "너희들이구나. 복도에서 걸어 다니자고 했는데 뛰어가길래 나왔어."했더니 "앗, 죄송합니다. 짱쌤.", "교장쌤이 아는 친구들이네. 그런데 어찌 된 일이야? 복도에 다닐 때는 걸어 다녀야지?" 하고 이름을 불러주며 다정하게 타일렀다. 하지만 속으로는 '요즘 친구들이랑 몰려다니더니 그 사이 나쁜 행동을 배웠나?'라는 생각이 들었다. 그때 함께 무리 지어 다니는 아이들이 나타났다. 아무 말도 하지 않았는데 대뜸 나를 보더니 "저희는 안 그랬는데요. 안 뛰었는데요?" 하였다. 그 모습들이 예쁘지 않아서 모른 척 했더니 "저는 안 뛰었다구요. 저는 안 뛰었어요." 하면서 나를 노려보았다.

교장실로 들어왔는데 레이저 눈빛을 발사했던 그 아이가 열려진 내 방 앞에 엎드려서 "꺼이꺼이" 소리를 내며 다시 노려보면서 "저 아니에요. 저 아니라구요." 하고 계속 나에게 항의를 하였다. "네가 그랬지?"라고 그 아이를 지목한 일도 없는데 계속 쫓아 다니며 노려보면서 반항을 하는 아이가 미웠다. 말은 하지 않았지만 아이는 나의 표정, 시선, 태도 등에서 자신에 대한 어떤 낌새와 기운을 느낀 것 같았다.

마음이 너무 불편하였다.
나의 마음속에는 '아이들은 무리지어 다니면서 나쁜 행동을 한다'가 자리 잡고 있었다. 실제로 그중 몇 명의 아이는 나쁜 행동으로 이미 관심 대상이었다. 실제로 그날 그 아이의 주장대로 복도를 걸어 다녔는지도 모른다. 직접 물어보면 알았을 텐데 오해 상황을 만들었다. 미묘한 상황이었다.

말로, 영상으로 주의를 주어도 달라지지 않는 우리 학교 학생들에게 화가 많이 났다. 그런데 마침 지나가던 그 아이들이 운 나쁘게 걸렸을 수 있다. 아이들의 나쁜 행동을 보면 비난하는 말이 먼저 나온다. 소통에 관한 공부를 열심히 한 나도 자주 시행착오를 겪는다. 내가 원하는 행동이나 답을 생각하고 있는데 기대하는 말과 행동이 나오지 않으면 불편하다.

며칠이 지나자 불편했던 마음이 옅어지면서 원래의 평정을 찾고 있었다. 그러나 달라진 것은 없었다. 아이들은 대부분 복도를 뛰어다녔다. 복도로 나가며 이상하게 아이들의 행동에 화가 나지 않았다. '아이들이니까 그럴 수 있지!'라고 복도에서 뛰는 것에 집착하지 않게 되었다. 마음이 편해지니 아이들의 뛰는 행동에도 한결 너그러워졌다.

그때, 천연기념물 같이 보기 드문 아이를 만났다.
"와~ 복도를 오른쪽으로 천천히 걷는 친구가 있네. 걷는 친구를 오랜만에 본다. 짱쌤이 무척 고마운데?"라며 진심으로 감사한 마음을 전했다. 아이가 깍듯하게 "감사합니다." 하고 인사를 하며 지나간다. 그날따라 대부분의 아이들이 걸어 다녔다. "아니, 이게 어찌된 일인가?" 만나는 아이들에게 한 명 한 명 진심으로 고맙다고 했다. 6학년쯤 되어 보이는 아이가 갑자기 나를 끌어안더니 "저도 고맙습니다." 하는 게 아닌가? 뜻밖이었다. 복도를 걸어 다니는 아이들에게 '칭찬과 감사'의 마음을 전한 것뿐인데 마음에 평화가 찾아왔다.

뛰어가는 아이를 보자마자 "얘들아, 너희들 왜 복도에서 뛰어 다니니?"라는 비난으로 시작하지 않고 좋은 점을 찾을 때까지 기다렸다.
"오늘은 우리 친구들이 복도를 걸어 다니니 좋은데?"
"친구들이 잘 지켜주니까 짱쌤이 너무 고마워!"하면서 칭찬과 감사로 대화를 시작했다. 계속 이어서 "급식은 맛있게 먹었니? 오늘 반찬 중에서 가장 맛있는 것은 뭐였어?"라고 물으며 자연스럽게 일상적인 이야기로 이어 갔다.
'감사'와 '칭찬'으로 시작하니 아이들도 다가와 나를 격의 없이 안아주었다.

그 이후에도 아이들의 행동에 특별히 달라진 변화는 없었다.
달라진 것이 있다면 아이들을 바라보는 나의 시선이었다. 그 후부터는 아이들의 행동에 대하여 일일이 비난이나 지도를 하지 않았다. 비난보다는 칭찬할 만한 점을 찾고 바로 그 순간을 놓치지 않고 "네가 규칙을 잘 지켜주니 참 좋은데? 고마워."라고 해주었다.

> 아이의 행동에 화가 났나요?
> 긴~~ 심호흡으로 마음을 쓸어 담고 화를 가라앉혀 보세요.
> 화가 나는 날은 가능하면 조용히 지나가도 좋아요.
> 아이들을 잘 관찰했다가 대화를 '칭찬'과 '감사'로 시작해 보세요.
> 아이들을 너그러운 마음으로 바라보세요. 그리고 칭찬할 점을 찾아 바로 쏘세요. "얘들아, ~해줘서 고마워.", "우리 친구들, ~해줘서 감사해요."

가정에서도 마찬가지다.

아이가 공부를 한다고 방에 들어가기에 과일을 깎아서 아이의 방에 들어갔더니 게임을 하고 있다. 그 모습을 보고 있자니 갑자기 속에서 천불이 난다.

아이에게 게임을 하고 있는 정황을 들어보지도 않고 '비난'부터 내뱉기 시작한다. "공부한다더니 게임만 하고 있어?"라며 게임만 한 아이로 몰아세우면 아이도 같은 방식으로 대한다.

본 것을 최대한 자연스럽고 부드럽게 말해보자. "게임 하고 있었어?"라고 시작하면 아이가 자초지종을 이야기할 것이다. "공부를 다하고 게임을 하는 거예요.", "공부를 많이 하면 머리가 무겁고 아플 수 있지." 드라마에 나오는 좋은 엄마처럼 말해보자. 나아가 "공부가 힘들지? 엄마는 공부하는 것이 제일 힘든 거 같아. 머리도 식혀야지. 쉬엄쉬엄해." 아이의 감정을 먼저 공감해주자.

아이의 상황과 입장이 되어봄으로써 아이를 이해하고 그대로 받아들이자. 자신의 감정을 부모에게 공감을 받고 있다고 느끼게 되면 아이도 조금씩 마음을 열게 될 것이다. 부모가 마음의 여유가 있는가 없는가의 차이에 따라 아이의 받는 감정과 반응이 달라진다. 설령 아이가 바로 변하지는 않더라도 부모의 마음의 인식이 달라지고 최소한 잘해보려고 노력하게 된다.

"공부 좀 하라구!" 하면서 공부에 대한 이야기도 강압적으로 계속 밀어붙이면 아이는 화를 내면서 자신을 방어하게 된다. 나아가 엄마의 이야기는 잔소리로 여기고 듣지도 않는다. 대부분의 부모는 아이의 상황과 감정을 먼저 이해하기보다 아이를 설득하고 가르쳐서 원하는 방향으로 대화를 마쳐야 한다는 생각을 한다. 아이는 자신의 마음이 수용되지 않는다고 생각하고 반항심이 생긴다.

교실에서도 잘못된 행동으로 자꾸 지적을 받으면 나쁜 행동을 고치기보다 "나는 이제부터 삐뚤어질 테다." 하는 생각으로 교사에게 반항하며 말을 듣지 않는 아이들이 있다. 아이들은 이성적으로 판단하기보다 억울하고 속상하여 감정의 상처를 받게 된다.

대화를 시작할 때는 무엇보다 부모의 마음이 편안해야 한다.
아이의 행동을 관찰하며 칭찬할 만한 것들을 찾아보려고 노력해보자.
오늘은 하교 후에 아이와 대화하면서 차분하게 들어보자.

"오늘 학교에서 어땠어?" (열린 질문)
"저런, 그랬어?" (경청)
"고개를 끄덕 끄덕" (공감)
"잘했어. 엄지 척!!" (칭찬)

아이의 이야기를 충분히 들어주고 공감해주고 칭찬해주자.
대화도 부모에게서 배워야 한다. 무엇보다도 가장 먼저 해야 할 일이다.
엄마와 조근조근 이야기를 나누며 아이의 기분도 편안해지고 안정이 된다.
부모도 덩달아 행복해진다.

④

"천천히 걸어 다니자."

권유의 말 사용하기

대부분의 아이들이 씩씩하게 혼자서 학교를 등교한다. 가끔 할머니, 엄마, 아빠가 함께 학교 교문까지 오는 아이들이 있다. 이런 경우는 보통 아이 대신 엄마나 할머니, 아빠가 아이의 가방을 둘러매고 신발주머니를 대신 들고 온다. 교문에서 학교로 들어가는 아이에게 가방을 매어주고 신발주머니를 들려준다.

학교로 들어가는 아이를 다시 불러 세운다. 붙잡고 한동안 오늘 선생님 말씀 잘 듣고 친구들이랑 사이좋게 지내라고 하며 여러 가지 지시를 한다.

또 아이가 학원에 늦을까 봐 걱정이 되어 학교에 들어가는 아이 뒤통수에 대고 "학원 늦지 마!", "가방 안에 준비물 있어!!" 등의 명령을 한다.

교문 앞에서 또 헤어짐이 긴 학부모와 아이도 있다. 아이가 교문 들어가기 전에 안아주면서 "사랑해."라고 다정하게 인사도 나눈다. 아이가 학교를 들어가면 아이를 향해 계속 손을 흔들어 준다. 아이는 들어가다 말고 다시 엄마를 보며 손을 흔든다. 아이가 엄마를 계속 뒤돌아보느라 선뜻 교실로 들어가지를 못한다. 아마도 학교로 들어가는 아이의 뒷모습이 짠~하게 느껴지나 보다. 우리 친구들이 아침부터 자기 전까지 부모에게 듣는 소리를 한번 잘 생각해보면

"일어나!", "이거 먹어!!" (지시)

"옷 다 입었어?" (확인)

"그만 해!!" (금지)

"학교 다녀오면 숙제부터 해!!" (명령)

"엄마가 이거 하라고 했잖아, 왜 엄마 말을 안 들어?" (비난)

아이가 하루 종일 듣는 소리가 이런 지시와 통제, 비난, 금지, 명령으로 가득하다. 나아가 이것을 '대화'라고 착각하기도 한다. 대화란 '말을 통해 서로의 의사를 표현하고 의견을 주고받는 것이다. 의견을 서로 주고받는 것이 대화라고 한다면 이는 대화가 아니다.

엄마는 자녀에게 왜 지시와 명령 비난하는 말들을 하는 것일까?
우리 엄마들도 자라면서 비난과 지시, 통제를 받으며 자라왔고 이에 대한 고민 없이 습관대로 우리 자녀를 대하기 때문이다. 나도 역시 마찬가지다.
교문 앞에 있다 보면 가방을 메고 인도로 걸어와도 되는데 달리기하듯 뛰어오는 친구도 있고 멀쩡한 길 놔두고 화단 위의 돌로 쌓아놓은 길을 아슬아슬하게 걸어오는 아이들도 있다. 안전하고 좋은 길로 다녔으면 좋겠지만 호기심이 많은 친구들은 어쩔 수 없다. 그 위험한 상황을 보고 있노라면 걱정도 되고 가르치는 교사이기도 해서 지적이 시작된다.

"얘들아, 넘어져, 뛰지 마!!" (명령, 지시)
좋은 길 놔두고 굳이 위험하게 화단의 경계석을 징검다리 삼아 밟고 오는 아이에게

"애들아, 내려와. 위험해!!"

추운 날인데 얇은 옷을 입고 등교하는 친구도 있고 날씨가 더운데 두껍게 옷을 입고 오는 친구들도 있다. "아니, 날씨도 추운데 아이를 이렇게 얇게 입혀 보냈지?"라며 그 아이의 엄마를 마음대로 판단하고 평가를 한다.

"옷을 춥게 입었네? 안 추워?" (판단, 평가)
"겉에 잠바라도 입고 오지!!"

이 말들은 내가 등교하는 아이들에게 관심을 보인다며 건네는 말이다. 어느 순간 깨닫게 되었다. 내가 아이들에게 자주 쓰는 말도 '명령, 지시, 판단, 평가'였다는 것을. 그런데 사람과 사람을 이어주는 말은 이런 통제의 말이 아니다.

어린이날 영상을 제작하면서 "어른들이 하는 말 가운데 듣기 싫은 말은 뭐예요?" 하고 우리 아이들에게 물었다.

"공부해라!!" (명령, 지시)
"100점 맞았어? 그러게 벼락치기 하지 말고 평소에도 좀 열심히 하지. 공부 좀 열심히 해!" (지시)
"야, 어린애가 뭘 알아?" (평가)
"키가 왜 안 크는 줄 알아? 밥을 안 먹으니까 그렇지. 밥 더 먹어!!" (판단)
"너는 이거 왜 못하니? ○○는 잘만 하던데." (비교)

아이들은 "공부하라"고 할 때와 "다른 친구는 잘하는데 넌 왜 그래?" 등 명령과 비교가 가장 듣기 싫다고 대답하였다. 선생님께 부탁하고 싶은 말에는 어떤 것들이 있는지 물어왔더니 뜻밖에도

"이 부분이 선생님이랑 살짝 다른데?"
"한 번 더 해보고 선생님한테 말해 줄래?"
"아이들도 나름의 생각이 있다고 인정하고 말해줬으면 좋겠어요."
"다정하고 친절하게 말해주세요."

아이들의 생각은 비교적 뚜렷했다. 자신들을 존중해주고 친절한 선생님이기를 바랬다. 그럼, 어떻게 하면 아이들을 존중하며 친절하게 말할 수 있을까?

첫째, 명령과 지시보다 권유로 말하기

나전달법은 나의 의사를 전달하는데 아주 효과적이다. 누군가와 갈등이나 의견 대립이 있을 때 나의 의견을 제대로 말하지 못하고 속으로만 삼키게 되면 나의 마음 속에 불만이 쌓인다. 나의 의견을 강하게 말하면 말하자니 자칫 상대의 기분을 상하게 될까 봐 걱정이 된다. 갈등 상황이나 말하기 곤란할 때 자신의 의사를 기분 나쁘지 않도록 전달할 때 활용하면 좋으며 나의 느낌이나 감정의 표현 없이 객관적인 사실만을 이야기한다.

나전달법이란 나를 주어로 상대방을 탓하지 말고 원하는 바를 전달하면 된다.

"얘들아, 왜 뛰어다니니?

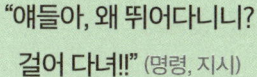
"얘들아, 왜 뛰어다니니? 걸어 다녀!!" (명령, 지시)
"교장 선생님은 너희들이 다칠까 봐 걱정돼."(나전달법)
"천천히 걸어 다니자."(권유)

어색하다면 끝말만 '~하자'로 바꿔보기

혹시 입에 붙지 않았거나 혹은 어색하다면 '원하는 바'에 대해 바로 말을 해도 된다. 대신 "~하자."라고 권유의 말로 바꿔보자. 의식하면서 상황에 따라 사용하는 말을 바꿔서 사용하면 조금씩 자신의 말을 바꿔갈 수 있다. 무엇보다도 서로 비난이나 통제하지 않고 부모와 자녀 사이, 교사나 학생 사이에 좋은 관계를 유지할 수 있다.

"이렇게 하지 마."(명령) ☞ "이렇게 해보자."(권유),

"저렇게 하지 마." ☞ "저렇게 해볼까?"

"뛰지 마." ☞ "조용히 걸어볼까?"

그런데 아이가 꼭 해야 되는 세수나 양치질이나 밥을 먹어야 할 경우에는 "밥 먹을까?", "밥 먹지 않을래?"보다 **"밥 먹을 시간이야. 밥 먹자."**의 단호한 표현이 더 좋다. 의식하면서 상황에 따라 사용하는 말을 바꿔서 사용하면 조금씩 자신의 말을 바꿔갈 수 있다. 무엇보다도 서로 비난이나 통제하지 않고 부모와 자녀 사이, 교사나 학생 사이에 좋은 관계를 유지 할 수 있다. 아이 입장에서는 엄마가 지시를 하는 것보다 권유형으로 말할 때 자신이 더욱 존중받는다고 느끼기 때문이다.

둘째, 판단과 평가하는 말보다 보이는 사실만을 말하기

말을 할 때 상대방의 입장을 고려하지 않고 나의 생각이나 나의 입장에서 생각하고 말을 하면 사실이 왜곡될 수 있다. 또한 듣는 사람이 기분이 상하게 되고 자주 그런 일들이 발생하면 서먹하고 좋은 관계로 진전이 되지 않는다.

교문에서 보면 계절에 맞지 않게 옷을 입고 오는 아이들이 있다. 날씨가 더운데도 겨울에 입는 패딩조끼를 입고 오거나 추운 날씨에 얇은 점퍼를 입고 오기도 하고 양말을 신지 않고 오는 경우도 있다.

또 운동화 끈이 길게 풀어져 걸려서 넘어질까 걱정이 되기도 한다.

"옷을 춥게 입었네?"(판단)

"안 추워?"(평가)

"운동화 끈이 풀렸어. 걸려서 넘어지면 다쳐, 다시 매!!"(판단, 명령)

판단, 평가, 명령, 지시의 말을 이렇게 바꿔보면 어떨까? '보이는 사실'만을 말하는 것이다.

옷을 춥게 입었네.(판단, 평가) ☞ 반팔 입었네?(보이는 사실만 말하기)
운동화 끈이 풀렸어. 다시 매!! ☞ 운동화 끈이 풀어졌네?

우리가 자라면서 무심히 들어온 말이기도 하고 그대로 아이에게 사용하는 말이어서 그 말이 영향력이 어떤지 잘 모르고 사용한다. 우리가 사용하는 말이 우리의 자녀들에게 대물림되고 우리의 자식들이 듣게 되고 다시 그들의 자녀들에게 상처주고 통제하는 말로 쓰인다고 생각한다면 말의 중요성과 무게를 깨닫게 된다.
  당장 오늘부터 바로!! 사용해 보자.

⑤

"그래서 속상했구나?"

질문, 경청, 공감하기

소통을 잘하기 위해서는 세 가지 중요한 열쇠가 있다. 그것은 바로 질문, 공감, 경청이다. 자녀와의 소통을 잘하기 위해 질문, 경청(듣기), 공감의 세 가지 열쇠를 잘 활용해보자.

열쇠 하나, 질문(質問)

질문은 아이들과의 대화를 계속 이어주며 소통을 가능하게 한다.

인간의 뇌는 반드시 질문하면 답변하는 구조로 되어 있다. 아이들에게 질문을 하면 질문에 대한 답을 하기 위해 생각을 하게 된다. 그래서 생각하는 힘을 갖게 되고 문제를 해결하는 능력을 가지게 된다. 유튜브 〈노래하는 짱쌤TV〉에서 인터뷰로 아이들의 생각을 묻는 것은 바로 이런 이유 때문이다. 아이들에게 인터뷰를 진행하기 전에 나름 고민을 많이 하는 편이다. 영상의 주제에 대한 우리 아이들이 가지고 있는 생각을 알고 싶기 때문이다.

아이들에게 질문을 할 때는 긍정적 질문이나 열린 질문을 준비한다. 긍정적 질문은 아이들에게 긍정적 사고를 갖게 하여 긍정적인 생각의 변화로 이끈다. 긍정적 질문은 아이들을 정서적으로 안정시키고 모든 부분에서 긍정적으로 생각 하여 긍정적인 아이로 자라게 한다.

> <부정적 질문과 긍정적 질문>
>
> 우리 반이 왜 축구를 졌다고 생각해?(부정적)
> ▶ 우리 반이 축구를 잘하기 위해서는 어떻게 해야 할까?(긍정적)
>
> 오늘 힘들었던 일이 있니?(부정적)
> ▶ 오늘 가장 행복했던 일이 있다면 무엇이니?(긍정적)

> <닫힌 질문>
> 네가 했어? 안 했어?
> 누가 학교에서 싸우라고 했어?
> 입이 있으니 말을 해봐!!
> 너희들 도대체 몇 번을 이야기해야 들을래?
>
> <열린 질문>
> 무슨 일이 있었니?
> 네가 힘들었던 점은 무엇이니?
> 그렇게 생각한 이유가 무엇일까?

닫힌 질문은 '네'와 '아니오'로 대답할 수 있는 질문으로 답을 제한한다.

닫힌 질문은 아이의 상상력을 제한하고 상황에 대해 이야기를 구체적으로 할 수 없기 때문에 상황에 대한 이해와 소통을 방해한다. 또한 '답정너'라는 말처럼 이미 정해진 답을 상대방에게 묻는 상황이다. 자신이 듣고 싶은 대답을 미리 정해 놓고 상대방에게 자신이 원하는 답을 하게 한다. 아이는 자신의 생각과 의견을 제대로 표현할 수 없다. 이는 대화가 아닌 일방적인 의사전달이 목적이기 때문에 아이는 방어하게 되고 반발심을 갖게 된다.

열린 질문은 대화상대가 자신의 마음을 자유롭고 솔직하게 표현하도록 돕는다. 생각을 강요하거나 판단, 평가를 내리지 않음으로써 상대방이 중심이 되는 소통 방법이다. 열린 질문은 아이들이 자유롭게 응답할 수 있고 존중을 전제로 한다. 그러므로 자녀와 소통을 준비하면서 긍정적이고 열린 질문을 활용하기를 바란다.

열쇠 둘, 경청(傾聽)

경청(傾聽)은 말하는 사람에게 몸을 기울여 임금(王)의 큰 귀(耳)와 열(十)개의 눈(目)과 하나(一)된 마음(心)으로 열심히 듣는 것이다. 경청은 상대의 말을 귀를 기울여 집중해서 듣기 때문에 상대방이 전하고자 하는 내용을 정확하게 이해할 수 있다. 또한 말하는 사람이 스스로 존중받고 있다고 느낀다. 그래서 아이로 하여금 적극적으로 소통을 할 수 있도록 도와준다.

경청(傾聽)에는 자기중심경청(배우자 경청), 수동적 경청, 적극적 경청, 맥락적 경청이 있다. 자기중심경청(배우자 경청)이란 'TV를 보면서 건성으로 듣는다'는 뜻으로 건성건성 답변하는 듣기를 말한다.

아이가 그림을 그려서 엄마를 보여주면서 "엄마, 엄마, 나 이 그림 되게 잘 그렸지?"라고 말한다. 외출을 준비 중인 엄마는 아이를 쳐다보지도 않고 이렇게 말한다.

"오~ 잘했어. 잘했어."

"오~ 멋지다, 멋지다. 엄마 그럼 다녀올게." 하고 건성으로 대답을 한다. 심지어 "좀 조용히 해봐." 하며 말을 가로막기까지 한다. 이렇게 딴 짓을 하며 듣거나 말을 가로막으며 자기 할 말만 하는 것을 '자기중심 경청'이라고 하는데 우스운 소리로 부부간 대화에서 이러한 모습이 자주 나타난다고 해서 '배우자 경청'이라고도 한다. 자기중심 경청((배우자 경청)은 듣기의 가장 낮은 수준이다.

수동적 경청(passive listening)이란, 상대의 말을 가로막지는 않지만 주의 집중해서 듣지도 않으며 그저 상대가 말하도록 놓아두는 경청이다. 말하는 사람 입장에서는 '내 말을 제대로 듣고 있나?' 하는 생각을 갖게 한다. 이처럼 상대의 말을 대충 건성으로 듣는 것을 '수동적 경청'이라고 한다.

수동적으로 경청하면 말하는 사람은 주제에 집중을 못하고 질문을 되묻는 등 산만하게 된다. 수동적인 경청에서는 말을 하면서 생각을 정리하고 새로운 아이디어를 창조해내기가 어렵다.

"오늘 저녁 무엇을 먹을까?"

"감자탕? 아니면 해물탕?"

"뭐? 뭐를 먹자고?"

적극적 경청(active listening)은 말하는 사람에게 주의를 집중하고 공감해 주는 경청이다. 이처럼 공감, 반응, 리액션이 오고 가야 진짜 대화가 시작될 수 있다. 상대방과 눈을 맞추고 고개를 끄덕이며 추임새를 넣으면서 들어주는 것이다.

"저런! 그래서 어떻게 되었는데?"
"그래? 그렇구나!!"

추임새를 활용하거나 고개를 끄덕이며 적극적으로 경청해주면 아이는 신이 나서 점점 더 많은 이야기를 하게 된다. 또한 이야기하는 과정에서 마음이 열리고 기분이 좋아진다. 또한 부모가 자신을 존중해주고 있다는 느낌을 받게 되어 진솔한 대화와 소통을 하게 된다.

경청의 최고의 단계는 맥락적인 경청(contextual listening)으로 말 그 자체만이 아니라 그 말이 어떤 맥락에서 나온 것인가를 생각하며 듣는 방법이다. 말하는 사람의 숨겨진 의도, 욕구와 감정, 배경까지 헤아리면서 듣는 것을 말한다. 아이가 이야기를 할 때 어떤 맥락에서 나온 말인지 아이의 의도와 욕구, 감정까지 헤아려 듣는 것이다. 말하는 사람은 상대가 자신의 마음을 알아주는 것 같아 마음을 열게 되고 신뢰를 갖게 된다.

나는 자녀와 소통을 할 때 어떤 경청 스타일 일까?
사람들은 말하는 것을 좋아하고 말하기는 본능이다. 듣기보다 말하는 것을 좋아하기 때문에 다른 사람의 이야기를 들어주기는 정말 어렵다. 내 아이와 이야기를 나누며 들으려고 노력 하나 참으로 어려운 일이다. 들어주기보다 가르치고 싶은 마음이 앞서기 때문이다. 아이의 말을 중간에 자르고 끼어들기 일쑤다. 들어주는 것보다 잔소리와 훈계를 하는 것이 내 아이에게 도움이 될 거라 생각하기 때문이다.

화가 난 학부모들에게 가장 중요한 것도 경청이다.

화가 나서 학교로 찾아온 학부모에게 의자를 권하고 차 한 잔을 내놓는다. 그러면서 마음속으로 '듣고 또 듣자. 중간에 끼어들지 말고 끝까지 들어드리자.' 다짐을 한다. 분위기를 조성하며 약간의 시간을 벌고 난 후에 학부모의 이야기를 듣기 시작한다. 중간에 궁금한 거 물어보느라 끼어들지 않도록 일단 수첩에 간단한 메모를 하면서 듣는다.

"고개를 끄덕이며(경청)"
"아, 그러셨어요!!(공감)"
"그 당시엔 그런 생각이 드신 거네요.(바꾸어 말하기)"

소통을 위한 적당한 기술을 활용하여 충분히 들어드리면 화난 마음이 진정이 된다. 흥분되었던 감정이 가라앉으면 그때서야 교장인 나를 바라보고 존중을 해준다. 경청도 습관이다. 훈련이 필요하다.

이처럼 습관을 만드는 것은 참으로 어려운 일이다. 부모가 아이의 말을 자르지 않고 말을 끝까지 들어주는 것은 참 어려운 일이다. 우선 아이의 말을 자르지 말고 한번 끝까지 들어보자. 나의 모든 생각과 판단은 잠깐 내려놓고 아이가 뭐라고 말하는지 귀를 기울여 보자. 말할 때가 있고 들어줄 때가 있는데 이 타이밍만 잘 지켜도 소통에 훨씬 도움이 된다.

아이가 말할 때 어떻게 반응해야 할지 모른다는 분들이 있다.
어떤 반응을 보여야 할지, 뭐라고 말해줘야 하는지 잘 모르겠다면 아이의 이야기를 들으며 공감되는 부분에서 고개만 끄덕거려도 된다. 또는 간단한 감탄사나 맞장구, 아이의 끝말을 다시 앵무새처럼 따라 해도 된다.
"와~ 헐~" (감탄사)
"정말? 힘들겠네." (맞장구)
"내 물건을 허락도 없이 막 가져다 써요." ☞ "저런! 네 물건을 허락도 없이 썼어?" (앵무새처럼 따라하기)

아이가 말할 때마다 "와~ 그래, 그래." 고개를 끄덕이며 진심으로 아이의 이야기를 들어주자. 입꼬리를 살짝 올리고 아이를 바라보며 "자, 이제부터 천천히 말해보렴!!"의 자세로 이야기를 들어주자. 제발 중간에서 끼어들거나 자르지 말고 끝까지 들어보자.

경청은 대화의 질을 좌우하는 가장 중요한 요소 중 하나이다.
상대방의 이야기를 진심으로 공감해주며 들으면 말하는 사람은 마음을 열고 훨씬 더 깊은 이야기까지 말하게 된다. 반대로 건성으로 듣거나 집중하지 못하면 말하는 사람은 이야기를 하지 않고 입을 다물게 된다. 듣는 입장에서 옳다 그르다 판단하지 말고 말하는 사람의 입장에서 공감해주는 것만으로도 힐링과 치유의 효과가 있다. 그런 이유로 부모가 아이가 이야기할 때 가장 먼저 해야 할 것이 경청이다.

열쇠 셋, 공감(共感)

공감(共感)의 사전적 의미는 남의 주장이나 감정, 생각 따위에 찬성하여 자기도 그렇다고 느끼는 마음이다. 아이들은 '공감'능력과 동시에 '문제 해결력'을 배운다. 그냥 공감하는 것에서 끝나지 않기 때문에 공감 능력이 중요하다.

아이가 학교에서 돌아와서 "너무 더워요." 하면 "덥지?(공감) 음료수 줄까?(문제해결) 하고 선풍기나 에어컨을 틀어주고 음료수를 준다. 울고 있는 반 친구를 보며 아이가 "슬퍼?"(공감)라고 묻고 휴지를 꺼내 주든지(문제해결 능력)한다. 공감 능력도 부모에게서 배우는 것인데 공감 능력이 떨어지는 아이들이 얼마나 많은지.

충고, 조언, 평가, 판단(충조평판)의 대화에서는 공감이 절대 일어나지 않는다. 오히려 아이의 마음을 닫게 만든다. 아이의 이야기를 듣고 첫 마디가 중요하다. 아이는 부모가 어떻게 반응하는가에 따라 더 깊은 속내를 털어놓을 수도 있고 입을 꾹 닫아버리게 할 수도 있다.

학교에서 돌아온 아이가
"아유, 짜증 나. 내일부터 학교에 안 갈 거예요."
"무슨 일 있었니?"
"아이들이 나하고 안 놀아요."
"저런, 아이들과 함께 놀기를 바랐는데 속상했겠네." 하고 속상했을 아이의 마음과 감정을 어루만지고 안전하게 수긍해주는 것이 먼저다. 이렇게 아이의 마음을 수용하고 알아차리는 것이 공감이다.

자연스럽게 나와야 하지만 어떻게 공감해야 하는지 모르면 상대의 끝말을 따라 하는 것도 한 방법이다. 조용히 중간에 끼어들거나 자르지 말고 끝까지 듣고 아이가 방금 전에 한 말을 기억하며 **"아이들이 안 놀아줘서 속상했구나?"** 하며 끝에 한 말을 따라 마음을 읽어주면 된다. 아이의 마음을 알아주는 한마디면 충분하다. 말이 통하는 사람과 통하지 않는 사람의 차이는 경청과 공감에서 비롯되는 것이다.

"오늘 기분이 좋아 보여. 무슨 좋은 일이 있었니?"라고 묻고 아이의 답변을 듣는다. 다시 되물으며(질문)주의깊게 듣고(경청) "그런 일이 있어서 기분이 좋았구나." (공감)해주며 대화를 이어가보자. 질문과 경청, 공감은 소통의 문을 여는 가장 중요한 세 가지 열쇠이다.

자기 마음이 공감받았다고 느끼는 사람은
자기가 감당해야 할 몫이나 대가를 기꺼이 받아들인다.
책임질 일이 있으면 기꺼이 진다.
자기 마음이 수용되었다는 느낌 때문이다.
억울함이 풀렸기 때문이다.

- 정혜신, 『당신이 옳다』 중에서 -

⑥

"너는 특별한 친구야."

욕구를 알고 인정해주기

욕구에 따른 소통 방법

'열린 교장실'을 운영하며 처음으로 만난 친구가 A였다.

사교적이고 적극적이며 자기표현이 강한 아이였다. A의 도움으로 교장실에 오는 친구들이 하나둘씩 늘기 시작했고 그 이후에 여러 명의 아이들이 교장실을 스스럼없이 들어왔다. 교장실에 올 때는 A와 단짝 친구 2명이 함께 왔는데 가만히 살펴보니 A가 두 친구를 리드하고 있었다. 교장실에 오면 노래도 부르고 춤도 추면서 보냈다. 아이들을 가만히 지켜보며 이 친구들과 함께 노래를 부르며 특별한 영상을 만들고 싶었다.

"우리 영상을 한번 같이 해볼까?" 했더니 모두 '좋아라.' 하며 그러자고 했다.

혹시 어버이날 노래를 아느냐고 물었더니 가사를 잘 모른다고 해서 노래를 틀어주고 몇 번 불러 보았는데 연습이 더 필요했다.

"노래를 익혀야 하는데 언제까지 가능할까?" 하고 물었더니 "이번 주까지 다 외워 올게요."라며 자신감 뿜뿜이었다.

"노래도 하고 편지나 응원하는 도구를 만들어서 들고 할까요?"라고 의견을 낸다. A의 주도적인 면이 좋아서 "그럼 뭐라고 쓸까?" 했더니 "어버이날 축하해요. 어때요?" "오 그래? 좋은데? 굿!! 어버이날을 축하드리는 축하 문구를 만드는 거니까 그 문구 좋아요." 하고 칭찬을 해주었다.

일주일이 지난 뒤에 만났을 때 다른 친구들은 학원으로 바빴다면서 노래 가사를 겨우 외워 왔다. 그러나 A는 과제를 충실하게 해왔다.
커다란 하트의 부채에 "어버이날 축하해요."라는 문구와 직접 쓴 편지를 가지고 와서 과제를 하지 못한 친구들에게도 한 개씩 나누어주었다. 과제 해결력도 좋고 열정적인 A 덕분에 영상을 재미있게 촬영하였다.

촬영한 영상에 우리 친구들의 인터뷰를 넣고 싶었다. 어느 날 쉬는 시간에 평소보다 많은 친구들이 교장실에 왔다. 영상을 찍고 나서 A가 자랑을 했는지 많은 아이들이 교장실을 기웃거리기에 이 친구들과 인터뷰를 하면 좋을 것 같았다. 아이들에게 질문을 알려주고 한 마디씩 부탁했다.
"이제 인터뷰해도 될까?" 했더니 아이들이 좋다고 하며 밖에 있던 아이들이 교장실로 우르르 들어왔다.
그러자 A가 갑자기 아이들을 손을 벌려 막으며 화를 냈다.
"너희들 다 나가. 교장실은 나만 들어오는 거야. 너희들은 다 나가." 하면서 아이들을 밖으로 밀어내는 것이 아닌가? 하마터면 A의 행동에 깜짝 놀라 A를 나무라며 제지할 뻔했다. 잠시 숨을 들여 마시고 "그래 친구들, 인터뷰는 다음에 할까?" 하며 아이들과 약속을 미루고 헤어졌다. A의 행동에 당황했던 나의 눈에 씩씩거리고 있는 A가 보였다. A에게 다가가 등을 '토닥토닥' 토닥여 주었다.

"많은 친구들이 교장실에 들어와서 속상했어?"(욕구 알기)

"교장 선생님한테 A는 특별한 친구야."(욕구 인정)

항상 열정이 넘치고 교장실에 들어와서 나와 좋은 관계를 맺으려고 노력했던 A의 마음이 충분히 공감되었다. 교장실은 자신만의 공간이고 교장 선생님을 독차지하고 싶었던 마음도 충분히 이해가 되었다. A 특유의 사교적인 성격으로 처음으로 교장실에 와 주었고 친구들도 데려왔다. 아이들이 교장실에 스스럼없이 오게 되었다. 누구든지 장점을 뒤집어 보면 단점이 되기도 한다. A도 마찬가지다. A의 감정이 가라앉을 때까지 A의 부족한 행동을 나무라지 않고 그대로 받아주었다. 그러나 A의 행동을 보면서 앞으로 어떻게 소통해야 우리의 관계를 잘 이어갈 수 있을까?를 진지하게 고민하게 되었다.

인간의 5가지 기본 욕구

윌리암 글라써는 '인간의 모든 행동에는 욕구가 있으며 그 욕구가 행동하게 한다'고 하였다. 모든 사람은 욕구가 바탕이 된 목표가 있고 그 목표가 행동하게 하는 힘이 된다는 것이다. 욕구를 충족하려고 노력했을 때 이루어졌던 행동들이 마음속에 저장된다고 하였다. 즉 인정의 욕구가 있는 사람이 수업 시간에 친구들을 웃게 만드는 경험을 함으로써 친구들에게 인정을 받았다면 이 경험이 마음속에 저장되어 수업 시간에 기회가 될 때마다 친구들을 웃게 하는 행동을 하게 된다는 것이다.

나도 성장하면서 감정과 욕구를 꾸욱 누르며 살아왔다.

나는 자라면서 진정으로 원하는 것은 무엇인가?

내가 하고 싶었던 말이 무엇인지를 중요하게 생각하지 않았다. 불안하고 두려웠던 시절, 감정을 숨기며 살아왔고 참는 것이 익숙했다. 한마디로 "몰라요!"로 퉁치고 살았다.

욕구는 기본적으로 자신의 삶에 있어서 없어서는 안 된다. 타협 또는 양보할 수 없는 것이다. 나는 욕구라는 단어를 부정적이고 불편하게 생각하며 살아왔다. 자라면서 자신이 무엇을 원하는지 감정과 욕구도 모른 채 살아왔지만 시대가 바뀌면서 자신이 무엇을 원하는지, 욕구가 중요해졌다.

나의 기본적인 욕구를 알고 충족하기 위해 나는 어떤 선택을 하며 어떤 행동을 하는지, 나의 지금 하는 행동이 과연 나의 욕구를 충족시키는데 도움이 되는지 등이다. 나의 욕구를 아는 것이 진정한 자신을 아는 길이며 다른 사람의 욕구에도 관심을 가질 수 있다. 나의 욕구를 정확하게 표현해야 상대방이 나를 알게 되고 관계를 맺는 중요한 요소가 되었다.

글라써는 인간의 기본적인 욕구를 생존의 욕구, 사랑과 소속의 욕구, 힘의 욕구, 자유의 욕구, 즐거움의 욕구 5가지로 나누었다. 사람들은 모든 욕구를 조금씩 다 가지고 있다. 단지 어느 부분에 강하거나 약한 욕구가 있을 뿐이다.

사랑과 소속감의 욕구는 인간의 기본 욕구 중에서 다른 사람들과의 관계에서 함께 사랑하고, 나누고, 함께 있는 시간을 좋아한다. 사회, 직장, 가정에 소속하여 누군가와 결속되어 있으려 하고 다른 사람의 필요를 잘 채워주려고 한다. 사랑의 욕구가 높은 사람은 친밀한 관계를 원하며 소속의 욕구가 높은 사람은 소속된 만남과 관계가 많다. 문자나 카톡을 할 때도 꼭 이모티콘을 자주 사용하며 상대방이 문자에 이모티콘이 없으면 그 의미를 해석하며 "무슨 일 있나?" 하며 신경을 쓰기도 한다.

"우리~~ 같이 할까요?"

"엄마, 안아줘~, 아이 예뻐라~." 등 함께하고 나누면서 행복해하는 편이다.

자유의 욕구는 강요와 규칙에 순응하는 것보다 선택, 독립, 자율성 등의 의미를 중요하게 생각한다. 사는 곳, 인간관계, 종교활동 등을 포함한 삶의 모든 영역에서 스스로 선택하고 자신의 의사를 마음대로 표현하고자 하는 욕구를 가지고 있다. 다른 사람과 함께 추구하기에는 어렵지만 함께 할 사람은 언제나 필요하다. 자유의 욕구가 높은 아이들은 학급 규칙을 꼭 지켜야 한다는 것에 부담을 느낀다. 혼밥과 같이 혼자 있는 것을 좋아하며 사람들과의 관계에서 적정한 거리를 유지하는 것을 편하게 여긴다.

동료 장학으로 4학년 어느 반에 수업을 들어갔는데 위층의 교실에서 난리가 났다. 발을 쾅쾅 구르고 뛰어다니고 아이들도 방해가 되는 듯 천장을 바라보았다. 층간소음이었다. 복도에서는 큰소리로 떠들고 뛰어다녀서 수업에 방해가 되었다. 급식실이 모든 학생을 수용하지 못하는 관계로 점심시간이 다르다 보니 벌어진 일이다. 학생들의 생활을 위해 교사들에게 생활지도를 해주시기를 당부를 드렸다. "아이들에게 수시로 지도해도 잘 안 지켜요. 아무래도 코로나 세대라 그런 거 같아요."라는 푸념만 들었다. 코로나 기간에 입학하여 학교생활을 제대로 하지 못한 아이들이라 생활지도가 먹히지 않는다는 뜻이다.

'그럼, 이대로 놔두는 게 옳은 것인가?' 그래도 학교가 교육기관인데 아이들의 생활지도를 위해 방법을 생각하여 지금부터라도 교육을 해야 될 것 같았다.

할 수 없이 교사, 교감, 교무가 머리를 맞대고 기간을 정해서 다양한 방법으로 생활지도를 해보기로 하였다. 각 교사들에게 도움을 요청하고 교감쌤이 아침 방송으로 복도에서 조용히 하는 이유에 대해 설명했다. 나는 유튜브 영상을 제작하여 〈노래하는 짱쌤TV〉에 올렸다. 그리고 모든 교사들에게 적당한 시간을 활용하여 우리 학생들과 영상을 보고 이야기를 나눠보기를 말씀드렸다.

심혈(?)을 기울여 만든 영상을 보고 내심 학생들의 어떤 변화를 기대했다. 그런데 영상을 보고도 학생들이 여전히 복도를 뛰어 다녔다. 너무 뛰어서 얼른 따라 나가서 그 학생을 불러 물어보았다.

"오늘 짱쌤이 올린 영상 보았니?"

"네."

"그 영상을 보면서 어떤 생각이 들었어?"

"우리 반은 그 영상을 보고 다 웃었는데요?"

"왜?"

"우리 반 아이들이 웃기게 나와서요?"

"……."

"그 영상 내용을 보고 느낀 점은 없어?"

"……."

"다른 사람을 배려하여 복도에서 뛰지 말고 조용히 오른쪽으로 걸어 다니자." 는 영상이었잖아."

"우리는 그러면 더 안 지키는데요?"

순간 나는 진지하지 못한 6학년 아이에게 실망이 되어 할 말을 잃었다.

"더 안 지킨다고?"

"나 혼자만의 생각이었나? 요즘 학생들이 이 정도로 가볍네. 아예 생각을 안하네." 즐거움의 욕구 성향인 나는 상처를 받았다.

이런 친구들은 강요와 규칙에서 자유로운 '자유의 욕구'가 강한 친구일 일 수 있다. 자유의 욕구가 강한 친구와의 대화는 어떻게 나누어야 했을까?

"더 안 지킨다고? 짱쌤은 너희들이 복도통행 규칙을 잘 지켜주기를 바랬는데 실망인데?"라며 "그럴 수도 있지."라고 대수롭지 않게 생각하며 받아 들였을 것이다.

자유의 욕구가 강한 친구들은 "우리 학교 학생들은 이 규칙을 꼭 지켜야 합니다."라고 하면 '왜 그것을 지켜야 하지?'라고 하면서 "꼭 지켜야 하나요?" 하고 교사나 부모에게 계속 물으며 지키지 않으려고 하는 경향이 있다. 또한 교사와 부모의 지시와 잔소리를 싫어한다. 실랑이를 벌이는 것이 싫어서 "네." 하고 대답하고는 막상 하지 않기도 한다. 이렇게 비슷한 욕구일 경우는 상대방을 잘 수용하며 이해하게 되나 욕구의 차이가 다를 경우는 충분히 오해할 수 있다.

힘과 성취의 욕구는 경쟁하고, 성취하고, 그 결과로 중요한 존재로 칭찬과 인정받고 싶어 하는 경향이 강하다. 늘 당당해 보이고 자기표현이 정확한 편이다. 성격이 급한 편으로 목적이 분명하며 노력하여 이루어 내려고 한다.

힘과 성취의 욕구인 부모의 경우는 대화에서 주로 "너는 왜 안 해?", "너는 할 수 있어.", "울지 마!", "숙제 다 했어?", "도대체 똑같은 말을 몇 번이나 하게 만들어?" 등 비난하고 강제적으로 통제하려 한다.

즐거움의 욕구는 여러 가지 새로운 것을 배우고 놀이를 통해 즐기고자 하는 속성이다. 암벽 타기, 자동차 경주, 번지 점프를 하는 경우처럼 즐거움의 욕구를 충족하기 위해 노력한다. 단순한 놀이와 여행 등도 있지만 학습과 같은 배움 활동도 포함된다. 새로운 것을 학습하면서 느끼는 희열과 기쁨도 즐거움의 욕구에 해당된다.

생존의 욕구는 생명을 지키고 건강과 안전, 몸 상식을 중요하게 생각한다. 건강을 위해 운동을 열심히 하거나 영양을 고려한 식사를 하려고 노력한다. 건강과 생명을 유지하거나 좀 더 나아지려는 마음이 강하고 크다. 건강과 안전을 중요하게 생각하다 보니 걱정과 근심이 많은 편이다.

생존의 욕구가 강한 학부모들은 코로나 기간 동안에 학교가 안전한지, 방역은 잘되고 있는지, 코로나가 심해졌다고 신문에 기사라도 나오면 학교에 바로 전화를 해서 노심초사하며 물었다.

"코로나가 다시 심해졌는데 아이를 학교에 보내야 되나요? 보내지 말아야 하나요?"를 묻는 전화를 하루에도 몇 통씩 받았다.

"조심해, 너 그러다 다친다."
"주사 맞았어? 겁난다, 얘."
"손 씻었어? 이 닦아야지?"등 건강과 안전에 관한 말을 많이 하는 편이다. 또한 아끼고 모으려는 욕구가 강하고 사회에서 살아남기 위해 열심히 살며 가족의 환경이나 부모의 영향을 많이 받는 편이다.

우리가 사람들을 만나며 대화할 때 비슷한 욕구를 가진 사람과는 공통점으로 인해 대화도 잘되고 마음도 편하다. 반면에 서로 다른 욕구를 가진 사람들이 만나면 욕구와 지향하는 바가 다르기 때문에 대화가 어긋나기도 하고 서로 불편할 수 있다.

학부모 상담 시간에 힘의 욕구가 강한 교사와 자유의 욕구가 학부모가 만나 아이에 대해 상담을 나눈다고 했을 때 교사와 학부모의 추구하는 바와 욕구가 다르므로 소통이 안 될 수 있다. 그러나 생존의 욕구가 같은 교사와 학부모는 건강과 안전이라는 공통점이 있기 때문에 서로의 이야기에 맞장구도 치며 소통이 잘 되는 편이다. 학부모와 자녀들 사이에서 또는 같은 형제라도 성격이 잘 맞거나 맞지 않는 것은 이런 욕구의 차이 때문이다. 이 사실을 잘 모른다면 부모는 두 아이를 자꾸 비교하게 되고 성격과 기질, 욕구가 다른 아이에게 지적을 자주 하게 된다.

『욕구 코칭』의 김성경은 '아이의 욕구를 잘 파악하면 그 행동의 원인을 알 수 있고 아이의 욕구를 잘 알아차리는 것이 가장 큰 공감'이라고 말하였다. 즉 아이를 이해하고 수용하려면 아이가 가지고 있는 욕구가 구체적으로 무엇인지를 아는 것에서 출발한다고 보았다. 아이가 가지고 있는 욕구가 이해가 되면 아이가 하는 모든 행동도 이해가 된다는 것이다. 이렇게 아이의 욕구를 알아차리려고 노력하거나 욕구를 추측해서 물어보며 소통하는 것이 아이와의 가장 큰 공감법이라는 것이다.

교장실에서 처음 만난 A도 행동을 가만히 관찰해보면 '힘과 성취의 욕구'가 강한 아이였다. 무엇인가를 끝까지 포기하지 않고 성취해내는 욕구가 특징으로 자기주장이 강하고 결단력도 좋다. 늘 당당해 보이고 자기표현이 분명하다. 스스로에게 긍정적이어서 '나는 할 수 있다!' 하는 목적이 분명하고 자신이 하는 일과 노력한 부분에 대해 인정받고 싶은 마음이 강한 편이었다.

A처럼 '힘의 욕구'가 강한 친구들은 어떻게 소통해야 할까?

첫째, 욕구를 인정하기

사람은 태어날 때부터 욕구를 가지고 있다. 욕구가 충족되지 않거나 결핍이 되었을 때 삶에서 우울감으로 나타나기도 한다.

아이를 양육하면서 욕구를 잘 충족시켜야 하는데 구체적으로 어떻게 하는지 잘 모른다. 학교에서 문제를 일으키는 아이들 대부분은 욕구가 충족되지 않았기 때문이다. 욕구가 충족되지 않았기 때문에 교사의 속을 썩이는 행동을 하고 부모가 원하지 않는 행동을 한다. 마음대로 하려는 아이는 대부분 행동 속에는 '내가 선택할게요, 내가 도와줄게요.'와 같은 싸인들이 숨어 있다.

"A는 이렇게 하고 싶어?"라고 욕구를 먼저 물어보며 아이의 마음을 헤아려주는 것이 필요하다. 또 이룬 성취에 대해 칭찬을 해줌으로써 더 잘할 수 있도록 격려해주는 것이 좋다. 이야기를 경청하면서 잘못된 부분을 지적하기보다 넌지시 힌트를 주어 스스로 깨달을 수 있도록 도와주고 단계적으로 스스로 결정하고 책임의 범위를 늘려갈 수 있도록 도와주는 것이 좋다.

둘째, 선(先) 공감, 후(後)지도

어른들이 볼 때는 힘의 욕구를 가진 아이들은 자기 생각을 직설적으로 말하고 자신의 위주로 행동하는 면이 강하기 때문에 그 행동이 마냥 예쁘지는 않다.

'이렇게 해라~.'라고 할 때 "왜요? 저는 싫은데요?"라고 뽀로통하게 말하는 아이보다 순종적으로 받아들이는 아이를 착하다고 칭찬을 하고 대부분 좋아한다. 교사들도 자기중심적인 힘의 욕구가 강한 아이들은 지도하기가 힘들다. 교사의 말을 따르기보다 자기가 생각한 것을 관철시키고 싶어 하기 때문에 교사와 부딪히게 되고 갈등이 발생한다. 무엇보다도 우선적으로 행동을 지적하기 앞서 아이의 마음부터 공감해주어야 한다. 그리고 나서 좋지 않은 행동에 대해 고칠 수 있도록 이야기를 해준다. '선공감 후지도'이라고나 할까?

"친구가 너하고 같이 놀아주지 않아서 많이 속상했겠네." (공감)
"화가 난다고 친구를 때리면 절대로 안 돼." (행동 통제)
"나하고 같이 놀자라고 말로 해야 되는 거야." (대안 제시)

힘의 욕구 성향이 강한 아이들은 의견을 굽히지 않는 편이기 때문에 힘의 욕구를 가진 아이를 대할 때 그 힘을 꺾겠다고 생각하면 안 된다. 주도적으로 하거나 새로운 일을 시도할 때 "그래, 한번 해봐, 좋은데?" 하고 해볼 수 있도록 격려와 도움을 주는 것이 좋다. 단지 혼자만 하려고 하거나 지나치게 다른 사람들과 갈등의 조짐이 보일 때 등의 잘못한 부분에 대해서는 "왜 그렇게 생각해? 이런 부분은 조심해야 해."라는 말로 다시 생각해 볼 수 있도록 시간을 준다.

아이가 자신의 욕구대로 행동할 때 부모가 권위를 무너뜨리는 행위로 여기거나 아이의 자존심을 상하게 하는 것은 바람직하지 않다. 힘의 욕구는 이기려는 강한 마음인데 부모가 그 힘을 강제적으로 억압이나 통제로 꺾는 것은 겉으로는 순종하는 것처럼 보여도 아이의 마음에는 응어리로 남는다. 그런 일이 계속되면 폭발하거나 교사나 부모를 이겨보겠다는 의지를 가지게 된다.

셋째, '우리'라는 표현을 사용하기

힘의 욕구가 강한 친구들은 자기중심적이어서 자기에게 관심을 집중하고 있다. 주로 말을 할 때에도 '나는~ 내가~.'라는 표현을 많이 쓰는 편이므로 의도적으로 '나는~'보다는 '우리'라는 표현으로 바꿔서 써보도록 권유해보자. 나보다는 우리를 강조함으로써 공동체 개념이나 협력의 의미를 알려주면 좋다.

힘의 욕구 자체는 좋은 점이 많다.
그런데 부모님이나 교사, 학교에서도 힘의 욕구가 강한 아이들의 힘 자체를 나쁘게 보는 시각이 있다. 학부모와 교사, 친구들을 힘들게 하기 때문에 마음대로 하려는 욕구 자체를 잘못된 것으로 인식하기 때문이다. 아직은 초등학생이고 배우는 단계이니 힘을 잘 사용하도록 대화로 소통을 하며 도와주어야 한다. 아이를 권면하고 안내하고 조절해주는 중요한 역할을 해야 한다. 힘을 잘 채워서 긍정적인 방향으로 나갈 수 있도록 도와주는 것이 부모의 역할이다. 힘의 욕구가 강한 친구들은 후에 리더가 되고 좋은 영향력을 미치는 사람이 될 수 있다. 그런 면에서 A와 소통하며 A가 좋은 방향으로 갈 수 있도록 도와주고 싶다.

먼 훗날, "초등학교 다닐 때 교장실에 자주 갔었어요. 짱쌤이 늘 반갑게 대해 주시고 저를 좋아해 주셨어요."
교장실에서의 아련한 기억이 행복한 추억이 된다면 그것으로 족하다.

⑦

"그렇구나, 오히려 좋아!"

긍정적으로 소통하기

졸업생들이 중학교 배정을 받으려고 방학 중에 잠깐 학교에 나왔다.

오랜만에 아이들을 보니 너무 반갑고 기뻤다. 웅성거리며 내려오는 아이들에게

"오늘 원하는 대로 중학교 배정 받았니?" 하고 물었더니

"저는 원하는 학교를 받았어요."

"아니요, 저는 2지망으로 배정받았어요. 그런데 괜찮아요."

" ○○ 중학교는 급식이 좋다 소문이 났어요. 맛있는 급식을 먹게 되었어요."

"어머 그렇구나. 그래서 오히려 좋구나?"

원하는 중학교 배정을 받지 못해서 속상할 수도 있는데 우리 학생들이 긍정적으로 생각한다는 것이 대견했다.

어느 날, 멸치를 볶고 나서 마지막에 고소한 깨로 마무리하려고 깨를 뿌리는 순간, 왈칵하고 깨가 다 쏟아졌다. "으윽~~!!" 나의 놀라는 소리에 다가온 딸에게 "아유…. 어쩌지? 깨가 다 쏟아졌어" 그랬더니 "엄마, 오히려 좋아. 고소해." 그러는 게 아닌가? 이 상황을 긍정적으로 대하는 딸을

보며 고마운 마음이 들었다. 우리가 흔히 쓰는 "할 수 없지 뭐."보다 훨씬 위로가 되었다. 그 순간에도 긍정적으로 반응을 하는 딸이 고맙고 감사했다. 딸에게 한 수 배웠다.

학습의 시작되는 초등학교 시기는 긍정심리학이 베이스가 되어야 한다.
그러기에 초등학교 교사는 가능하면 긍정적인 사람이 좋다. 아이들을 가르칠 때 교사의 긍정적인 사고방식과 언어가 아이들에게 분명 좋은 영향을 줄 수 있기 때문이다.

학부모도 긍정적인 마인드와 자세가 필요하다.
자녀가 매일 사용하는 말을 보면 부모가 긍정적인 사람인지 부정적인 사람인지 알 수 있다. 부모가 매일 쓰는 언어를 자연스럽게 아이들이 보고 배우기 때문이다. 초등학교 전에 이미 부모로부터 언어와 태도를 배운다.
컵 속에 물이 반이 담긴 것을 보고 어떤 사람은 "물이 반밖에 남지 않았네."
어떤 이는 "아직도 물이 반이나 남았네." 라고 다르게 말한다. 이는 부정적인 사람과 긍정적인 사람의 생각의 차이를 설명한 것이다.

아빠와 아들이 산행을 하기 위해 입구에 서서 등산로에 대해 설명하고 있다.
"여기 보면 가는 선으로 보이는 것이 오늘 우리가 가야 될 길이야."
"오르막도 있어."
"어때? 오늘 너무 재미있을 것 같고 기대가 되지?"

"네."

긍정적인 마인드로 아빠와 함께 처음 하는 산행에 대해 아이의 흥미와 기대를 한껏 고조시키는 아버지와 아들의 대화였다. 긍정적인 부모로 인하여 아이도 자연스럽게 긍정적인 아이로 자랄 것이다.

이번에는 아이가 그림을 그리고 옆에서 엄마가 지켜보고 있다.
"우리 ㅇㅇ는 공부하는 게 좋아? 그림 그리는 게 좋아?"
"으음, 나는 그림 그리는 게 좋아."
엄마는 아이로부터 "공부하는 게 좋아!"라는 답변을 기대하고 실망했는지 "엄마가 봤을 때 너는 공부에 소질이 없어."라고 판단을 하면서 부정적으로 말하였다.

아마도 그 아이는 자라면서 엄마가 한 말로 인해 스스로 '공부에는 소질이 없다.'고 믿으며 자랄지도 모른다.

부정적인 사람은 마음속의 불안과 걱정, 고민, 불만에서 시작된다. 피그말리온 효과처럼 이런 부정적인 감정들을 자주 느끼고 듣고 자란 아이는 부정적인 사람이 된다. 부모가 스트레스를 받거나 압박, 불안을 느끼면 행동이나 말이 거칠어지고 공격적으로 변한다. 거실에서 아이들이 장난감을 가지고 놀면 "야, 시끄러워. 조용히 못해?"라는 비난과 질책은 부정적인 메시지로 아이와의 소통을 방해한다. 부정적인 말은 부정적인 마음에서 출발하는데 부정적인 부모에게서 자란 아이들은 부정적인 면에 많이 노출되었기 때문에 그대로 보고 배우며 성장한다. 아이들은 스펀지처럼 거침없이 받아들이기 때문에 더욱 두렵고 무섭다. 부정적인 사고도 성장하면서 부당하게 대해졌던 경험에서 학습되고 내면화되는 것이다.

방과 후 교실에서 1학년 아이가 2학년 형들에게 가끔 장난감을 빼앗겼다. 2학년 아이들이 동생의 장난감을 허락도 없이 가져다 쓰고는 돌려주지 않았다. 1학년 아이가 형들이 가끔 그랬다고 했으니 속상했을 마음이 짐작이 되었다.

다행히 선생님께 도움을 요청했지만 교사의 눈을 피해 몇 번을 더 그런 일이 있었고 집에 가서 부모님께 이렇게 이야기 하였다. 아이가 부모님에게 속상한 마음을 전하면서 "나는 그 형아들이 정신병원에 갇혔으면 좋겠어."라고 했다고 하면서 "그런 말을 어디서 배웠을까요?" 하며 걱정을 한없이 하셨다. 내가 들어도 아이들이 흔히 사용하는 말은 아니다. 자신의 장난감을 허락도 없이 가져다 쓴 형들에게 하고 싶은 말을 강하고 부정적으로 표현한 것이었다.

아직은 표현하는 것이 서툴고 부족하다.

걱정하는 아이의 부모님과 교장실에서 만나 이야기를 나누다가 "체벌이 있었으면 좋겠다"고 하셨다. "아이가 그런 나쁜 말을 쓸 때는 따끔하게 체벌로 가르쳐야 되지 않느냐."라면서 나에게 반문했다. 깜짝 놀라 "아버님, 어떠한 경우라도 체벌은 안 됩니다"라고 분명하게 말씀드렸다. 체벌은 더 이상 훈육의 방법이 아니다.

훈육이란 아이의 바람직한 인격형성을 목적으로 하는 교육이다. 체벌은 아이에게 정신적, 신체적으로 고통을 가하는 행위이므로 부모라도 체벌을 하면 안 된다. (아동복지법 제5조 제2항)

부정적이거나 파괴적인 말이 아이와의 대화방식이 되는 경우도 있다. 자녀가 상황에 적합하지 않은 말을 쓰거나 너무 빈번히 쓰는 경우에 부모는 당황하기도 한다. 자녀가 쓰는 부정적이거나 파괴적인 언어표현을 탓하기 전에 부모는 자신의 언어사용을 돌아보아야 한다. 또한 우리는 우리 부모에게서 배우지 못한 거절의 표현도 이제는 아이에게 부모가 가르쳐 주어야 된다.

"장난감 내 꺼니까 그냥 가져 가지마. 나에게 허락받고 썼으면 좋겠어."
라고 분명하게 의사 표현을 하도록 가르쳐야 한다.

'부정적이고 파괴적 메시지'라는 단어가 우리에게는 생소하다. 그러나 가만히 생각해보면 '비난과 통제, 지시' 등의 말들을 일상생활에서 너무 많이 자주 쓰고 있는 우리를 발견하게 된다.

1) 명령 & 지시

때로는 단호하게 명령하는 것이 아이들에게 필요하다. 그러나 명령은 자녀에게 공포감, 저항, 분노를 일으킬 수 있다.
"그렇게 하지 마!"
"이렇게 해. 저렇게 해!" 등은 명령할 때 쓰는 말이다. 기꺼이 하려 하다가도 부모가 명령이나 지시를 하면 자녀가 삐딱하게 굴거나 거절하기도 한다.

2) 경고 & 협박

경고나 협박은 자녀에게 어떤 행동을 하면 어떤 결과를 얻게 될 것이라고 위협적으로 말하는 것이다. 경고와 협박 강요시 자녀는 공포와 두려움을 느낀다. 겉으로는 순종하는 것처럼 "네!!" 하고 대답을 하고 행동하지만 경고나 협박이 쌓이면 저항, 거부, 분노 등을 유발하게 된다.

"또 한 번 동생을 괴롭히면 집에서 내쫓을 거야."
"장난감 정리를 안 하면 이제 장난감을 모두 갖다 버릴 거야!!"

3) 훈계 & 충고

자녀에게 해야 할 일과 해서는 안 되는 일을 일러주는 방법으로 훈계는 자녀로 하여금 지루한 잔소리로 들리고 죄의식과 열등감을 갖게 한다. 충고는 자녀에게 어떻게 하면 문제가 해결 되는지에 대한 조언과 제안을 제공하는 것이다. 이것은 자녀 스스로 해결하려는 의지를 포기하고 반항심과 의존성을 조장시킬 수 있다. 훈계나 충고 모두 효과적인 대화에 방해가 될 뿐이다.

"야, 너 제발 엄마 말 좀 들어. 알았어?"
"너 그렇게 하다가는 대학도 못 가고 루저 되는 거야."

4) 비난 & 비판

비난과 비판은 자녀에 대해 부정적 판단과 평가를 내리는 방식이다. 자녀가 어리석고 부적절하다는 뜻을 포함하므로 대화나 소통이 되지 않으며 자녀는 스스로 자신감이 낮아지게 된다.

"너 정말 그렇게밖에 못해?"
"그러면 그렇지. 네가 하는 일은 항상 그렇다니까?"
"너를 믿은 내가 잘못이지."
"말도 안 되는 소리를 하고 있어. 바보 같이."

5). 판단 & 분석

자녀가 말이나 행동을 했을 때 왜 그런 식으로 행동했으며 생각하고 느끼는지를 내 기준대로 분석을 하면서 아이를 섣불리 판단하는 것이다.

판단을 멈추고 아이와 부드럽게 눈을 맞추고 편안한 목소리로 말하면서 왜 그렇게 생각했는지와 행동했는지 소통하기를 바란다. 특히 자녀의 의견이 부모인 나와 다를 수 있음을 인정하고 쉽지는 않지만 자녀의 의견을 존중하며 들어주기 바란다.

"완전 럭키비키잖아?" 라는 말이 유행어가 되었다.

이 말은 아이돌 장원영의 긍정적 사고방식을 뜻하는 말로 럭키(행운)와 비키(장원영의 영어이름)의 합성어이다. '운이 좋은 원영'이라는 뜻으로 사람들이 긍정적 사고를 말할 때 "완전 럭키비키잖아."라고 말한다.

장원영이 빵집에 빵을 사러 갔는데 바로 자신의 앞에서 빵이 다 팔렸다. 점원이 조금 기다리라고 한다. 대부분의 사람들은 자기 바로 앞에서 줄이 끊어지면 '하필 내 앞에서 끊어지다니 운도 없다'고 먼저 부정적으로 생각한다.

그런데 이 상황에서 장원영은 "오히려 갓 나온 따끈따끈한 빵을 먹을 수 있어서 행운"이라고 관점을 바꿔 긍정적으로 말한다. 이러한 긍정적 사고를 말할 때 '원영적 사고' 또는 '럭키비키'라고 하며 단박에 유행어로 만들었다. 자신의 이름을 넣어서 한번 외쳐보자.

"완전 럭키써니 잖아?"

⑧

"어때? 맘에 들어?"

나긋나긋 부드럽게 말하기

"교장 쌤, 교장 쌤"

쉬는 시간에 문을 빼꼼히 열고 나를 다급하게 부르더니 저학년 친구 A가 교장실에 들어왔다. "어서 와, 오랜만이네." 하며 반갑게 맞이했더니 쭈뼛쭈뼛거리며 있다가 갑자기 말했다.

A: "교장쌤, 제 목소리가 무서운가요?"
나: "무섭다고? 무슨 뜻이지?"
A: "선생님과 친구들이 제 목소리가 무섭대요."
나: "그래? 친구들과 선생님이 왜 그렇게 말했을까?"
A: "너도 그렇게 무섭게 말하는 거 같니?"
A: "음, 친구들에게 사납게 말하는 거 같아요."
나: "사납게 말하는구나. 우리 A도 쓰는 말을 고치고 싶어?"
A: "네."
나: "근데 왜 고치고 싶어?"
A: "친구들이랑 사이좋게 지내고 싶어서요."
나: "오~ 그렇구나. 그럼, 사납게 말하는 것을 어떻게 고쳐야 할까?"

3장 아이와 쉽고 즐겁게 대화하는 9가지 비밀   **157**

A: "부드럽게?"

나: "하하하, 부드럽게? 그럼 여기 의자에 앉아서 우리 진지하게 이야기 해볼까?"

하자마자 "아뇨!!" 그러더니 뛰다시피 가서 소파에 털썩!! 주저앉는다.

나: "……."

내가 씨익~~ 하고 웃었더니 순간 A가 무엇을 깨달았는지 배시시 웃었다. 그 모습을 내가 놓치지 않고 "지금 한 말이 A는 어떻게 느껴졌어?" 하니, "몰라요?" 한다. "A야. 지금 네가 한 말 있잖아. 짱쌤도 조금 무서웠어. 하하하."

"무섭지 않게 말을 하려면 어떻게 말해야 할까?" 했더니 머뭇거렸다. 나지막이 몸을 배배 꼬면서 "소파에 앉아도 돼요?"라고 물어봐야 해요."

"그렇지. 목소리 크기도 적당하고 짱쌤에게 존댓말로 물어보니까 말투가 아까보다 훨씬 듣기 좋고 나긋나긋해. 훨씬 부드럽게 들려."

아무리 친한 친구들이라고 해도 "야, 이거 해, 저거 해."라고 지시하고 시키는 것보다 "우리 이거 할까? 저거는 어때?"라고 의견을 물어보면 좋을 것 같아."

"선생님께는 공손하게 여쭤보거나 대답을 하고 친구들에게 권유하는 말을 쓰면 친구들과 선생님이 모두 깜짝 놀랄걸?"

'무섭게 말한다.'라는 것은 무엇이고 아이는 나에게 왜 그렇게 말했을까?

A가 하는 말을 가만히 관찰해보면 필터가 없이 거침이 없고 즉각적으로 반응한다. "야, 저리 비켜!! 내가 할 거야."라고 아이들의 의견을 듣지 않고

본인의 입장에서 공격적으로 말하고 일방적으로 주도권을 쥐고 좌지우지하는 편이다.

어른들 중에도 자신이 하고 싶은 말을 다 퍼부어 놓고는 "난 뒤끝이 없어." 하는 사람들이 있지 않은가?

필터 없이 하고 싶은 말 다 하는 사람, 상대방에 대한 배려 없이 혼자만 말하고 다른 사람이 이야기할 때 듣지 않는 사람, "왜요? 왜 제가 해야 하는 되는데요?"하고 예의 없이 되묻고 거침이 없는 사람은 요즘 말로 '비호감'이다.

자신의 감정만 소중하고 상대방의 기분이나 감정에 대해서는 전혀 생각하지 않는 점 등이 공격하는 것처럼 사납게 느껴지지 않았을까?

우리 친구 A는 하고 싶은 일도 많고 말도 많다.
원하는 것을 즉시 말하고 나서서 행동하고 욕구가 매우 강한 아이다.
나에게도 자신이 원하는 것을 직설적으로 말하며 주위를 신경 쓰지 않고 허스키한 목소리로 거침없이 표현한다. 욕구가 강한 아이는 교실에서도 교사와 친구들에게 자신의 욕구를 거침없이 말한다. 욕구가 충족될 때까지 타협을 모르고 끈질기게 요구하기 때문에 교사와 친구들을 힘들게 하고 불편하게 할 수 있다. 이런 요구나 욕구가 교사, 학부모, 친구들에게는 자기 마음대로 하려는 이기적인 경향으로 비춰진다.

아침 등교 맞이를 할 때 보면 항상 A의 엄마와 동생이 교문 앞까지 같이 왔다. 동생은 씽씽이를 타고 먼저 질주하며 오고 그 뒤를 엄마가 동생의 가방을 들고 헐레벌떡 지각 직전에야 바로 교문에 도착하였다.

　엄마는 A를 교문에서 "들어가라." 하고 나면 또다시 헐레벌떡 횡단보도를 지나 동생을 데리고 유치원으로 향했다. 엄마는 항상 바빠 보였다. A를 보며 2학년이니까 등교 준비가 되면 혼자 와도 되는데 왜 그럴까? 궁금했다. 또 A는 항상 머리를 빗지 않는 헝클어진 머리를 하고 등교를 하였다. 그 모습도 의아했다.

　언젠가 교장실에서 A와 둘 만의 시간이 있을 때 "A는 아침에 몇 시에 일어나니?" 하고 물었더니 "7시쯤 일찍 일어나요."
"그래? 학교는 9시 직전에 들어오던데?"
"엄마와 동생을 기다렸다가 같이 와요."
"등교 준비가 되면 엄마한테 인사하고 바로 학교에 혼자 오면 되잖아."
"엄마와 동생을 기다렸다가 함께 오는 이유가 있어?"
"엄마가 저한테는 신경도 안 쓰고 동생한테만 잘해줘서요"
"엄마가 시간 없다고 머리도 안 묶어줘요. 대충 묶고 빨리 가라고 해요."
"아~ 그래, 머리 네가 묶을 수 있잖아."
"제가 혼자 머리 묶기 싫어요. 엄마가 저하고 약속도 잘 안 지켜요. 그래서 일찍 일어나도 혼자 학교를 안 가요" 나는 말문이 탁 막혔다.

　엄마가 자신에게 관심도 없고 자신하고는 약속도 안 지킨다면서 불만이 있었다. 나이 어린 동생에게 온통 관심과 신경을 쓰고 있는 동생과 비슷한 퇴행적 행동으로 엄마를 오히려 힘들게 하고 있었다.

　2학년이면 아직은 부모의 손길과 관심이 필요한 시기이다. 동생이 생기면서 엄마의 사랑과 관심이 동생한테 가면서 발생한다. 동생이 태어나기 전에는 엄마의 사랑을 독차지 하다가 동생이 태어난 다음부터는 동생한테 관심이 더 가니까 사랑을 되찾고 싶을 것이다. 2학년이면 스스로 학교에 충분히 올 수 있지만 '동생과 비슷한 행동'을 하는 것이다. 지금보다 더 많은 관심과 눈길을 주지 않을까 해서 나이 어린 동생처럼 퇴행적인 행동하는 것이다. 아마도 자녀의 이런 심리적인 상황을 모른다면 엄마는 '나이에 맞게 행동을 못 한다.'라며 야단을 칠지도 모른다. 계속 이런 악순환이 되풀이 되고 있을지도 모른다.

생각보다 이런 일들이 흔하게 일어난다.

아침마다 1학년 동생을 챙기며 함께 등교하는 3학년 누나가 있다. 어느 날, 누나가 동생을 끌고 들어오며 나를 보더니 으앙~ 하고 울어버린다. 깜짝 놀라서 "무슨 일이니?" 하고 물었더니 "동생이 자꾸 위험한 행동을 하고 딴 길로 가요."

"그랬구나. 동생과 함께 학교 오려니 힘들지?"

"말을 너무 안 들어요."하면서 앞질러 뛰어가는 동생을 또 뒤쫓아 간다.

3학년도 어린아이고 친구들과 함께 이야기도 하며 등교를 하고 싶다. 그런데 엄마가 '동생을 잘 챙기라'는 말을 듣고 그 말에 따랐다. 호기심 많고 개구쟁이 1학년 남동생을 챙기는 것이 쉽지 않은 일이다. 얼마나 스트레스를 받고 힘이 들었을지 짐작이 된다.

이번에는 2학년과 1학년 연년생 두 형제가 있다. 동생이 앞서고 형이 동생의 윗옷 후드를 한 손으로 움켜쥐고 교문에 들어왔다. 이번에는 1학년 동생이 형에게 밀려들어오며 교문에 서 있는 나를 보더니 하소연을 한다.

"우리 형아 좀 말려주세요."

나는 아무것도 모른 채 "왜 그러니? 동생 옷을 잡고 오면 불편하잖아. 놔주자."

"안 돼요."

"왜?"

"어디로 튈지 몰라요."

"그래도 그건 아닌 것 같아. 말로 해야지."

"엄마가 형에게 동생을 잘 데리고 다니라고 부탁을 했나 보다. 형은 엄마 말씀대로 동생인 너를 챙기려고 한 거야. 너도 형 말 듣고 안전하게 다녀야지."라고 동생을 타일렀다.

누군가의 누나와 형이지만 아직은 부모의 도움이 필요한 아이들이다.

그런데 누나와 형으로서 동생을 보살피며 스트레스와 압박감을 느끼고 있었다. 부모는 가정에서 동생보다 형과 누나를 먼저 잘 챙겨야 한다. 그렇지 않으면 엄마가 동생을 더 사랑한다고 생각할 수 있다. 누나와 형으로서 부모를 도와준 부분에 대해서 항상 고마움을 표현해야 한다. 힘들고 어려운 부분에 대해서도 충분히 대화를 하며 시간을 내어 이야기를 들어주어야 한다. 누나와 형이라는 이유로 동생을 챙기는 부담이 있다면 가능하면 부모가 직접 동생을 챙기는 것이 좋다.

아침맞이가 거의 끝나갈 무렵, 헝클어진 머리로 헐레벌떡 A가 들어왔다. 유치원 동생을 데리고 뒤따라오던 엄마가 "아유, A에게 이제는 학교를 혼자 다니라고 말 좀 해주세요."라며 교문에 서 있는 나에게 말한다.

"그런데 왜 매일 시간에 쫓기면서 A를 데려다 주시나요?"했더니 "A가 동생한테만 잘해준다고 화를 내서요."

"다 알아듣는 친구니 A랑만 따로 시간을 내서 충분하게 이야기를 해보면 어떨까요?" 하고 권했다. 몇 마디 나누다 보니 엄마와 A의 말투가 비슷했다. 아침마다 출근 준비하랴, 동생 챙기랴, 바쁘니까 아무래도 상황설명 없이 일방적으로 명령하고 지시했을 것이다. 엄마의 말투를 A가 그대로 보고 배운 것 같았다.

A와 만나 소통하면서 A를 조금씩 이해하게 되었다. A의 적극성으로 인해 교장실에서 만나 친구가 된 만큼 A의 부족한 부분을 채워주고 겪는 어려움을 도와주고 싶었다. 엄마의 빈자리를 가득 채워줄 수는 없겠지만 학교에서는 어느 정도 채워주고 싶었다. 가정에서 본능적으로 배운 말은 그대로 아이에게 스며들어 고치기가 쉽지 않다. 그러나 아직 어린 저학년 아이가 자신의 목소리가 무서워서 친구가 많지 않다는 사실을 알게 되었다.

고민하며 교장실에 들어온 것이다. 그것을 알려준 교사와 친구의 말이 씨앗이 되었고 A의 마음 밭에 떨어졌다. 떨어진 씨앗이 싹이 트면서 A의 마음을 불편하게 하였다. 자신의 말과 행동이 친구들을 불편하게 한다는 사실을 인식하게 된 것이다. 대단한 일이고 발전이다.

"혹시 머리 묶을 수 있니?"
"네."

3장 아이와 쉽고 즐겁게 대화하는 9가지 비밀 163

"그럼 고무줄 있으니 한번 묶어볼래?"

"근데 잘 안 돼요."

"처음에는 예쁘게 묶어지지 않을 거야. 그런데 자꾸 하다 보면 잘 묶을 수 있어. 내일 교장실에 오면 교장쌤이 머리 묶는 법도 가르쳐 주고 빗도 하나 줄게." 하고는 머리를 예쁘게 빗어 묶어주었다.

"어때? 맘에 들어?"

교장실에서 만나 소통하며 그러한 부분들을 편안하게 이야기해주는 A가 고마웠다. A를 한 아이로 존중하면서 A의 구멍 난 부분을 채워갈 수 있다면 그 것으로 만족한다. 사실 교장실에 들어오는 아이들의 대부분은 이 친구처럼 호기심이 많고 '교장실이 궁금한데 한번 들어가 볼까?' 하고 곧장 행동으로 옮기는 실행력이 대단한 용기가 있는 아이들이다.

오늘도 감히 교장실에 들어오자마자 여기저기 뛰어다니는 세 명의 남다른 아이들이 들어왔다. 이 친구들은 어떤 친구들일까?

"자, 얘들아. 짱쌤이랑 잘 사귀어보자."

⑨

"맞아, 맞아!"

〈아이가 술술 말하는 공식〉 사용하기

개그 프로를 보다가 깜짝 놀랐다. 인생 경험이 많은 할머니가 시청자들의 고민을 사이다처럼 뼈 때리면서 속 시원하게 풀어주는 코너였다.

할머니: "고민이 무엇인가요?"
사연자: "우리 아들이 싹싹하지가 않아요."
할머니: "아, 아들이 싹싹하지 않아? 아들이 몇 살인데요?"
사연자: "29살입니다."
할머니: "……."
"근데 웃긴 게 왜 아들이 싹싹해야 돼?"
(웃음 팡) 깔깔깔깔깔~~~
"그리고 말야, 내가 대충 봤을 때 언니도 무뚝뚝해!!!"
(웃음 더 크게 팡~~) 깔깔깔깔깔~~~
"언니도 웃음이 없어~~"

이 영상을 보면서 깔깔깔~ 오랜만에 웃었지만 '닮는다'는 것에 대해 다시 한번 깨닫게 되었다. 사연자는 자신의 아들이 싹싹하지 않다며 그것이 고민

3장 아이와 쉽고 즐겁게 대화하는 9가지 비밀

이었다. 그러자 할머니는 당신도 싹싹해 보이지 않는다고 하면서 사이다 한 병 들이킨 것처럼 시원하게 말해주었다. "언니도 무뚝뚝해!!!"라는 말은 부모인 당신을 닮아서 그래!! 라는 말로 들린다. 자녀에게 가르쳐주고 싶은 가치가 있다면 부모가 몸소 모범을 보이는 것만큼 훌륭한 것은 없다. "당신이 싹싹하지 않은데 아들이 싹싹하길 바라냐?" 즉 '모전자전'이라는 뜻이다.

또 사연자는 자식은 부모에게 싹싹해야 한다는 자신만의 틀로 아들을 바라보았다. 우리가 소통이 어려운 이유를 단적으로 보여주고 있었다. 우리는 자신만이 가진 틀로 세상을 바라본다. 어떤 상황에 대해 자동적으로 나오는 반응과 말의 틀이 바로 그것이다. 사람과의 사이에서도 대화와 소통을 하며 상대방을 자신의 틀로 평가하고 판단한다. 나아가 그 틀로 자신의 생각과 행동을 정당화하며 상대방을 이해하려고 하지 않는다. 소통을 방해하는 그 대표적인 틀이 왜곡, 일반화, 생략이다.

왜곡은 '자신의 판단에 따라 단정하는 것'을 말하며 어떤 하나의 사실을 자신의 생각대로 판단하는 것이다. 예를 들어 우리 아들은 싹싹해야 한다. 부모에게 친절해야 한다 등은 부모가 가지고 있는 왜곡된 생각이라는 것이다.
"내 아들이니까 엄마인 나한테 싹싹한 것이 당연하지?"라고 생각하며 나의 아들과 딸의 행동이나 태도를 고쳐보려고 하는 부모들이 많다. 여기에서 갈등이 발생하고 자녀와 대화가 없어지고 불통이 된다.

할머니의 팩폭처럼 "왜 아들이 싹싹해야 하는데? 왜 아들이 친절해야 하는데?"라고 되물어보면 어떤가? 아들과 딸이라서 부모에게 싹싹하게 대해야 한다고 생각하는 것은 왜곡이며 자녀이니 싹싹하라고 하는 것은 부모의 강요이다. 내가 낳은 자식이라도 하나의 인격체이고 자신의 생각과 틀이 있다. 그것을 인정하는 것이 소통의 시작이다.

〈아빠하고 나하고〉라는 프로그램에서 한 어머니가 자신의 생각을 딸에게 계속 강요하는 것을 보았다. 성장한 딸에게 자신의 기준과 잣대를 들이대며 끊임없이 '~가 좋다.', '치우지 마라.' 자신의 취향을 강요하고 있었다. 결혼하여 독립을 한 성장은 딸은 집에 들어오자마자 시작되는 어머니의 강요를 잔소리로 여기고 괴로워하고 있었다. 이런 상황에서는 양질의 소통이 어렵고 불통이 될 뿐이다.

일반화의 오류란 '개인의 사례들로부터 나온 정보를 근거로 급하게 결론을 내리는 것을 의미'하는데 이는 편견이나 편향된 결정으로 이어질 수 있다.
소통에서 어떤 상황을 나의 생각으로 일반화시키는 것 역시 불통의 원인이 되기도 한다. 사연자는 '자녀는 부모에게 싹싹하고 친절해야 한다.'라는 생각을 일반화하고 있다.

생략은 자신만의 프레임으로 이해하는 것이다.
프레임(Frame)이란 책을 읽고 세상을 바라보는 나의 프레임에 따라 삶이 달라질 수 있다는 것을 깨달았고 큰 울림이 있었다. 프레임(Frame)은 세상을 바라보는 마음의 창으로 어떤 문제를 바라보는 관점, 세상을 향한 마인드 셋, 세상에 대한 은유, 사람들에 대한 고정관념 등이 모두 프레임에 포함된다. 프레임은 특정한 방향으로 세상을 보도록 이끌기도 하지만 동시에 우리가 보는 세상을 제한하기도 한다.

　대부분의 부모가 소통을 할 때 자기만의 방식 즉 자신이 가지고 있는 프레임으로 말하고 이해한다. 다양한 경험으로 프레임을 키워가고 넓혀가는 과정이 필요하다.

　"오늘 학교에서 무슨 일이 있었니?"라고 아이에게 질문을 했을 때 아이는 자신이 원하는 것, 이야기하고 싶은 것만 이야기를 하는 경우가 있다. 학부모 민원의 대부분이 아이가 학교에서 있었던 일을 전할 때 자신이 불리하거나 도움 되지 않는 것은 말하지 않는다. 이것이 생략의 예이다.
　그래서 아이 말만 듣고 학교에서 일방적으로 친구들에게 괴롭힘을 당했다고 여기면 안 된다는 것이다. 믿기 어렵겠지만 아이들은 거짓말도 서슴없이 한다. 교사들이 아이들의 거짓말에 속는 일도 다반사다. 이런 경우 자녀에게 질문을 통해 자세히 묻고 자신의 입장에서 이야기 충분히 듣고 전후 상황을 확인해야 한다. 자녀의 이야기뿐만 아니라 학교나 상대방의 이야기도 들어봐야 하는 것이다.

　우리는 말을 통해 서로의 의사 표현을 하고 의견을 주고받으며 대화를 한다.
　말을 할 때는 많이 하는 것보다 '어떤 말을 하느냐'와 '언제 어떻게 말하느냐' 가 중요하다. 사람들은 소통을 할 때 대화기술이 필요하다고 말하는데 꼭 그런 것만은 아니다. 말하는 기술은 10%, 상대방에 대한 마음가짐과 태도가 90%를 차지한다고 한다. 상대방에 대한 마음가짐과 태도는 상대방을 존중하는 태도, 배려하는 태도, 공감하는 태도가 우선되어야 한다.

사람들은 자신이 표현하고 싶은 것 중에 아무리 잘 설명해도 60% 정도만 전달하고 들을 때도 대화중의 60%만 이해할 수 있다고 한다. 그래서 진정한 소통은 어렵다. 소통을 잘하기 위해서는 상대방의 자라온 환경과 부모에게서 받았던 영향, 그 사람의 감정, 생각, 욕구 등의 결과까지 이해하고 파악해야 한다고 하니 소통의 깊이가 새삼스럽다.

대화에는 3,2,1법칙이 있다. 3분간 듣고 2분간 맞장구를 치며 1분간 말하는 것이다. 아이와 소통을 할 때 마음가짐을 바꿔보자. 자녀와의 대화에서 3,2,1,법칙을 적용한다면 자녀의 입을 열게 할 수 있다. 자녀가 엄마를 보고 술술 말하게 할 수 있다. 부모도 친구들과 오랜만에 만나 수다를 떨며 즐거운 시간을 보낸다고 가정할 때 어느 경우에 시간 가는 줄 모르고 이야기할까? 생각해보면 답이 나온다.

첫째, 아이와 마주 앉아 눈 맞추며 집중하기 (라포 형성)

아이들은 학교가 끝나면 바로 학원이나 방과후 교실로 간다. 저학년일 경우 뛰어놀아야 할 시간에 학원을 가서 공부를 하는 것은 아이들에게 상당한 스트레스이기도 한다. 늦은 시간에야 겨우 부모를 만나 오늘 있었던 이야기를 할 기회가 생긴다. 그러나 엄마는 집안 청소와 밀린 빨래, 저녁 준비로 바쁘다. 하루종일 기다렸던 부모님과 학교생활을 이야기하고 싶은데 도대체 대화할 수 있는 기회가 없다. 부모도 실제로 가장 중요한 것은 하루 종일 기다렸을 아이와의 대화임에도 불구하고 급한 일을 먼저 하다 보면 우선순위에서 밀려나기 일쑤이다. 그래서 아이가 보내는 소통의 신호를 놓치게 된다. 지금 당장 하던 일을 멈추고 아이와 얼굴을 마주보고 눈 맞추며 이야기하는 것을 가장 우선순위로 두면 어떨까?

하루 종일 엄마와의 대화가 그리웠을 아이와 마주보고 앉아 충분히 눈 맞추며 집중하여 대화를 나눠보자. 아이의 몸짓과 표정을 보면서 아이와 이야기를 나눠보자.

둘째, 자녀의 말을 잘 듣기(경청)

경청(傾聽)은 말하는 사람에게 몸을 기울여 임금(王)의 큰 귀(耳)와 열(十)개의 눈(目)과 하나(一)된 마음(心)으로 열심히 듣는 것이다.

아이의 말을 끊지 말고 끝까지 들어본 적이 몇 번이나 될까? 말을 중간에 끊지 않고, 끼어들지 않고 끝까지 들어주는 것은 결코 쉬운 일이 아니다. 왜냐하면 말하는 것이 사람의 본성이고 본성을 어기는 것은 참으로 힘든 일이기 때문이다. 친구들이나 부모가 나를 바라보며 나의 말을 잘 들어주면 계속 이야기를 하게 된다. 계속 이야기를 들어주다 보면 아이의 상황을 깊고 넓게 이해할 수 있는 기회가 된다. 이야기를 하면 할수록 아이는 편안함과 안정감을 느낀다. 아이의 이야기를 들어주기만 할 뿐 절대로 비판, 판단, 충고, 조언은 하지 말자.

누군가에게 말을 하면서 얹혀 있던 가슴이 확 뚫리는 경험을 했을 것이다. 이야기를 하며 자신도 모르게 나름대로 해결 방법을 찾아간다. 부모가 무엇을 해결해주지 않아도 끼어들지 않고 끝까지 들어주기만 하여도 아이는 술술 말하게 될 것이다.

셋째, 맞아 맞아 끄덕 인형되기(공감하기)

차에 보면 끄덕거리는 강아지 인형을 볼 수 있다.

혼자서 이야기를 하게 되면 감정이 더 복받치고 감정이 올라가지만 들어주는 상대방이 공감하면서 끄덕거리는 강아지 인형처럼 '끄덕 끄덕', '그래, 그래!' 라고 맞장구(공감) 쳐줄 때 더 신이 나서 말을 하게 된다.

오늘부터라도 아이가 학교에서 돌아오면 아이가 좋아하는 간식을 준비하고 "오늘도 애썼어. 우리 딸." 눈을 맞추고 사랑스러운 얼굴로 바라보자.

하루에 8번 정도 안아주면서 "학교에서는 어떤 일이 있었어?"라고 묻고는 아이의 말을 중간에 자르지 말고 끝까지 들어보자. 그리고 고개를 끄덕이며 끄덕 인형이 되어보자. "그랬어? 그런 일이 있었구나!!" 하고 고개를 끄덕이며 맞장구를 쳐보자.

<아이가 술술 말하는 공식>

자녀를 바라보고 눈을 맞추면서 집중하기(라포형성)

말을 자르지 않고 끝까지 들어주며(경청)

맞아 맞아(끄덕 끄덕: 공감)

4장

교장 선생님도 소통이 어려웠어요

① 잘난 부모의 함정

잘난 부모가 두려운 아이들

유치원이 없던 시절, 엄마는 내가 다섯 살 때 무언가를 배우라고 교회에 데리고 가셨다. 초등학교에 들어가자 치맛바람 휘날리며 나의 교육에 열심이었다. 경제적인 사정으로 방 하나를 대학생에게 세를 주었는데 그 학생들에게 과외도 시키고 피아노도 가르쳤다. 엄마는 학교 선생님의 시간에 맞춰 등교 전에 피아노를 치고 학교에 가도록 하였다. 어린 나이에 아침 일찍 일어나는 것도 고통이었지만 원하지 않는 피아노를 배우는 것은 더 고역이었다.

엄마는 왜 이렇게 나의 배움에 집착하셨을까?

할아버지가 아들만 가르쳤다는 것이다. 그것이 평생 한(恨)이 되었다. 엄마는 열정적인 분이셨다. 배우는데 남녀 구별이 어디 있으며 배워서 한 사람으로 당당히 살아가기를 바라셨다. 엄마는 그 마음으로 어려운 상황에서도 아이들을 대학교육까지 마친 것을 대단한 자부심으로 여겼다. 엄마의 결핍과 상처가 자식들을 공부시켰고 자신의 한풀이를 하신 것이었다.

엄마의 결핍된 한풀이에 대한 경험을 이미 했기 때문에 내 아이들에게는 하지 말자고 다짐을 하였다. '안전기지'로서의 둥지 역할에 충실하고 싶었다. 정서적 지지자로서 안정감을 먼저 아이에게 주고 싶었다. 원하지 않으면 학원도 사교육도 시키지 않으려고 의식적으로 노력은 하였으나 엄마와 나 사이에 대물림된 열성은 나 역시 우리 아이들을 잡고 있었다.

첫째인 아들은 늘 시행착오의 대상이었다. 보통의 엄마들처럼 좋은 유치원에 보내고 싶었고 학교의 스케줄을 일일이 체크하였다. 원하지 않는 학원을 보내고 공부방에서 공부를 시켰다. 정서에 좋을 것 같아서 피아노 학원도 보냈다. 원하지 않고 그냥 보내진 아이는 모두 흥미를 보이지 않았다. 무서운 엄마로 인해 마지못해 하면서도 하기 싫다고 말도 못했다.

어느 날, 시험 기간이어서 밤늦게까지 공부방에 있었다. 갑자기 선생님께 전화가 왔다.
"어머님, ○○이가 이상해요. 왜 그러냐고 물어도 계속 엉엉 울기만 해요."
가슴이 철렁 내려앉은 나는 공부방으로 뛰어갔다. 선생님이 우는 아이를 데리고 현관까지 내려왔다.
"잠깐 책상에 엎드려서 자고 있는 듯해서 깨우지 않고 두었는데 갑자기 일어나더니 우는 거예요."
아이는 나를 보고도 서럽게 계속 울었다.
"○○아, 왜 울어?"
"……."
"무슨 일이 있었어?"

물어도 대답도 하지 않고 집으로 오는 동안 내내 울기만 했다.

우는 아이를 보니 그 모습이 한없이 안쓰러웠다. 집에 도착했을 때 가만히 꼬옥~ 안아주고 쉬게 해주었다. 다음 날도 말이 없어서 스스로 말을 해줄 때까지 참고 기다렸다. 그 다음 날 아이가 좋아하는 치킨을 함께 먹으면서 "울 아들 시험 준비하느라 힘들었지?"
"……."
"밤늦게까지 애썼어."
"공부방에서 공부하는 것은 어때?"
"그냥 그래요."
"계속 하고 싶니?"
"……."
"아들, 하고 싶지 않으면 언제든 엄마에게 말해줘."

며칠 후에 아들은 공부방을 그만두었다. 공부방에서의 스파르타식 수업이 맞지 않는 듯 했다. 나중에 들어보니 시험 기간이어서 주어진 과제를 하지 못해 집에도 못 가고 늦게까지 남아있었던 모양이었다. 늘 최선을 다하는 사람이 되라고 하며 열심히 사는 엄마는 아이들을 보면서 I can do it.(나는 할 수 있어.), you can do it.(너도 할 수 있어.), We can do it.(우리는 할 수 있어.) 라며 항상 파이팅을 외치는 엄마를 보며 숨이 막혔을지도 모른다.

나를 닮은 아들도 엄마를 실망시켜 주고 싶지 않아 눈치를 보느라 힘들었나 보다. 참고 참고 또 참다가 결국은 폭발한 것이었다. 지금도 그 생각을 하면 가슴이 아프다. 노력을 한다고 했건만 엄마의 모습이 그대로 대물림되어 아들에게 요구되었다.

 소위 극성 부모와 잘난 부모를 둔 아이들은 두려움과 불안이 많다.
 그 이유는 부모는 자신이 노력을 해서 이만큼 잘 살고 잘났으니 당연히 자녀에게도 열심히 살라고 강요하기 때문이다. 자신이 낳은 아이니 성격이나 기질이 자신과 비슷하다고 생각하고 있다. 그러나 아이들의 생김새만큼이나 성격, 기질, 속도, 방향이 모두 다르다는 것을 그 순간에는 잊고 있는 것 같다.

 극성 부모와 잘난 부모는 아이의 실수를 용납하지 않는다. 부모가 스스로 성공한 경험이 옳다고 생각하고 자신의 프레임 안에서 움직이기를 바란다. 자녀가 자기의 뜻대로 행동하지 않으면 심한 폭언과 행동으로 아이들을 통제하고 억압한다.
 "그것도 못해? 약해 빠져 가지고."
 "아빠가 어렸을 적에는 열심히 하면 다 성공했어."
 "못하는 게 어디 있어? 하면 되는 거지."라며 아이를 한없이 자신의 잣대로 판단하고 다그친다. 그래서 부모가 강제적으로 자녀를 비난하고 정서적인 공감과 지지가 없기 때문에 자녀는 쉽게 포기하고 무기력해진다. 당연히 대부분 자녀와 관계가 좋지 않다.

 아이들 사이에 갈등 상황이 발생하여 이야기를 나누고자 5학년 여학생과 엄마와의 자리를 마련하였다. 아이와 엄마 모두 긴장되어 보였다. 기분을 자연스럽게 풀어주려고 준비한 그림 카드를 펼쳤다. 한 장 집으라고 말하고 그 카드를 왜 골랐는지 물었다.

아이가 "그냥 예뻐서……." 말끝을 흐리며 무기력하게 말했다.

옆에서 엄마가 나의 눈치를 살피고 아이를 보더니 "그냥 예뻐서가 뭐야? 이 카드는 넓은 잔디가 펼쳐져 있고 꽃들과 집이랑 그 주변의 풍경들이 평화로워 보여서 골랐어요. 이렇게 말해야지!!" 하면서 아이를 혼을 냈다. 아이는 엄마의 화난 목소리에 주눅이 들어 입을 다물어버렸고 순식간에 분위기도 싸해졌다. 가정에서 자녀를 대하는 엄마의 강압적인 소통방식과 태도가 보였다. 이야기를 나누는 사이에도 아이는 묻는 말에 "잘 기억이 나지 않는다.", "잘 모르겠다."는 말을 자주했다. 그때 엄마가 끼어들면서 "잘 생각해봐. 네가 오늘 잘 말하면 집에 가다가 카페 가서 너 좋아하는 음료수 사줄게."라고 말했다.

아이들은 부모가 말 한마디만 잘해줘도 기운도 나고 평생 동안 힘이 되기도 한다. 믿음직한 지원군을 두었다는 생각과 함께 안심이 되는 것이다. 아이가 엄마에게 듣고 싶은 말은 이런 말이다.

"무엇을 도와줄까?"
"엄마 아빠가 있으니까 걱정 마."
"내 딸로 태어나줘서 고마워."
"엄마는 네가 정말 자랑스러워."
"널 항상 응원해."
"넌 뭐든 할 수 있어."
"언제나 너를 믿어."
"세상에서 우리 딸을 제일 사랑해."

언젠가 공익광고를 본 적이 있다.

아빠는 나를 좋아합니다.
아빠는 말 잘 들을 때만 나를 좋아합니다.
엄마는 나를 사랑합니다.
엄마는 기분 좋을 때만 나를 사랑합니다.
엄마, 아빠는 나를 예뻐합니다.
엄마, 아빠는 남이 볼 때만 나를 예뻐합니다.

아이들은 부모가 자신을 좋아하는지, 예뻐하는지, 사랑하는지를 본능적으로 느낀다. 항상 어떤 옳고 그름의 상식적인 기준과 엄마 아빠의 말을 잘 듣고 기분 좋을 때라는 변화무쌍한 지극히 주관적인 잣대로 아이들을 사랑한다면 아이들은 부모의 사랑받기 위해 부모가 원하는 대로 살게 된다. 또한 부모의 기분을 계속 살피며 눈치를 보게 되고 불안과 두려움을 느끼며 살게 된다. 명확한 규율과 규칙의 큰 가이드라인을 주고 단계적으로 아이가 선택을 할 수 있도록 도와준다. 자녀의 판단과 의견을 존중해준다. 자신이 한 선택은 꼭 스스로 책임지게 함으로써 자녀의 자율성과 독립성을 길러주기를 바란다.

아이가 무엇인가를 잘할 때만,
아이가 부모의 말을 잘 들을 때만,
남이 볼 때만 좋아하지 말고 평가나 결과에 관계없이 아이를 존재 자체로 충분히 사랑해 주기를 진심으로 바란다.

② 얼굴을 붉히며 아이들과 싸우다

조용하던 교장실에 인터폰이 다급하게 울렸다.
"교장 선생님, 빨리 교실로 와 주세요."
"또 시작되었구나."
3학년 교실로 뛰어올라가니 A의 책상이 엎어져 있었고 책들은 다 쏟아져서 A의 주변이 난장판으로 변해 있었다. 그 광경을 보고 있자니 심장이 쿵쾅거리고 가슴이 벌렁거렸다. 뭐라고 말할 수 없는 화가 치밀어 올랐다.

"얘들아, 모두 자기 자리에 앉아." 날카롭고 단호하게 말했다.
계속해서 떠들고 있는 A에게 "좀 조용히 해!! 지금 수업 시간이잖아." 진정시키려고 했으나 내가 말하는 소리를 듣는 둥 마는 둥 기분이 상했는지 의자를 넘어뜨리고 더 세게 딸그락거렸다.
"조용히 하세요!! 뒤로 가서 서 있어!!"라고 했지만 A는 씩씩거리며 "애들이 먼저 저보고 뭐라고 했단 말이에요. 얘들 때문에 저는 엄청 스트레스 받아요." 하면서 계속 고래고래 소리를 질러댔다. "소리 지르지 말라고!!" A보다 더 크게 소리를 지르며 하마터면 내 손으로 A의 입을 막을 뻔 했다. "목소리가 너무 크니까 목소리를 좀 작게 하세요!!" 하였으나 A는 진정이 되지 않았다.

 A는 주의력 결핍장애(ADHD)로 약을 먹고 있으며 스스로도 분노조절장애가 있다고 말한다. 아이들이 자신의 주변에서 서성거려도 자기에게 뭐라고 한다고 화를 내고 눈만 마주쳐도 쳐다본다고 뭐라 하니 항상 조마조마하다. 문제는 조절이 안 되어 그 분노가 한번 터지면 교실이 아수라장이 되는 것이다. 아이들이 수업에 방해를 받는 것은 당연하고 교사가 수업도 진행할 수 없을 정도로 통제가 안 된다. "목소리 좀 줄여!!" 하며 분리 지도를 위해 앉아 있는 아이의 몸을 일으켜 제지하려고 하였으나 몸집이 큰 A는 꿈쩍도 안했다. 속수무책이었다.

 다른 아이들도 술렁이기는 마찬가지다. "다들 자리에 앉으세요. 조용히 해, 얘들아." 아이들도 "A가 먼저 시비를 걸었단 말이에요.", "A가 욕하고 때리면 엄마가 너도 똑같이 하라고 했어요." 이 말에 정신이 번쩍 들었다. 직접 보지는 못했지만 한 여학생도 집에서 칼을 가져와 보여주며 큰소리로 자신에게 뭐라고 하는 A를 위협했다고 했다. A만의 문제가 아니었다. 아이들도 예민해져서 공격적으로 변하였고 교사의 지시와 통제도 따르지 않았다. A와 마찬가지로 행동했다. 그 와중에도 소란한 교실에서 묵묵히 자기에게 주어진 과제를 하고 있는 몇 명의 아이들이 눈에 들어왔다. 학급의 아이들은 온 몸으로 고스란히 피해를 감당하고 있었다. "다들 책상 위에 엎드리세요."하고 몇 번을 외치자 정신없던 교실이 조용해졌다. 급하고 절박한 상황 가운데 벌어진 교실의 모습을 보면서 가슴이 벌렁거렸고 분노로 목소리가 커졌다.

"이런 상황에서는 어떻게 해야 하지?"하는 뇌의 작동보다는 눈으로 보는 교실의 상황에 너무 놀라고 얼이 빠져서 그냥 교실의 상황을 빨리 진정시키고 싶었다. 그래서 "좀 조용히 해!"라고 자동적이고 습관적으로 아이보다 더 큰 목소리로 제압했다. 흥분한 A를 진정시키기는커녕 더 자극하고 있었다. 아이들과 얼굴을 붉히며 싸우고 있는 나를 발견하였다. "아이고, 이를 어째." 이론으로 무장한 관찰자로서 지켜보다가 위급한 순간에 튀어나온 부족한 나의 모습을 보게 되었다. 너무 부끄러웠다. 소통에 대해 공부를 하여도 경험하지 못한 다른 상황 앞에서 한순간에 무너져 버렸다. 벌겋게 달아오른 나의 얼굴과 퀭한 눈은 아이들과의 힘겨운 사투의 흔적으로 남아 오랫동안 나를 괴롭혔다.

교실이 매일 살얼음판이다. 학급의 아이들과 이야기를 나누며 모두 A가 원인이라고 말했다. 그건 사실이 아니다. A가 체험학습으로 학교에 오지 않은 날에도 아이들은 수업 시간에 큰 소리로 떠들고 돌아다니며 서로 다투었다. 수업 시간에 해야 되는 일과 해서는 안 되는 일의 경계가 없었다. 아이들끼리도 서로 지나치게 간섭하고 부딪히며 말과 행동이 공격적이었다. "나는 못해요.", "몰라요.", "나는 머리가 나빠요."라는 대부분 부정적인 말을 사용하고 무기력 증상을 보이기도 했다.

욕하고 뺨을 때렸다고요?

몇 년 전까지만 해도 정서 행동 위기 학생이 한 학년에 1~2명 정도였다. 이제는 학급에 2~3명꼴로 정서 위기 학생들이 급격하게 늘고 있다. 교사 단체인 '좋은교사운동'에서 2023년도 10월 전국 교사를 대상으로 설문조사를 진행하였다. 교실에 정서행동 위기 학생이 있느냐는 질문에 '그렇다'는 응답이 87%에 달했다. 한 방송에서 〈반 친구들도 학교 생활 포기〉, 〈정서 위기 학생에 대한 지원책 절실〉하다는 보도를 본 적이 있다. 최근에는 전주에서 한 초등학교 학생이 교감의 뺨을 때리고 욕하는 일이 발생해 충격을 주기도 했다.

'정서 행동 위기 학생'은 ADHD(주의력 결핍·과잉행동 장애)나 반항장애, 품행장애, 틱장애, 스트레스 등 심리 또는 정신건강 등의 문제로 정상적인 학교생활에 어려움을 겪는 학생들을 뜻한다. 학생들은 학교에서 요구되는 규칙이나 과제수행 능력이 부족하고, 심리·정서적으로 불안정하다. 타인의 권리를 침해하거나 규범을 어기는 등 정서 및 행동상의 어려움을 보이기도 한다. 또한 불안·우울·위축 및 무기력과 같은 문제 양상으로 인해 수업 방해, 교실 이탈과 같은 행동을 보이기도 한다. 교원 중 97.4%는 "최근 3년 내 정서 행동 위기학생을 지도해 본 경험이 있다"고 답했으며 "정서 행동 위기 학생으로 인해 수업 진행이 불가능할 정도로 방해 받은 경험이 있다"고 답한 교사는 93.5%나 되었다. 교사들은 정서 행동 위기 학생들이 수업 방해 외에도 생활지도 불응, 타인과의 갈등, 욕설 및 폭행 등을 어려움으로 꼽았다.

5월 말에 이 학급의 담임교사가 갑자기 질병 휴직을 제출했다. 학기 중이어서 기간제 교사를 구하기가 쉽지 않았다. 3차 채용에서 겨우 선생님이 오셨다. 퇴직하고 다시 학교에서 일하게 된 마음으로 상기되었던 선생님은 일주일이 지나자 "아이들이 너무 힘들어요." 하시면서 웃음기가 사라졌다.

ADHD인 A와 B는 수시로 부딪혔고 대여섯 명의 아이들이 가세하여 갈등 상황이 자주 발생하였다. 그럴 때마다 아이들은 통제가 되지 않았고 도저히 수업을 할 수 없을 정도였다. 생활 규정대로 교무실로 보내지는 아이들이 점점 늘었다. 수업이 자주 침해되었고 교사의 훈육이나 생활 규정도 무용지물이었다.

학급에 정서적으로 어려움을 겪고 있는 아이들이 대여섯 명이나 되니 아이들과 생활하시면서 얼마나 힘이 드셨으면 결국 한 달도 못 채우고 그만두겠다고 하셨다. 선생님은 이런 상태에서 그만두게 되어서 마음이 너무 불편하지만 아이들에게 도움이 안 되니 오히려 죄송하다는 말만 되풀이하셨다.

"선생님 탓이 아닙니다. 그동안 학교 환경이 바뀌었고 유별난 아이들이 많아져서 그러니 너무 심려치 마시고 건강 챙기세요." 말씀드렸다. 용기를 내 돌아온 학교에서 기간을 채우지 못하게 되니 마음이 아프셨을 것이다. 어지러운 교실을 보면서 교사가 한 학급을 맡아 1년을 아이들과 생활하며 무사히 보낸다는 것은 정말 위대한 일이라는 것을 깨닫게 되었다.

담임교사 혼자서는 감당할 수 없기에 며칠째 학급에 뛰어올라가고 있다. A도 외동아이로 부모님이 일 끝내고 집에 오기 전까지는 늘 혼자였다. 대화를 하다 보니 의외로 이야기하는 것을 무척 좋아했다. 학교에서 쌓인 이야기를 들어주고 마음을 이해해 줄 사람이 전적으로 필요해 보였다. 부모님은 A가 원하는 것을 다 들어줘서 학교에서도 제멋대로 행동하고 규칙을 지키지 않았다. 교과전담 시간에도 가지 않았고 수업 시간에도 하고 싶은 것만 하고 참여도 하지 않았다. A의 아버지는 학교의 의견대로 등교 시간에 A와 함께 등교하고 케어하며 2교시까지 아이를 지켜보았다. 그러나 약의 효과인지 눈치가 있는 것인지 몰라도 아버지가 지켜보는 동안에는 잘 지냈다. 아버지가 가시고 3교시 이후에는 아이들과 자주 다툼이 일어났고 그에 따른 대책이 필요하였다.

학급 아이들에게 가장 속상한 점을 물으니 "급식실에 갈 때 A는 번호대로 서지 않고 항상 맨 앞에 서요. 공평하지 않아요." 한다. A에게 "오늘부터 A도 급식실 갈 때 네 번호에 서서 가자." 하였다. 처음에는 '싫다'고 하더니 아이들과 함께 급식실을 가는데 슬쩍 자신의 줄에 섰다. A에게 "고맙다."라고 칭찬하면서 다른 아이들에게 "오늘 A가 자기 번호에 섰어. 어때?" 했더니 피식 웃는다.

H는 ADHD 약을 먹고 있는 학생으로 등교할 때 항상 축구공을 들고 왔다. 교실에 본 H는 혼잣말을 끊임없이 중얼거렸는데 그 중얼거림으로 인해 수업이 방해받을 정도였다. 앉아 있지만 부산하기가 말할 수 없고 아이들을 계속 자극해서 좋지 않은 영향을 미치고 있었다. "질문이 있으면 손을 들고 허락받고 하세요." 했지만 작은 규칙마저도 지키지 못했다. H의 책상에는 교과서와 결과물들이 늘 어지럽게 흩어져 있었다.

어느 날, 튜더 선생님이 H를 데리고 교장실에 들어왔다. 튜더 선생님 말로는 H가 교실에서 몹시 소란을 피워서 수업을 방해하였고 분리 조치로 교장실에 온 것이었다. H가 진정되기까지 시간이 필요했다. 얼마 동안의 시간이 지난 후에 H와 이야기를 나누었다.

"아침에 항상 축구공을 가지고 오던데 축구를 좋아하니?"

"축구 하는 게 재미있어요."

"그래? 들고 오는 축구공으로 학교에서 축구를 하니?"

"아니요. 쉬는 시간이 짧아서 할 시간이 없어요."

"그럼, 혹시 할 기회가 있으면 하려구 가지고 오는 거야?"

"네."

"점심 먹고 하면 되겠다. 혹시 H가 좋아하는 과목은 있어?"

"저는 수학이 좋아요."

"오~ 수학을 좋아하는구나. 수학 시간이 재미있어?"

"네."

"학원은 뭐 배우러 다니니?" "전 과목 다하고요. 영어요."

"영어도 잘하니?"

"아니요. 엄마가 억지로 하래요."

"H가 축구를 좋아하잖아. 엄마한테 축구를 배우고 싶다고 말하지 그랬어."

"축구는 돈이 많이 든대요."

"그렇게 말씀하셨어? 우리 H는 수학하고 축구를 좋아하는구나. 교장 선생님이 기억해야겠다."

H와 이야기를 하면서 알게 된 정보를 담임교사에게 알려드렸다. 수학을 좋아하니 난이도가 있는 문제를 풀면 성취감도 얻을 수 있고 도움이 될 것 같았다. 또한 "H가 축구를 좋아하니 축구교실을 함께 찾아보는 것도 좋을

것 같다"고 부모님께 전해드리는 것이 좋겠다고 말씀드렸다. 축구를 좋아한다고 모두 축구선수가 되는 것은 아니다. H는 활동적인 아이로 에너지가 많은 아이들은 안전하게 발산하는 것이 중요하다. 좋아하는 축구를 통해서 쌓인 스트레스를 풀고 체력도 기를 수 있다면 가장 좋은 방법이다. 에너지가 넘치는 아이를 오히려 차분하게 시킨다고 학원 책상에만 앉혀놓는 것은 상황을 악화시키는 일이다. 오히려 좋아하는 것을 더욱 잘 할 수 있게 도와주어야 한다.

교실에 또다시 일촉즉발의 상황이 생기고 교실에서 H가 씩씩거리고 있었다. 종이 치자 "야, 쉬는 시간이다!"라면서 교실 아이들을 선동하고 기다렸다는 듯이 시끄럽게 떠들었다. "그만해!!"라고 제지를 시키고 다가가서 억지로 의자에 앉게 했다. 마주 앉아서 H를 바라보며 "선생님이 쉬는 시간이라고 말도 안했는데 교실에서 소란스럽게 행동을 한 이유가 뭐냐"고 물었더니 "다른 아이들도 다 그러는데 왜 나한테만 그러는데요?"라면서 반항하며 대들더니 눈싸움을 하듯 한참이나 사납게 노려보았다.

문제 행동을 하는 아이들을 개인적으로 만나 이야기를 해보면 대부분 부모와의 대화와 소통이 부족한 아이들이다. 쉬는 시간에 따로 불러서 조근조근하게 대화하면서 '힘든 점, 바라는 점'을 묻고 고개를 끄덕이며 들어주었더니 배시시 예쁜 모습으로 웃었다.

항상 "나는 못해요. 나는 머리가 나빠서 못해요."라고 무기력하게 말하는 C도 누군가에게 "너는 머리가 나빠. 그래서 공부를 못하는 거야."라는 말을 자주 들었을 것이다. 오늘도 한 손으로 턱을 괴고 눈을 끔뻑끔뻑하며 눈치를 보는 아이가 너무 안타까웠다.

관련된 학생들 부모님께 연락해서 모두 교장실로 오시라고 부탁을 드렸다. 갑자기 교사의 호출을 받고 학부모들이 교장실에 모두 모였다. "멀리서 일하고 있다.", "바빠서 못 간다.", "학교에서 오라 가라 하느냐."라고 하셔서 긴장감이 느껴졌는데 직접 만나보니 모두 진심으로 아이들을 걱정하고 있었다.

S부모: "아이들이 담임교사가 바뀌면서 불안한 마음에 문제 행동을 하는 것 같아요."

나: "자녀에게 그 이야기를 듣고 걱정되셨지요? 그러셨을 거예요. 아이들도 담임 교사가 두 번이나 바뀌었으니 불안했을 거예요. 이제 학년이 끝날 때까지 함께 하실 새로운 담임교사가 오셨으니 선생님을 믿고 잘 따라주셨으면 좋겠어요."

C부모: "요즘에 집에 와서 A가 욕하고 소리 질렀다는 이야기를 많이 해요."

나: A가 조절이 잘 안되어서 욕하고 소리를 지르는 것은 사실이에요. A의 아버님도 만나 A에 대해서 함께 소통하고 있어요. 새로운 병원도 알아보고 A와 함께 등교도 하면서 2교시까지 복도에서 아이를 지켜보다가 가세요. 학급 아이들의 도움도 절실히 필요해요. 그동안 도와주는 친구도 생겼고 그 아이와는 잘 지내고 있어요."

P부모: "교실이 소란해서 공부를 못 하겠다고 해요."

나: "가끔 교실에 갈등이 발생하면 진정될 때까지는 교실이 소란스러워요. 선생님이 아이들과 학급 규칙도 만들고 꼭 지켜야 할 것들과 해서는 안 될 일을 칠판에 적어두고 눈으로 보고 자주 말씀하시고 계세요. 시간이 필요합니다. 지켜봐 주시면 감사하겠습니다.

G부모: "저는 G의 아빠입니다. 제가 따로 나가서 돈 벌고 있는데 할머니가 우리 G가 집에서도 동생하고 자주 싸운대요."

나: 따로 나가서 생활하시는데 그런 말 들으면 속상하실 거예요. 할머니도 두아이들을 돌보시느라 힘이 드실 텐데 시간을 내셔서 만날 때마다 전화로라도 학교에서 힘든 점은 무엇인지 이야기를 들어주시면서 소통을 하셨으면 좋겠어요. 아이에게도 대화 창구가 필요할 텐데 그 소통 창구가 아버님이었으면 좋겠습니다.

T부모: "아이가 교실에서 A의 말을 너무 자주 하고, 듣고 나면 속상해서 너도 똑같이 하라고 했는데 앞으로는 조심하겠습니다."

나: "사실은 아이도 어떻게 대처해야 되는지 몰라서 부모님께 자주 말씀드렸을거예요. 대처법을 몰라 스스로도 스트레스를 많이 받았을 거예요. 그런데 부모님께서 '그 애가 그러면 너도 똑같이 하라'고 하니 아마도 그것을 부모님의 가르침이라고 생각했을 거예요. 대부분 아이가 자라면서 저절로 좋아질 거라고 생각하지만 공부를 가르치고 배우는 것처럼 아이도 친구들과의 관계나 사회성도 부모님께서 가르쳐 주셔야 해요. 'A야, 나한테 큰소리로 욕하지 마. 너한테 그런 것 아니야.'라고 A를 보면서 정확하게 말로 표현하면 될 것 같아요."

"A를 위협한 칼은 날이 없는 전시용 칼이어서 위험하지 않다."고 사과보다 변명을 먼저 하셨던 부모님도 "죄송합니다. 그 칼을 언제 가방에 넣었을까요? 위험한 물건은 보이지 않는 곳에 두고 앞으로 이야기도 많이 나누겠습니다."라고 약속하셨다.

학급에서 한 명 한 명의 아이들을 지켜보면서 느낀 점과 당부의 말씀을 드렸다. 아이들은 부모의 창을 통해 세상을 배워나간다. 특히 자녀에게 문제가 발견했을 때 합당한 적절한 지도가 필요하다. 시기를 놓치면 더 힘들어진다. 방법을 잘 모르겠으면 부모도 배워서 가르치면서 함께 성장하여야 한다. 오해할 뻔한 상황에서 자녀에 대해 진지하게 대화를 하며 길고 긴 소통의 시간을 가졌다.

대부분의 아이들이 가정에서 칭찬보다는 "이거 하지 마라, 저거 하지 마라." 통제 당하고 꾸중을 들었을 것이다. "아이고, 저 애를 어쩜 좋아." '늘 저러는 애'로 관심 밖으로 밀렸을 수도 있다. 그러다 보니 점점 반항을 하고 학교생활도, 무엇을 해도 재미가 없었을 것이다. 자녀의 행동 특성을 모르는 학부모들은 자녀가 학교생활이 힘들다고 하면 대부분은 원인을 외부에서 찾는다. 아이 입장에서 반응을 하게 되어 쉽게 감정적이 되고 흥분하면서 민원 제기를 하게 된다.

아이들의 감정을 받아주면서 단호하게 하지 말아야 될 것과 지킬 것을 가르쳐 주기를 부탁드렸다. 부모의 양육 태도나 감정표현 등은 자녀에게 직접적인 영향을 주게 되므로 아이들이 자라면서 부모도 말 한마디, 행동을 조심해야 된다. 부모님들은 자녀의 학교생활에 대한 심각성을 인지하고 협조해 주실 것을 약속하셨다. 부모님의 협조가 있을 때 자녀의 학교생활도 달라질 수 있다. 아직은 어린아이들이기 때문에 개선의 여지가 많다. 학급에서도 규칙과 질서를 바로 세우고 조금씩 나아질 수 있도록 도와주고 말로 잘 표현하는 법을 가르쳐야 한다.

교사의 행동 지도와 아이들의 통제가 어려울 때 상담교사에게 상담을 받을 수 있도록 사전에 동의도 받았다. 동의를 받지 않을 경우 생활 규정에 따라 지도했음에도 교사에게 항의를 하거나 교육청에 민원을 넣기도 한다. 나아가 아동학대로 고소 고발까지 하는 학교 사례도 있다. 교사가 아이를 지켜보며 상담이나 적절한 검사를 권유했을 때 "교사가 뭔데?"라고 따지거나 노골적으로 거부하는 부모들도 있다. 학교에도 관련 자격증을 가지고 근무하는 상담교사, 보건교사뿐만 아니라 다년간 아이들을 지도해온 교사들도 교육전문가이다. 함부로 상담이나 검사를 권유하지 않는다. 아기가 태어나 성장 발달 단계에 못 미칠 경우 병원에 가서 적당한 검사를 받는 것과 같다. 부모가 아이에 대한 우려로 적절한 도움과 개입 시기를 놓치지 않기를 진심으로 바란다.

학교에서도 학급을 지원할 수 있는 방법을 찾아보고자 노력하였다. 먼저 학급에 튜터 선생님을 배치하고 미리 복직하신 새 담임교사와 아이들이 잘 적응할 수 있도록 도와주기로 했다. 외부 강사를 활용하여 회복적 생활지도 프로그램을 운영하면서 아이들이 바라는 평화로운 교실의 모습을 나누기도 하고 교사와 함께 학급의 경계를 세워 나가기로 하였다.

담임 교사 외에 그 학생들을 위하여 상담교사, 생활부장, 교무, 교감, 교장 등을 부담임으로 지정하고 매일 수업이 끝난 후 집에 가기 전에 3분 정도 만나서 학교생활을 스스로 되돌아보고 칭찬과 격려를 해주기로 협의하였다.

머리를 맞대니 아이들을 위한 좋은 아이디어들이 나왔다.

바쁘게 일하는 시간임에도 자녀를 위해 한걸음에 달려오신 학부모님과 아이들과 조금씩 소통을 하며 내일의 희망을 본다.

③
선생이 이래도 되는 거야?

 존중한다는 것은 무엇일까? '높이어 귀중하게 대하다, 존경하다'의 의미가 있다. 나와 상대방을 공손하고 소중하게 대함으로써 그 가치를 인정하며 높여주는 태도를 말한다. 상대방을 배려하고 존중하는 자세나 태도는 소통의 기본으로 아주 중요하다. 상대방을 무시하는 태도는 적대감을 불러 일으켜 소통과 관계에 방해가 된다. 원활한 소통을 하려면 이해심을 바탕으로 사려 깊은 태도를 가지고 자녀를 위해 협력하는 마음을 가져야 한다. 상대를 배려하는 자세일 때 비로소 상대방도 마음을 열고 다가선다. 이미 학교는 교사와 학부모 사이, 학생과 교사 사이에, 교사와 교사 사이에 존중이 사라진 지 오래된 것 같다.

존중이 사라진 학교

 몸이 으슬으슬 춥더니 목감기 기운이 느껴졌다. 혹시 코로나일까 싶어 조퇴를 달고 얼른 병원에 갔다. 진료를 받고 나오니 학교에서 문자 한통이 남겨져 있어 얼른 학교로 전화를 했다. 어떤 학부모가 전화를 해서는 다짜고짜 고래고래 소리를 치면서 교장 바꾸라고 해서 안 계시다고 했더니 자신의 번호를 알려주며 전화를 하라고 했다는 것이다. 알려준 학부모의 번호로 전화를 했다.

"안녕하세요? 아버님, 교장입니다. 제가 병원에서 진료를 받느라고 조금 늦게 연락을 드렸어요. 혹시 무슨 일로 전화하셨나요?" 하자마자 다짜고짜 화를 냈다. "선생이 이래도 되는 거야? 아니 우리 애한테만 뭐라고 한다면서? 그게 선생이야?" 담임교사가 자신의 아이에게만 뭐라고 하면서 야단을 쳤다고 했다. 아이가 울면서 '학교 가기 싫다'고 전화를 했다는 것이다.

대단히 화가 났는지 그동안의 학교와 교사에 대한 감정을 나에게 쏟아내고 있었다. "당분간 아이를 학교에 보내지 않을 테니 그렇게 알라"고 일방적인 통보를 하였다. 아버지의 전화 태도에 깜짝 놀랐다. 학교로 전화하는 분들은 대부분 화가 나서 하는 분들이다. 자녀의 일방적인 이야기만 듣고 전화하는 것을 알면서도 막상 직접 겪으니 충격이 컸다.

분명히 교장이라고 밝혔음에도 젊은 아버지가 거의 반말로 나와 담임 교사를 함부로 대했다. 자녀의 이야기만을 듣고 화가 난다고 이렇게 말하는 것이 옳은 행동인가? 그래도 교사와 교장인데 어떤 의도에서 자녀가 그런 말을 했는지 헤아려보는 것이 먼저다.

"아, 아버님, 아이가 그렇게 말했다면 속상하시지요."

"일단 ○○와 자세하게 대화를 더 해보시고 내일 학교에는 보내셨으면 좋겠어요. 저도 자세한 사항을 학교에 가서 알아보고 담임 선생님을 통해서 연락을 드리겠습니다." 그 이후에도 한참을 "학교가 그러면 되냐, 선생이 그러면 되냐."라고 외쳐대면서 일방적인 대화가 겨우 종료되었다.

학교에 가서 알아보니 교실에서 아이의 태도에 상당한 문제가 있어 보였다.

밤늦게까지 게임하느라고 학교에 오면 책상에 엎드려 자는 일이 다반사고 깨우면 큰소리로 교사에게 비아냥거리며 대들었다. 학급의 아이들이 함께 놀아주지 않으니 뒤에서 연필로 찌르고 괴롭히고 수업 시간을 방해하고 담임교사에게 함부로 말하는 등 무례하였다.

담임교사가 불러서 주의를 주면 "왜요? 싫은데요?", "왜 저한테만 그러는 건데요?"라며 교사의 말을 무시하고 "뭘 어쩔 건데요?" 하면 딱히 대꾸할 말도 없고 진짜 '내가 뭘 어쩔 수 있겠나.'란 생각이 든다고 담임교사는 하소연을 했다. 아이가 학교에서 이런 모습으로 지내고 학급의 친구들과 담임교사에게 이렇게 무례한 것을 부모님은 아시기나 할까?

아버지의 말대로 아이는 학교에 등교하지 않았다.

특수폭행이라고요?

복도가 떠들썩했다. 무슨 일인가 하여 얼른 뛰어나갔더니 몇 명의 아이들의 안내를 받아 현관으로 할머니와 A가 들어왔다.

"할머니, 어떻게 오셨어요? 무슨 일인가요?" 하고 묻자 "우리 손자가 아이들에게 야구 방망이로 맞았대요." 하며 쩌렁쩌렁 하게 소리소리 지르셨다.

'야구 방망이라니.' 방망이라는 이야기에 듣고 있던 나도 가슴이 철렁 내려앉았다. 손자에게서 야구 방망이로 맞았다는 말을 들은 할머니가 흥분하시는 것이 당연한 것이었다. 실제로 A의 오른쪽 팔을 보니 빨갛게 변해 있었고 할머니는 아이 팔 좀 보라며 흥분하셨다.

다행인 것은 야구방망이는 바람이 빵빵한 비닐로 된 학습용 야구 방망이었고 때리는 흉내만 낸 것으로 밝혀졌다. 아이들 말은 자세하게 질문하고 끝까지 들어야 한다. 할머니나 엄마가 "야구 방망이라고? 나무로 만든?"이라고 물어만 봤어도 최악의 결과는 막을 수 있었다. 아직 아이들이기 때문에 '아' 다르고 '어' 다르다. 야구 방망이?라고 듣는 순간 모두가 생각하는 야구 배트를 생각하였던 것이다.

할머니와 A가 학교에 오기 전 야구 방망이로 맞았다는 이야기를 할머니에게 전해 듣고 화가 난 삼촌이 이런 사실을 전혀 모른 채 경찰서에 신고를 하였다.

참으로 안타까운 일이었다.

이 사안은 관련된 아이들과 학부모의 진정 어린 사과와 반성, 재발 방지를 약속하고 A가 안전하게 학교를 잘 마칠 수 있도록 학교가 도와 아이들의 관계 회복을 위해 노력하겠다고 약속을 한 후 학교장 종결로 사안이 처리되었다. "휴~ 이 정도로 마무리 되어서 참 다행이야." 하고 무사히 지나가는 것으로 생각했다.

잊고 있을 무렵 경찰서로부터 학교로 '수사협조 의뢰'라는 공문이 왔다. 종결된 A에 관한 사안이었다. 어마어마한 '특수폭행'으로 관련된 학생들을 조사를 할 것이니 정해진 시간에 부모님과 함께 경찰서에 출두하라는 내용이었다. 학교에서는 이미 종결된 사안이었지만 경찰서에 신고를 했기에 아이들은 경찰서로 가서 조사를 받아야 했다. 관련된 학생 중 한 명의 부모가 학교로 나를 찾아왔다. 경찰서에 오라는 전화를 받고 너무 놀라서 어떻게 해야 하는지 상의하러 온 것이다. 학교도 처음 있는 일이고 담당 형사와의 전화를 통해서 안내받은 이야기를 조심스럽게 말씀드리며 착잡하고 두려웠을 학부모의 마음을 헤아려 드렸다. 관련된 아이들은 부모님과 함께 경찰서를 방문하여 조사를 받고 잘 해결되었다.

학교폭력 사안과 아이들을 대하는 자세는 학교와 경찰서가 사뭇 다르다. 아이들 사이에서 일어난 일이니 학교에서 머리를 맞대고 해결하면 될 것을 학교폭력 신고와 동시에 경찰서에 고발하는 사례도 점점 늘고 있다. 요즘에는 양상이 달라져 학교폭력 신고시 맞학폭으로 신고하는 경우도 늘고 있다. 이는 학부모들이 우리 아이가 당한 고통만큼 너도 그만큼 당해야 한다는 응보적 개념으로 접근하기 때문이다.

학교폭력이 발생했을 때 학교와 교사는 양측의 부모들로부터 압박을 받는다. 심한 경우는 이 사안이 해결되기 전까지 아무 일도 할 수 없을 만큼 극심한 정신적 심리적 피해를 호소하기도 한다. 교사들은 이는 명백히 교권을 침해하는 행위라고 생각하고 학부모의 간섭이 지나치다고 생각한다. 학부모의 지나친 간섭은 오늘날 교권 추락 원인 중 커다란 비중을 차지한다.

2023년 스승의 날 교원단체에서 실시한 설문조사에서 교직 만족도는 23.4%로 2006년 이래 최저 만족도를 나타났다. 때려치우고 싶다가 87%, 27%의 교사는 교권 침해에 따른 정신과 치료와 상담을 받고 있는 것으로 나타났다.

한국교총은 '수업 방해 등 학생의 문제 행동에도 제지할 방법이 없고, 괜히 적극 지도했다가는 무차별적인 항의, 악성 민원, 아동학대 신고만 당하는 무기력한 교권이 교원의 자존감을 무너뜨리고 있다'고 지적했다. 젊은 교사들 사이에서 교직은 '극한 직업'으로 전락했다. 학교 현장에서 아동학대 신고가 문제 해결의 방식이자 부모들이 휘두를 수 있는 무기가 된 것을 보면 깜짝깜짝 놀란다. 오래 누적된 불신이 교육 전반에 영향을 미치고 있지만 특히 아이들의 생활지도에서 갈등과 분쟁을 만들고 있다.

불신은 어느 한 순간에 짠~ 하고 생긴 것이 아니라 오랫동안 쌓이고 쌓여서 생긴 것이다. 교사와 학부모, 학생 등 교육공동체가 살아가는 방식을 바꾸어 버린 것이다. 지난 몇 년간 학부모들은 여러 이유로 교육과 교사에 대한 불신을 키워왔고 교사들 역시 그 안에서 불신을 키워갔다. 나를 믿지 않는 사람을 신뢰할 수는 없다. 학부모가 교육과 교사를 불신하고 학생도 교사를 불신하고 교사도 학생을 문제적 존재로 보는 악순환의 구조다.

이 불신을 해결하지 못한 상태에서 법이라는 기준으로만 판단해 해결하려고 하면 갈등은 더 심해진다. 교사들은 학교폭력 문제를 해결한다며 아동학대 신고로 고발당하느니 차라리 손을 안 대고 그냥 학교폭력위원회로 넘기겠다고 생각한다. 좋은 마음으로 한마디 했다가 꼬투리 잡히거나 신고를 당하면 어떤 어려움을 겪는지 그동안 너무나 많이 보아왔기 때문에 그렇다.

학부모와 교사, 학생의 대화는 존중하는 마음에서 시작되어야 한다. 서로 상대방을 존중하지 않는 마음으로 대화를 하면 관계를 망치게 된다. 한번 어긋난 대화는 학부모와 자녀 사이를, 교사와 학부모 사이를 교사와 학생사이를 멀어지게 한다. 서로 삐딱하게 바라보며 마치 어깃장이라도 놓듯 관계를 망치고 말로 행동으로 상처를 주고받는다. 상처는 바로 상대방을 존중하지 않는 말과 태도에서 비롯되는 것이다.

오랫동안 알고 지낸 분으로 아주 좋아하는 분이 있다. 그런데 가끔 그 분과 대화하며 마음이 불편할 때가 있다. 내가 학교에 있으니 손자의 학교생활이나 학교에 대해 자주 의논을 하셨다.
"선생이 우리 아이를 좋게 봤더라구.", "선생이 전화를 했더라구." 하시면서 교사를 "선생, 선생이~."라고 호칭하셨다. 물론 연세가 있으시고 학교의 교사들이 한참 어리니 "선생, 선생"이라고 하는 것이겠지만 들을 때마다 좋게 들리지 않았다. 손자의 담임교사나 학교에 대한 '존중의 마음'이 전혀 느껴지지 않았다. 손자들과 학교와 교사에 대한 이야기를 나눌 때 늘 "선생"이라고 말씀하셨을 테니 손자들에게도 좋은 영향을 미쳤을 것이라는 생각이 들지 않았다. 손자들에게 '선생님을 존중하는 마음'을 가르치려면 할머니가 먼저 존경의 마음을 담아 "선생님"이라고 불러야 하지 않을까?

우리는 누군가와 이야기를 하거나 자신과 생각이 다를 때 충고, 조언, 비난, 판단을 먼저 한다.
"저 사람은 이야기가 전혀 통하지 않아."
"자기 고집이 너무 강해."
또는 자기 생각과 다르다고 화를 내고 감정이 격앙되기도 한다.
다듬어지지 않은 모습으로 성격을 드러내며 교사와 학부모가 서로 으르렁

거리는 모습을 보면 참으로 기가 막힌다. 이는 학부모나 교사들 모두 소통에 어려움을 겪고 있으며 그 기저에는 서로에 대한 존중이 없기 때문이다.

어쩌다가 학교와 교실이 이 지경까지 되었을까?

학교나 교실에서 일방적인 상황은 일어나지 않는다. 상식 이하의 말이나 행동으로 아이를 대하는 교사도 없다.

"선생님, 우리 ○○가 학교에서 어떤 일을 겪었다고 하던데 시간이 가능하면 혹시 찾아뵈어도 될까요?" 라고 선생님께 전화를 드려보면 어떨까?

이런 학부모님이 참으로 귀하게 느껴진다. 담임교사도 존중받고 있다는 느낌이 들고 당연히 아이에 대해 의논하러 오시는 학부모를 두 손 들고 환영할 것이다.

서로가 존중을 받는 소통은 언제나 기다려진다. 마음을 한껏 열고 기다린다. 아이의 문제를 어떻게 풀어야 할지 진심으로 고민한다면 서로가 서로를 존중하면서 머리를 맞대보자.

④
어른들의 따뜻한 시선이 그리워요

아이들을 향한 어른들의 따뜻한 시선

학년별로 생존수영이 시작되었다.

우리 학교는 생존수영의 메카로 학교 안에 '학교 복합시설'인 '스포츠센터'를 품고 있다. 학교 복합시설이란 사회기반시설인 학교시설과 복합적으로 설치 운영하여 지역주민의 생애주기별 공공서비스를 학교시설을 중심으로 제공하는 것을 말한다. 학교 복합시설의 주체는 학교, 지자체, 지역주민으로 학교는 다양한 시설과 프로그램을 확보하여 학교교육과정 운영과 교육활동에 꼭 필요한 시설을 외부 재원으로 교내에 확보가 가능하다는 장점이 있다. 또한 지자체는 지역 주민들이 가까운 학교 내의 물적·인적자원을 효율적으로 이용할 수 있다는 장점이 있고 지역 주민들은 학교 복합시설의 이용과 프로그램 참가를 통해 어린이, 청소년, 어른, 노인의 세대 간 교류 촉진을 기대할 수 있다.

우리 학교는 교육과정에 필요한 학교 복합시설인 '스포츠센터'의 훌륭한 체육관을 활용하여 수업시간 중에 체육 수업과 배드민턴 운동부를 육성하고 있었다. 또한 '스포츠센터'의 수영장을 활용하여 전교생 생존수영 수업을 운영하고 있다. 전교생이 10차시의 생존수영 수업을 진행했으나 코로나로 전면 중단되었다. 2021년 5월 말부터 전면 등교가 시행되었고 그동안 멈춰있던 체험활동과 생존수영이 시행되었다. 우리 학교는 바로 6월부터 생존수영이 시작되었기에 2차시씩 3회 즉 6시간으로 교육과정을 운영하게 되었다.

2년 6개월의 길고 긴 코로나 기간을 보내고 생존수영을 시작한 우리 아이들의 모습은 너무 신나고 즐거워 보였다. 교장실을 지나 스포츠센터가 연결된 통로를 따라 조잘대며 지나가는 아이들과 만났다.
나를 보더니 한껏 들뜬 목소리로 인사한다.
"교장 선생님, 아니 짱쌤, 안녕하세요?"
"와아~ 우리 친구들 오늘 수영하러 가는구나? 수영하러 가니까 기분이 어때요?" 물었더니 "좋아요~~" 이구동성으로 신나서 말한다.
한 손에는 수영복을 담은 가방을 들고 친구들과 재잘대며 총총 지나간다.

얼른 핸드폰을 챙겨 들고 생존수영 수업이 이루어지는 1학년 첫날의 모습을 영상에 담기 위해 따라나섰다. 잠시 쉬고 있는 틈에 "생존수영이 뭐라고 배웠어요?" 하고 물으니 "물에 빠져서 살아남는 수영?"이라고 대답했다. 그 천진한 대답에 나는 까르르~~ 웃었다.

수영장이 있는 지하로 내려가면 탈의실이 나온다. 1학년 친구들이니 도와주려고 여자 탈의실로 들어가니 우리 친구들이 배운 대로 샤워장에서 몸을 씻고 스스로 수영복을 갈아입었다. 수영모와 안경은 줄이 너무 팽팽해서 스스로 하기에는 힘이 들어 몇 명의 아이들은 누군가의 도움이 더 필요했다. 그 모습을 보며 담임교사에게 "우리 친구들이 그래도 잘하고 있네요."라고 했더니 교사는 '몇 주 전부터 알림장과 안내를 통해 꾸준히 교육시킨 결과'라고 웃으며 말한다. 교육과 지도의 힘이 참으로 무섭다.

수영장 안에는 학생의 안전을 도와주는 도우미 선생님들과 강사 선생님들이 몇 명씩 조를 나누어 생존수영을 가르쳐 주셨다.

생존수영이 진행되면서 여러 가지 운영상의 문제점이 발생되었다.

남녀 탈의실 안에 1~2학년을 도와줄 도우미를 채용하였지만 두 학급씩 생존수영 수업을 하다 보니 대부분 여교사들인지라 남자 탈의실 안에서 우리 학생들이 도와줄 손이 부족하였다. 그래서 동의하에 남자 탈의실만 강사들에게 도움을 요청했건만 후에 강사들로부터 갑질이라는 항의가 들어왔다. 더구나 우리 학생들 수업과 살짝 겹치는 지역주민들이 우리 학생들로 인해 수영장 물이 더러워졌다면서 스포츠센터로 자꾸 민원을 제기하였다. 스포츠센터 직원들은 민원을 응대하느라 날카로워져 있었다.

예민해진 스포츠센터의 담당자와 체육부장이 만나 이야기를 하는 중에 서로의 일정의 차이로 준비과정에서 충분한 소통이 부족했고 그로 인해 갈등이 발생했다는 것을 알게 되었다. 어떤 교육활동이나 사안에 대해 우리 학교도 내부적으로 충분한 협의를 하고 준비한다. 그러나 기관 대 기관의 협의는 훨씬 더 중요함에도 협의가 충분하게 이루어지지 못한 것에 대한 아쉬움이 컸다.

그럼에도 우리 아이들에 대한 어른들의 인식이 안타까울 때가 있다. 우리 아이들에 대한 어른들의 시선이 불편할 때가 있다. 아이들은 성장하는 중이다. 어른들의 도움이 필요하고 이해가 필요하다. 그래서 '교육은 백년대계'라고 하지 않는가?

아이 한 명을 키우기 위해서는 온 마을이 필요하다. 담임교사가 '몇 주 전부터 알림장과 안내를 통해 교육시킨 결과'라고 하여도 아이들은 받아들이는 속도가 다르다. 그래서 부족하고 늦는 아이들에게 지속적인 도움이 필요한 것이다. 'ㅇㅇ초 스포츠센터'의 이름처럼 우리 학교의 이름을 건 만큼 아이들보다 지역주민이 우선일 수 없다. 당연히 아이들이 수업을 받아 사람들이 많아지니 수영장의 물이 탁해질 수 있다. 뚜렷한 근거도 없이 주관적인 생각으로 아이들 때문에 수영장 물이 더러워졌다고 주관적으로 타박을 하며 민원을 내는 어른들의 모습이 실망스러웠다.

학교 이름을 딴 스포츠센터가 우리 학교 안에 있고 건립과정에서 교육장, 시장, 학교장이 MOU를 체결하여 사용 협약을 맺었다. 협약 당시 시에서는 평생교육과에서 담당했으나 그동안 담당과가 바뀌며 운영은 시설관리공단에서 운영하고 있다. 물론 MOU 협약 대상은 아니었으나 스포츠센터 입장에서는 코로나로 인해 그동안 지역주민들 위주로 운영하고 있다가 코로나가 해제되면서 학생들이 우르르 몰려오니 시간도 바뀌고 어수선하여 불편하였을 것이다.

오랜만의 수영으로 들뜨고 떠들썩한 아이들로 인해 피로감이 느껴졌을 것이다.

아이들의 발달 상태나 특성까지 이해하지 못하더라도 아이들에게 부족한 면은 친절하게 설명을 해주고 어른으로서 도와주기를 바랐다.

그런데 오히려 아이들을 야단치고 다그치는 어른들의 모습이 참으로 안타까웠다. 학교 운동장에 스포츠센터를 건립하면서 전교생을 대상으로 생존수영을 하는 것은 협약 당시 합의사항이었다. 그런데 다른 학교처럼 3~4학년만 생존수영을 하면 어떻겠냐고 제안까지 했다고 하니 협약 당시의 목적을 한참 잊은 듯했다.

생존수영은 학교 복합시설인 스포츠센터의 한 주체로서 학생과 학부모의 만족도가 높은 우리 학교만의 특화된 교육과정이었다. 협약사항은 지켜야 하고 혹시 위반 시에는 협약 당사자인 3주체가 모여 협의해야 하는 사항이다. 운영에 대한 불편사항이나 방법적인 면은 생존수영이 끝난 후 평가회를 통하여 문제점들에 대해 충분히 논의가 이루어질 것이다. 논의를 통해 협의된 문제점들을 내년도 생존수영 운영에 반영하면 상황이 점점 나아질 것이다.

아이들은 따라쟁이다. 부모님이든 어른들을 보면서 따라 배운다.
그래서 어른들은 아이들에게 좋은 본이 되어야 한다. 아이들에게 좋은 모델이 되어야 한다. 아이들은 어른의 등을 보며 자란다.

⑤

일방적 소통의 최후

소통은 가능하면 대면으로

40년 가까이 학교에 근무하면서 소통이 얼마나 중요한지 깨닫는다. 교사와 교장, 학부모, 학생들은 불통의 당사자로 서로를 지목하고 있다.

'개떡같이 말해도 찰떡같이 알아듣는다.'라는 속담이 있다. 우리가 학교에서 생활하며 척! 하면 딱! 알아들으면 얼마나 좋을까? 나아가 서로 존중하며 생활한다면 얼마나 좋을까?

학교는 학생, 학부모, 교직원들이 있으며 20대부터 60대까지의 나이와 세대가 다양한 공동체이다. 문화가 다르고 서로 배려받아야 한다고 생각하고 있어 소통이 쉬운 편은 아니다.

그중에서도 교사와 학부모들과의 소통은 가장 힘들다.

초등학교의 학부모들은 밀레니얼 세대로 디지털을 활용하고 그 영향력을 받는 세대로 '디지털 이목민'이라 불린다. 특징으로는 SNS을 잘 다루며 활용하기 때문에 직접 대면보다는 비대면 소통에 익숙하다. 그래서인지 자녀에 대한 상담도 대부분 대면보다는 전화나 문자를 활용한다. SNS로의 소통은 편리성이라는 장점도 있지만 서로 주고받는 내용을 자신의 프레임으로 해석하는 경우가 있어 오해 소지가 발생할 수 있다. 보낸 사람의 의도와 관계없이 각자의 자신의 가치관이나 신념, 문화나 정서로 이해하고 받아들이기 때문이다.

학생이 다치거나 아파서, 혹은 긴급한 상황이나 학생의 문제행동으로 부모에게 알려야 할 때가 있다. 주로 전화나 SNS를 사용하는데 학부모와 교사들 간의 오해 상황을 만들고 사태를 더 악화시키기도 한다. 주위에 문자나 전화로 상처받는 경우를 많이 보았다. 소통하는데 다양한 방법으로 문자, SNS, 이메일을 사용함에도 오히려 소통의 어려움을 더 겪고 있다니 참 아이러니하다.

그래서 가능하면 자녀에 대한 상담이나 학교에 대한 의견들은 직접 학교를 방문하여 이야기 나누기를 권한다. 직접 만나서 소통을 하면 감정과 반응을 빨리 알 수 있어 오해를 줄이고 훨씬 유익한 소통을 가능하게 한다.

방학을 며칠 앞두고 한 학급의 아이들 사이에 갈등이 발생하였다.
갈등과 관련된 학생들의 학부모들과 만나서 2시간의 대화를 마쳤다. 기진맥진한 상태였다. 퇴근 시간도 훌쩍 넘긴 상태에서 몸을 추스르고 있었다. 교무부장이 끝나길 기다렸다가 교장실에 들어왔다. 교장 선생님과 통화를 원하는 학부모가 있다면서 전화번호를 줬다. "해당 학부모가 저희 학교에 민원성 전화를 몇 번 하셨어요. 저희 선에서 처리할 수 있는 것들은 해결해 드렸는데 교장 선생님과의 통화를 원하세요." 했다.

"그런데 오늘은 교장 선생님께서 학부모 면담을 하시느라 힘이 드셨으니 다음에 하시지요?"라는 배려의 말에 "아니에요. 직접 통화를 원하는 것을 보면 급한 일일 수도 있어요. 그리고 오늘은 금요일이잖아요. 제가 통화해 볼게요." 하고 학부모에게 전화를 했다. 학교에서 금요일에 발생하는 민원은 즉시 해결해야 한다. 해결되지 않으면 토요일, 일요일을 지내면서 눈덩이만큼 커져서 해결이 더 어려워지는 경우가 많기 때문이다.

"안녕하세요? 교장입니다."
그러자 대뜸 "아니 무슨 교장하고 통화하기가 대통령하고 전화하는 것보다 더 힘들어요?" 비아냥대는 목소리에 화가 잔뜩 묻어 있었다.
"아, 그러세요? 죄송합니다. 전화가 어렵게 연결되었으니 저에게 하고 싶었던 이야기를 하시지요."
그럼에도 교장과 늦게 전화가 연결된 것이 화가 났는지 학부모는 계속 격앙된 상태로 그동안 쌓인 것들을 일방적으로 쏟아내고 있었다.

평소에 배운 대로라면 여유롭게 주말을 보내고 심신을 회복한 후에 월요일쯤 통화를 했어야 했다. 그러면 학부모가 감정이 많이 상해서 말을 하더라도 충분히 들어주었을 것이다. 그러나 이미 몸도 마음도 지칠 대로 지친 상태여서 일방적인 비난과 질책을 듣기가 너무 힘들었다.
"아니 학교가 무슨 욕받이에요? 그만 좀 하세요."라고 소리치고 싶었다. 꾹 참고 몇 분간 듣고 있다가 "어머님, 통화가 되면 제게 하고 싶었던 이야기가 있으시잖아요. 그 이야기를 해주세요." 다시 거듭 말씀드렸다.

이런 막무가내식의 전화를 직원들은 연결해주기 어려웠을 것이다. 나에게 답변할 기회도 주지 않았다. 일방적인 비난과 질책으로 일관하였다. 이런 경우 가장 지혜로운 방법은 무엇일까?

"교장 선생님, 제가 꼭 하고 싶었던 말은 ~~였어요." 하고 말하고 싶은 요점을 먼저 말을 했더라면 자연스럽게 대화로 연결되었을 것이다. "아, 그러셨어요. 제가 알아보고 연락을 드리겠습니다. 그리고 오늘 저하고 통화하기가 어려웠다고 하셨는데 아마도 ~~ 때문에 그랬을 거예요. 다시 한번 죄송합니다." 했더라면 쌍방 간에 대화로 훨씬 만족한 소통이 이루어졌을 것이다.

경험상 학부모님들은 정확한 상황에 대한 판단 없이 자녀의 이야기를 근거로 이런 일방적인 전화민원이 많다. 기선제압이라도 하려고 그러는 걸까? 무례하게 화부터 낸다. '이렇게 즉시 전화를 해서 화를 내는 것이 옳은가?' 하는 생각을 수없이 하게 된다. 가만히 생각해보면 학교와 교사가 이런 무례한 전화를 받고 비난과 욕을 들어야 할 이유가 없다. 학생과 관련되어 있는 사안에서는 진정된 상태에서 시간을 두고 전화를 해도 늦지 않다. 화가 나고 격앙된 상태에서 학교로 즉시 전화를 하는 것은 자제를 부탁드린다. 옆에서 아이가 다 배운다. '아~ 화가 나면 이렇게 하는 거구나.' 얼마나 무서운 일인가?

학부모로부터 학교로 전화가 왔다.

작년에 학급에서 일어난 일로 자녀가 계속 트라우마를 겪고 있다고 했다. 지금이라도 상대방 아이의 생활기록부에 그 일을 기록하고 그 아이를 상담실에서 교육을 받게 할 수 없느냐는 문의였다. 다시 그 아이와 사이에 일이 발생한 것도 아닌데 1년이 지난 지금 전화로 그 당시의 일로 민원을 제기하는 이유가 궁금했다.

학부모가 학교폭력 책임교사, 담임교사, 학교 상담교사에게 돌아가며 계속 전화로 묻고 확인했다. 그것도 부족한지 수업 중에도 카톡과 문자를 남겼는데 도가 지나쳤다. 생활기록부 기재와 상담이 어렵다는 안내에도 불구하고 자신의 의지가 관철될 때까지 계속 전화와 문자로 문의를 하는 학부모로 인해 담당 교사와 교감은 스트레스를 받았다. 담임교사와 교감은 혹시 잘못된 응대로 말꼬리를 잡고 모든 잘못을 교사에게 돌릴까 봐 크게 걱정하였다. 앞뒤 가리지 않고 일방적인 학부모의 행동은 교사의 열정과 의지를 꺾는다. 알아보니 일 년 전에 일어난 일로 이미 해결된 사안이었다.

학교에서 원하는 답변을 듣지 못하자 이번에는 교육청의 위센터로 전화를 했다. 자세한 상황을 알 수 없는 교육청에서는 우리 학교로 다시 연락을 했다. 해당 학부모의 상황을 알려주면서 전화 문의가 지나치다고 했다.

지금까지 알아본 결과 상대 학생에게 아무것도 할 수 없게 되자 결국에는 학교폭력으로 신고를 하였다. 신고 이후에도 전담 기구에 참여하는 교사가 누구냐. 홈페이지의 교사 이름은 왜 김○○으로 되어 있느냐 등 교감에게 수시로 전화해 학교의 업무력을 마비시켰다. 학교폭력 전담기구에서는 조사한 사안을 토대로 기준에 따라 학교장 자체 해결로 처리했다.

> **학교장 자체해결 기준**
>
> 첫째, 2주 이상의 신체적. 정신적 치료를 요하는 진단서를 발급받지 않은 경우

> 둘째, 재산상 피해가 없거나 즉각 복구된 경우
> 셋째, 학교폭력이 지속적이지 않은 경우
> 넷째, 학교폭력에 대한 신고, 진술, 자료제공 등에 대한 보복행위가 아닌 경우

결과가 학부모 마음에 들지 않았는지 승복하지 않았다. 한동안 어떤 기준으로 학교장 자체 종결처리를 했냐 등 집요하게 캐물었다. 학교에 나오셔서 직접 만나서 이야기를 나누자고 하여도 일방적이고 지속적으로 전화나 문자를 하는 학부모가 야속했다.

학교에서 학생들 사이에 일어난 일은 대부분 단순 실수인 경우가 많다. 특히 초등학교는 사안이 벌어지면 부모가 개입하는 경우가 많아 아이의 의지와는 다른 양상으로 가기도 한다. 초등학교 시기는 실수가 많고 배워가는 중이니 마땅히 수용 받고 이해받아야 한다. 학교에서 아이들 간에 사안이 발생하면 교육적인 해결보다는 학부모가 만족하는 수준의 상응하는 벌을 주고 징계하기를 요구하고 있다. 이런 사례가 만연하다. 이러한 학부모의 태도는 교육 현장의 혼선을 초래하고 전체적인 공교육의 수준을 저해하는 원인이 되기도 한다. 학부모가 교육과 교사를 믿지 못하고 법의 잣대로만 해결하려고 하면 갈등이 사라지지 않고 더 심해진다. 더구나 학교에서 일어난 사안을 가지고 학부모가 관련된 교사에게 아동학대로 신고를 함으로써 교사들을 억울한 피해자로 만들기도 한다. 아동학대 신고가 문제해결의 방식이자 부모들이 휘두를 수 있는 무기가 된 것을 보면 너무 놀랍다.

소통을 배우며 카톡과 문자를 보내는데 정중해졌다.

아무리 급한 내용이라도 쿠션 언어를 활용하여 간단한 인사로 시작한다. 이어 내용을 정중하게 쓰고 상대방의 입장에서 몇 번이고 읽어보고 수정하여 보낸다. 그러나 SNS, 전화 문자 등 다양한 방법으로 소통을 하는 것도 좋지만 자녀에 관한 일은 얼굴을 마주 보며 하는 소통이 가장 좋은 방법이다. 얼굴을 마주하고 앉아서 아이들의 문제를 함께 진심으로 모색하다 보면 당연히 좋은 결과를 가져온다. 소통은 일방통행이 아니라 쌍방통행이기 때문이다.

❻

소통 연습! 또 연습! 연습만이 살길

비 오는 어느 날,

점심시간이나 쉬는 시간에 운동장에 나가서 뛰어놀 수도 없고 하루 종일 실내에만 있으려니 아이들이 에너지를 쏟을 곳이 마땅치가 않다.

답답하기도 하고 발산하지 못하니 비 오는 날은 학교가 한층 더 소란스럽다.

마땅히 갈 곳이 없는 10여 명의 아이들이 점심시간에 교장실에 들어왔다.

마침 마쳐야 하는 일이 있어 너무 바빠서 잠시 어떡할까? 고민하다가 친구들이 비가 와서 갈 곳이 마땅치 않아 용기를 내어 들어온 교장실이라 생각하니 거절을 할 수가 없었다. 그 대신 나의 상황을 알려주기로 했다.

"오늘은 교장 선생님이 무척 바빠. 시간 내에 마쳐야 할 일이 있으니 너희들끼리 앉아서 조용히 이야기했으면 해. 교장 선생님이 일해야 하니 배려해주면 좋겠어요."라고 분명하게 부탁을 하였다.

그런데 이게 웬일인가?

교장실을 마구 뛰어다니고 서로 목소리를 높여 말하느라 교장실은 매우 소란스러웠다. 도대체 너무 시끄러우니 일을 할 수가 없어 잠시 멈추고 아이들을 바라보았다. 화도 나고 짜증이 올라왔다. 그 순간 분별력을 잃었다.

'아니, 내가 바빠도 너희들을 위해 내 공간을 너희들에게 기꺼이 내어주었건만 너희들 그럴 수가 있어?', '그리고 내가 미리 부탁도 했잖아?' 마음속에서 그 순간에 단호하게 말해서 '앞으로 이런 행동을 하는 것은 용납이 안 돼.' 하는 교육적 행동이 필요해 보였다.

짧은 시간 동안 마음속으로 갈등하며 어찌할까 잠시 망설였고 선택을 했다.

아무래도 개입을 해야 할 것 같아 "모두들 잠깐 이리 와서 앉아 보자."라고 단호하고 평소보다 큰 목소리로 톤은 낮게 말했는데 아이들이 '아, 짱쌤이 조금 이상하다'는 낌새를 알아차렸는지 슬금슬금 눈치를 보며 소파에 따라 앉았다. 오늘 방문한 아이들 중 친구를 따라 교장실에 처음 온 친구들도 있었다.

정색한 얼굴로 앉으니 어리둥절한 얼굴로 서로를 쳐다보며 어쩔 줄 몰라 했다.

"얘들아, 처음에 교장실에 들어왔을 때 짱쌤이 너희들에게 한 말을 기억하고 있는 사람?"

"……."

"짱쌤의 이야기가 기억나는 사람이 없어요?"

"오늘은 짱쌤이 할 일이 있으니 너희들끼리 앉아서 이야기하라고 했는데?"

"……."

4장 교장 선생님도 소통이 어려웠어요

"짱쌤은 오늘 엄청 바빴는데도 너희들이 교장실에 왔길래 들어오라고 했어. 조용하게 이야기해서 교장쌤이 일할 수 있도록 배려해줄 줄 알았는데?"
"애가 먼저 떠들었어요. 아니에요. 쟤가 떠들었어요." 했다.
서로 "너 때문이야."라고 탓하며 열심히 일렀다.
"아이구야."

3, 4학년 아이들의 특성을 모르는 것도 아니었으나 나의 부탁을 들은 아이가 한 명도 없다는 사실이 마음에 걸렸다. 더하여 잘못한 것을 서로 탓하며 이르고 있으니 기대한 아이들의 모습이 아니었다.

"약속을 안 지켰으니 아무래도 오늘은 교장실에서 이만 나가야 할 것 같다."
"조용히 교실로 가세요."
고요한 침묵이 흐르고 아이들이 하나둘씩 밖으로 나갔다.

아이들이 교장실을 나가고 혼자 남겨진 썰렁한 방에서 잘못된 선택을 했음을 직감했다. 아이들이 떠드는 것은 당연지사(當然之事)인데 아이들이 조용히 해줄 거라고 기대를 하다니. 부탁을 했는데 지키지 않았다고 '교장실에서 나가라'고 했으니 당분간 아이들을 만나지 못할 듯싶다.

이런 상황에서 어떻게 현명하게 처신해야 했을까?
예전에 재미있게 보았던 이휘재의 예능 드라마가 생각났다.
선택의 기로에서 선택하지 않았던 삶에 대해 가상으로 꾸며보는 드라마였는데 이 기억을 살려 오늘 교장실 상황을 되돌려 보고 다른 선택을 한다면

첫째는 현재의 상황을 분명하고 솔직하게 말하는 것이다.

내 상황이 바쁘고 업무가 있는 상황이어서 아이들을 맞이할 형편이 되지 않았다. 아이들을 배려했지만 결국은 아이들과 나에게 좋지 않은 결과를 이끌어냈다. 친구 따라 처음 방문한 아이들도 있었는데 그동안 아이들과 소통을 위해 좋은 관계를 맺으려고 했던 노력이 하루아침에 물거품이 되어 버렸다.

부모가 여유가 있어야 아이들을 온화하고 여유 있게 대한다.

엄마가 바쁘고 여유가 없으면 일단 짜증이 나고 예민한 상태이다.

그러니 아이 이야기를 귀담아듣지 않게 되고 귀찮아지고 옆에서 징징거리는 아이를 다그치게 되는 것이다.

바로 이 지점이 아이들은 부모가 일관성 없다고 느껴지고 아이들이 눈치를 보게 된다. 그래서 가능하면 기분을 좋게 하고 여유롭게 마음을 다스려야 하나 우리의 삶이 그렇지 못한 경우가 더 많다.

오히려 현재의 상황을 아이들과 정확하고 솔직하게 나누었다면 어땠을까?

"애들아, 교장실을 찾아주어서 고맙다."

"그런데 어쩌지? 오늘은 교장 선생님이 너무 바쁘고 해야 할 일도 있단다.

다음에 다시 와 줄래?" 하고 솔직하게 나의 상황을 이야기를 했다면 아이들은

"교장 선생님이 오늘 바쁘시구나. 그럼, 다음에 다시 올게요."라고 하고 돌아갔을 것이다. 그러면 나는 나대로 기분 좋게 일에 몰두했을 것이고 시

간적으로 여유가 있을 때 만난 아이들과 좋은 관계를 유지할 수 있었을 것이다.

둘째는 **일을 잠시 미루고 아이들과 함께 시간을 보내는 것**이다.

교장실에서 아이들과 소통하기 위해 준비를 하면서 다짐한 것이 있었다.

아이들과 좋은 관계를 맺기 위해 교장실을 기웃거리기만 하여도 보건실인 줄 잘 못 알고 들어와도 자리에서 하던 일 멈추고 벌떡 일어나 아이들을 친절하게 맞이하겠다는 나와의 약속이었다. 그런 마음과 약속이 시간이 갈수록 희미해졌다. 쉬는 시간은 보통 10분, 점심시간은 50분이니 점심을 먹고 나면 30분 정도의 시간이 아이들에게는 자유로운 시간이다. 나의 일을 잠시 미루고 아이들을 위해 먼저 시간을 할애했다면 아이들과 좋은 관계를 유지할 수 있었을 텐데 하는 아쉬움이 밀려왔다.

또 하나의 사건으로 인해 나의 부족함을 깨닫게 되었다.

언제쯤이면 여러 상황 속에서 긴장하고 정색하지 않고 유연하게 아이들과 소통하는 짱쌤이 될 수 있을까?

소통은 이렇게 꾸준한 연습과 노력이 필요한가 보다.

⑦

넘어진 자리에서 또 넘어지다

같은 실수를 반복하다.

교감 시절, 교사들은 나를 '민원의 달인'이라고 불렀다.

교사들이 수업과 아이들과 생활하느라 바쁜 시간을 대신하여 조금씩 학부모들을 만나 이야기를 들어주다보니 생긴 별명이었다.

교사들의 칭찬 덕분에 소통에 관심을 가지고 더 공부하게 되었으니 일석이조(一石二鳥)이다. 어떤 관계든 소통을 잘 할 수 있을 거라고 생각했다.

그래서일까? 한마디로 자만했다.

'소통은 자신 있는' 초보 교장에서 '소통도 초보'인 교장에 불과하다는 사실을 깨닫기까진 얼마 걸리지 않았다. 어느 배우의 수상소감처럼 그동안은 '다 차려진 밥상에 숟가락을 얹은 격'이었다. 계급장이 붙어 있는 상태에서 이루어진 소통이었음을 미처 깨닫지 못했다.

교장이 되면 학부모 외에 직원, 교사, 외부 기관과의 관계 맺기가 더 넓어지고 다양해진다. 교감 시절에 해결하던 학부모 민원과는 새로운 양상이었다. 소통의 과정에서 시행착오를 겪으며 계속 낙담하고 좌절했다. '분노 관리연구소' 이서원 소장은 '많은 부모가 같은 데서 넘어진다. 좋은 부모를 만나지 못하면 자신도 좋은 부모가 되지 못하고 자기가 상처받은 곳에서 또 넘어지고, 아이에게 같은 상처를 주더라.'라고 했다. 나도 같은 상황이었다. 무의식적으로 답습한 말들을 **다양한 상황에서 같은 말을 쏟아내며 같은 실수를 반복하였다.**

교장이 되어 교육청을 방문하다.

겨울방학과 함께 시작된 지진 대비 내진공사가 갑자기 3월 개학과 함께 중단되었다. 3월 개학에 맞춰 학생들의 안전을 위해 학부모들이 걱정하지 않도록 여기저기 쌓여 있는 공사의 잔해물들을 어느 정도 안전하게 치워놓았다. 그렇게 3월 개학을 잘 맞이하고 난 후 더 이상 공사가 진행되지 않았다. 교육과정을 운영하며 반쪽짜리 교실과 특별실, 운동장들을 사용할 수 없는 아이들이 그 피해를 고스란히 받았다. 이런 중요한 사항은 교육청 책임자가 학교에 분명하게 그 이유를 설명해야 함에도 아무도 답변을 주지 않았다. 더 이상 기다릴 수 없어 교육청을 찾아갔고 담당 과장을 만났다.

나: "저희 학교 내진 공사가 3월 1일 이후 거의 한 달이 넘게 멈춰 있습니다."
"저희 학교 공사가 멈춘 것을 알고 계셨나요?"
A: "제가 모두 알 수는 없지요."(이 말에 화가 나기 시작함)
"제가 승진해서 새로 발령 받고 온 지 이제 3개월밖에 안 되었습니다."
나: (발령 받은 지 3개월이면 충분한 시간이라고 생각되어)
"발령 받은 지 3개월이면 충분한 시간인데도 불구하고 관내 공사현황에 대해서는 파악이 안 되셨나 보네요?"

A: "우리 교육청 안에 제가 맡고 있는 공사가 얼마나 많은지 아세요?"

"공사비만 해도 ○○입니다."(나한테는 변명으로 들림)

나: "제가 공사금액이 얼마이고 우리 교육청 산하에 공사가 얼마나 많은지 알려고 온 것이 아닙니다. 도대체 우리 학교 공사가 지금 3달 동안 멈춰 있는데 그 이유를 알고 싶어 찾아온 것입니다. 교육청의 담당 팀장이나 저희 학교실장도 알려주지 않으니 그 이유가 너무 궁금해서 찾아왔습니다."(목소리가 점점 커짐)

"학교 공사가 멈춰 있으면 담당자로서 한번쯤 학교를 방문하시거나 직접 전화를 하셔서 현재의 상황을 말씀해 주셔야 되는 게 아닌가요?"

A: "교장 선생님이 교육청에 와서 이렇게 큰소리로 말씀을 하셔도 됩니까?"

상황이 달라졌다.

학교에 문제가 있다며 찾아오는 여느 학부모들처럼 의기양양하게 태도와 자세에 힘이 들어갔다. 미리 시간 약속을 정하지 않고 교육청을 방문했다. 대화 시작부터 감정이 통제가 안 되었다. 과장을 만나자마자 조절이 안 되고 화부터 났다. 너무 화가 나서 그 순간 상대방에 대한 존중과 배려도 잊었다.

'교육청에서 잘못한 거야. 우리 학교는 공사 중단으로 피해를 입었어.'

'교육청에서 공사 기간이나 일정이 변경되었으면 당연히 학교에 알려줘야지. 도대체 몇 개월 동안 연락도 없고 이게 말이 되는 상황이야?'

'나는 우리 학교의 책임자이고 참을 만큼 참았어.' 그 생각 이면에는 **나는 옳고 너는 틀리다.**'라는 마음이 있었다.

'내가 옳다'고 생각하니 어깨에 힘이 들어갔다.

'내가 옳다'고 생각하니 어깨에 힘이 들어가고 목소리가 커졌다. 상대방의 대한 수용이나 수긍이 전혀 없는 상태이기 때문에 대화 시작부터 담당 과장을 추궁하기 시작하였다. 뭔가 잘못되고 있다는 생각이 들었지만 화가 나며 감정이 통제가 안 되었다. 그 순간 딱!! 멈춰야 했다. 너무 화가 나서 멈춰지지 않았.

펄펄 끓는 분노가 가라앉을 무렵, 돌아오는 길 내내 후회로 가슴이 아팠다. 결국은 교육청을 방문한 목적인 중단된 이유를 듣지도 못한 채 혼자 펄펄 끓다가 돌아왔다. 일방적인 비난으로 시작해서 서로의 난타전으로 기진맥진한 소모적인 대화였다. 감정이 가라앉은 후에 바둑에서 복기하듯 문제를 되짚어보았다.

첫째, 쿠션 언어 없이 바로 본론부터 시작하였다.

'쿠션 언어'란 핵심적인 말을 하기 전 상대방을 배려하기 위해 사용하는 배려가 깔린 완곡(婉曲)한 표현으로 불편하거나 갈등을 빚을 수 있는 상황에서 사용한다. 쿠션 언어를 잘 사용하면 주변의 관계를 유연하게 만들고 상황을 부드럽게 만들 수 있다는 장점이 있다. 날씨나 일상적인 이야기로 분위기 부드럽게 시작해야 함에도 그동안 참아 온 용건을 급하게 쏟아냈다. 담당과장 입장에서는 성급하고 무례하게 느껴졌을 것이다. 학교 대표라는 달라진 위치 때문인지 말에 힘이 들어가 있었다. 상대의 말을 끝까지 말을 듣지도 않고 자꾸 중간에 말을 끊고 상대방을 공격했다. 찾아간 교장에 대한 배려도 없이 교육청의 고압적인 자세와 태도가 화나게 만들었다고 생각했지만 오히려 상대방 입장에서는 '아닌 밤중에 홍두깨'였을 상황이었다.

둘째, 교육청에 대한 고정관념과 편견이 있었다.

10여 년 전 장학사로 근무하던 시절에 느꼈던 교육청 지원에 대한 고정관념과 편견이 자리 잡고 있었다. 학교 현장의 어려움을 공감하고 빨리 지원해야 하는 교육지원청임에도 적극행정보다는 업무를 부서별, 개인별로 핑퐁하듯 떠넘기기에 여념이 없었다. '그럼 그렇지, 공무원들이 다 그렇지. 하나도 변하지 않았네.'라는 편견이 작용했다. 학교 현장에 나와 보니 여전히 늦고 배려도 찾아볼 수 없었다. "역시!! 교육청의 부서만 비대해졌지 별로 변한 게 없네. 역시 교장이 교육청 찾아가서 아쉬운 소리를 해야 들어주나?"라는 부정적인 마음과 편견이 자리 잡고 있었다.

셋째, 방문 목적을 잊은 대화였다.

궁금한 내용을 간단히 질문하면 되는 것이었다. 공사가 갑자기 중단된 이유와 언제 다시 진행되는지 알고 싶었다. 간단하게 이 두 가지를 질문하고 답변을 들으면 되는 것임에도 목적을 잊었다. 단지 기분이 상하고 화가 나서 꼬리를 잡고 말싸움만 하고 돌아왔다. 지혜롭지 못했다.

"무슨 일이 있었을 거야. 말 못할 사정이 있었겠지? 들어볼까?"라고 상대방 입장을 듣기 위해 갔다면 어떠했을까? 공사가 중단된 이유도 듣고 좋은 관계도 맺으면서 돌아왔을 것이다.

'옳다'고 생각하는 내 기준이 정답은 아니다. 내 기준이 일반화되고 보편적인 기준도 아니다. 나만의 기준에 불과한 것이다. 그 이후로도 다양한 상황에서 다양한 시행착오를 겪으며 낙담했다. 그러나 시행착오가 곧 실패는 아니다. 시행착오를 통해 반추하며 시행착오를 겪는 간격이 조금씩 길어졌다. 실패를 통해서 나를 바라보게 되었고 상대방의 입장에서 더 많이 헤아리게 되었다. 불통의 부정적인 상황들에 부딪힐지라도 더 이상 민감해지지 않고 나를 탓하지 않게 되었다. 소통에 대해 더 깊이 공부하게 되었다. 그만큼 성장했다.

인권운동가 안젤라 데이비스의 "벽을 눕히면 다리가 된다."는 말처럼 '소통'의 벽을 눕혀 연결하는 다리를 만들어 보고 싶다. 확~ 달라지지는 않을 것이다.

'소통'의 벽을 두드리고 건너고 두드리고 건너고를 반복하다가 어느 순간 뒤돌아보면 '소통의 달인'이라는 상상도 못할 자리에 서 있는 나를 발견하게 되지 않을까?

⑧ 나를 살린 한 통의 문자

 교장의 철학이나 교육관이 학교문화에 큰 영향을 끼친다고 한다. 실제로 그 간극의 차이가 있지만 교장의 마인드는 학교를 운영하는데 기반이 되기도 한다. 소통의 중요성을 알기에 학부모, 학생, 교사, 교직원들 간에 소통을 통한 민주적인 학교를 운영하고자 동분서주 하였다. 하지만 소통의 문제로 힘든 시간을 보냈다. 무거운 마음을 풀고자 음악을 들으며 산책을 했다. 흐드러지게 피어있는 꽃들로 온 세상이 환해졌지만 마음이 편치 않았다. 도대체 어디에서 잘못된 것일까? 곱씹으며 불편한 마음으로 계속 걷고 또 걸었다.

 서이초 교사 사망과 관련하여 주말을 이용한 6차 추모 집회가 열렸다. 소신을 가지고 교육을 할 수 없는 학교와 교실, 그동안 교실에서 일어나는 각종 학부모와 민원과 관계로 인하여 시달리고 참고 참아왔던 교사들의 집단행동이었다. 교사들로서 집단행동은 한 번도 해보지 않은 길이었다.

 개학과 동시에 49제와 관련한 9월 4일 '공교육 멈춤의 날'로 교사들의 대대적인 집단행동이 예고되었다. 신문과 방송에서 당일 집회에 대해 대대적으로 보도하고 동참하려는 교사들이 늘어나자 교육부에서는 학교장 재량으로 휴업일로 지정하거나 당일 병가나 그 밖의 복무로 참여하는 교사들에게 불이익을 주겠다는 공문이 왔다. 이런 상황은 교사들의 성난 마음에 불을 붙이는 격이었다.

2주밖에 남지 않은 상황에서 도대체 이 일을 어찌한단 말인가?
우리 학교 상황을 알아보고자 먼저 부장들을 만나서 이야기를 들어보고 싶었다. 부장들은 지금까지의 고충을 토로하며 무너지는 교권과 공교육을 바로 잡기 위해서 동참하여 뜻을 같이 하겠다는 의지를 결연히 표현하였다. 학교 현장의 상황에 대해 충분히 공감하고 있다는 마음을 전하고 교사 부재 상황을 어떻게 대처할 것인지 대처방안을 강구해보자는 말로 마무리 하였다. 어떤 이유인지는 몰라도 정해진 날짜가 되도록 답이 없었다. 이런 논의를 한다는 자체가 맞지 않는 말이었다. 교사들도 혼란스러운 상황이고 당일에나 가능한 일로 추측 불가능한 일이었다.

고민 끝에 교사들의 마음속에 담긴 이야기가 무엇인지 들어보고자 자리를 마련하였다. 자리 배치도 고민이 되어 서로 마주 보는 자리보다 서로의 얼굴이 보이도록 둥글게 배치하였다. 퇴근 한 시간을 넘기도록 교사들은 그동안의 어려움을 토해냈다. 그만큼 참고 인내하며 기다렸던 힘듦의 시간들이 충분히 공감되었다.

나도 미처 인지하지 못한 일로 교육청 조사를 받았었다. 학교 운동부 아이들끼리 학폭 사안이 발생했고 결과에 승복하지 못한 학부모가 운동부 운영에 관한 사항으로 도교육청에 공익제보를 했다. 학교 운동부 운영을 위해 해마다 장학사에게 컨설팅을 받았고 코치와 운동부 학부모들을 대상으로 분기별로 청렴교육도 실시하였다. 운동부 학생지원 등 코로나 기간 중에도 배워가며 최선을 다했는데 결과가 감사로 돌아오니 너무 억울했다. 학부모뿐만 아니라 운동부에 관련된 교직원들이 줄줄이 교육청의 조사를 받았다. 교직원들에게 너무 미안했고 교장으로서 어찌해볼 수 없는 상황이 더 고통스러웠다.

대부분의 교사들은 고소 고발의 경험이 없다. 학교에서 열심히 아이들을 가르치는 일을 할 뿐이다. 정당한 교육활동 중에 발생한 일로 교사가 고소 고발을 당하고 그 책임을 물었다. 해결을 위한 대화보다 우선하여 이루어지는 학부모들의 고소, 고발이 학교를 황폐화시키고 교사들의 마음을 닫게 한다. 학교라는 교육기관에서 일어난 일을 교육적으로 해결하지 못하고 감정적인 고소와 고발로 이어지고 있는 상황이 참 아이러니하다. 이런 상황에서 교장, 교감 또는 동료 교사의 도움이 안될 때 교사 혼자서 헤쳐 나가기에는 그 무게와 현실이 참으로 버겁다. 혼자라는 소외감으로 무척 우울해지고 마음에 큰 상처로 남는다.

학부모의 주관적이고 빈번한 아동학대로 인한 고소, 고발에 속수무책으로 당하는 교사들이 충분히 이해가 되었다. 교사들이 소신 있게 수업을 할 수 있는 학교 환경과 교권이 법적으로 보장이 되어야 한다. 그러나 뜻은 같이하나 서로의 역할이 다르지 아니한가? 어쩔 수 없는 교장의 역할에 대한 이해를 구하며 급하게 마무리 되었다. 교사들이 현명한 결정을 할 것이라고 믿었다.

이틀 후 전 직원 협의회가 있었다.
그런데 우리가 급하게 협의해야 할 '공교육 멈춤의 날'과 관한 협의보다 '현장체험학습 건'에 대한 이야기가 먼저 나왔다. 2학기에는 현장체험학습과 수학여행이 계획되어 있었다. '공교육 멈춤의 날'과 맞물려 '노란 버스'가 논란의 중심에 있었다. 법제처에서 현장체험학습을 가려면 안전한 노란 버스를 타고 가야 한다는 법의 해석이 나왔다. 교사들은 교사의 안전이 답보되지 않는 상황에서 현장체험학습을 갈 수 없다고 했다. 주된 이유는 역시 교사 30%가 체험학습 동안에 발생한 일로 학부모의 고소 고발, 민원에 시달렸음에도 보호받지 못했고 더구나 노란버스가 아닌 일반 관광버스를 타고 가는 상황에서 발생하는 사고는 불법으로 법의 보호를 받기가 어렵기 때문이다. 교육청에서 온 공문을 근거로 교직원에게 전달하였다.

> **경찰청**: 현장의 혼란을 최소화할 수 있는 방안이 도출될 때까지 관광버스를 타고 가도 단속 대신 계도와 홍보를 하겠다는 입장
> **교육부, 교육청**: 현장학습 매뉴얼 준수, 동승보호자 탑승, 교통안전 교육 실시 등 안전하고 교육적인 현장체험학습이 추진될 수 있도록 협조 부탁

현장체험 건에 대한 질의가 시작되고 대답을 하는 과정에서 교사들은 공유하고 있는 사적인 정보를 근거로, 교감과 교장은 교육청에서 온 공문을 근거로 답을 찾으니 확연한 서로의 입장 차이가 있었다. 서로 바라보고 있

는 자리 배치처럼 대치적인 상황이 되었다. 격앙된 교사들의 질문들은 더 이상 질문이 아닌 공격으로 느껴졌다. 말로 설명할 수 없는 섭섭함과 소외감이 들었다. 그 순간 나의 마음속에서는 '이게 아닌데, 뭔가 잘못되고 있다. 잘못되고 있다. 멈추어야 한다.'를 되뇔 뿐이었다.

현장체험 건에 이어 '9.4일 공교육 멈춤의 날'에 대한 대응 방안을 논의해야 하는 상황이 나를 조급하게 만들었다. 호흡이 빨라지고 자제력을 잃어가고 있었다. 순간 멈추어야 하는데 이미 공격이 시작되었다.
"저는 왜 이 자리가 선생님들이 저를 공격한다는 느낌이 들까요?"
한마디를 하고는 가쁜 숨을 몰아쉬고 있었다.

나를 살린 문자 한 통

몇몇 교사들의 감정적이고 공격적인 태도와 말에 속수무책이었다. 현장학습 건에 대해서는 다음에 마무리하는 것으로 하였다. 9.4일에 대한 대응 방안도 협의를 못한 채 직원협의회는 급하게 마무리 되었다. 소통을 준비하면서 '교사들과 같은 마음이고 충분히 공감한다.'라는 내 마음이 전해지기를 바랐다. 진심이었다. 그러나 교사들은 교장의 충분한 공감과 이해가 부족했다고 느낀 것 같았다. 꼭 어떤 결과에 도달하지 못해도 소통 자체로 의미가 있다고 생각했으나 그 후로 몇 주 동안 힘든 시간을 보냈다. 이 감정은 정확하게 무슨 감정일까?
교사들에 대한 섭섭함과 존중받지 못함에 대한 서운함, 논쟁 과정에서 멈추지 못함에 대한 후회와 자책감이었다.

평소에 좋은 관계를 위해 노력했지만 역할로 인해 대립되는 상황에서는 무용지물이었다. 우리 교직원들에게 진심으로 대했고 함께하는 동안 즐겁고 행복하기를 바랬다. 교직원과의 관계에서도 나보다 교직원들을 배려하려고 노력하였다. 위기의 순간 교장을 믿지 못하는 교사들에게 서운함을 느꼈다. 도대체 어디에서 잘못된 것일까? 상황을 되돌려보았다.

왜, 바로 논쟁이 되는 그 지점에서 멈추지 못했을까?
왜, 공격적인 말들을 왜 유머러스하게 넘기지 못했을까?
왜, 몇 명의 젊은 교사들이 그 자리를 대변하게 만들었을까?
왜, 교사들과 소모적인 논쟁을 벌였을까?
왜, 왜, 왜, 수많은 왜가 나를 괴롭혔다.

늦은 저녁, 나의 부족함을 반추하며 마음을 추스르기 위해 무작정 걸었다. 만일 다시 돌아간다면 나는 어떻게 할 것인가? 그때 한 통의 문자가 왔다.

교장 선생님 힘내셨으면 좋겠습니다.
늘 감사한 우리 교장 선생님, 응원합니다~~.

오오~~ 원망으로 닫혀 있던 마음이 한순간에 무너졌다. 왈칵 눈물이 고였다. 여전히 부족한 교장을 응원하는 단 한명의 교사가 보낸 간단한 메시지에 엄청난 위로와 위안을 받았다.
이 문자 한 통이 나를 살렸다.
공감의 위력을 느끼는 강력한 순간이었다.

⑨
갈등은 결국 단절을 낳는다

학교가 위기다. 요즘처럼 학교가 힘든 적이 있었을까?

학교에 근무하는 사람으로 학교를 바라보고 있으면 너무 안타깝다. 이러다 학교가 붕괴될 거 같은 위기감이 강하게 엄습한다.

1) 신입생이 줄고 있다.

국내 출산율은 약 0.7명으로 OECD 국가 중 가장 낮다고 한다. 이런 추세라면 2025년에는 0.6명으로 더 감소할 예정으로 감소추세가 점점 가속이 붙을 것이다. 한국의 인구 감소 위기를 다룬 뉴욕타임스(NYT) 칼럼에서는 한국의 출생률이 전쟁 중인 우크라이나 출생률보다 낮은 0.7%로 미래의 위기가 아닌 바로 코앞에 닥친 위기라고 하여 화제가 되었다.

교육부에서 2023년 12월부터 2024년 1월까지 신입생을 조사한 결과를 바탕으로 예비 소집 결과를 발표했다. 신입생이 한 명도 없는 학교가 175곳으로 나타났다. 우리 학교도 중소도시에 위치해 있는데 신입생이 한 학급 정도 줄었다.

광주과학기술원(GIST) 김희삼 교수는 "요즘 젊은 부부들은 자신이 겪은 숨

막히는 교육 경쟁을 자녀에게까지 대물림하고 싶진 않다는 생각이 강하다" 며 "그렇다고 마냥 경쟁을 외면만 할 수 없는 현실 속에서 출산과 육아를 책임질 젊은 세대가 이른바 '죄수의 딜레마'에 빠져 있는 상황"이라고 진단했다.

김 교수는 "출발선 하나에 결승점 하나를 두고 등급이 매겨지는 과도한 경쟁에 대한 젊은 세대의 피로감이 이를 대물림하기 싫고 과잉 경쟁이 해소될 거 같지 않기에 자연스레 출산을 기피하게 되는 것"이라고 했다.

학부모가 될 1990년대 생은 현재 결혼과 출산 여부를 결정하는 중심 세대라는 점에서 주목할 필요가 있다. 그들은 어느 세대 못지않게 치열한 교육 경쟁을 겪은 세대로 부모의 교육열이 엄청났다. 대부분 60년대 생인 이들 부모는 90년대 중반 이후 기술의 급격한 발전이 고학력 노동자의 임금 상승으로 이어지는 시기를 몸소 체험했기 때문에 '돈 벌려면 SKY 대학에 가야 한다'는 말이 회자된 것도 이 때문이다.

출생률 하락 요인으로는 가치관의 변화, 비교문화, 여성의 사회진출, 집값 급등의 주거비와 사교육비 부담 등으로 나타났다.
EBS가 2022년 입소스에 의뢰해 5개국의 20대 청년들에게 '본인이 경험한 교육 시스템을 자녀가 경험해도 좋은가?'라고 물었을 때도 한국의 20대가 가장 높은 부정적 응답률(49.6%)을 기록했다.

2) 학교 안의 끊임없는 갈등
사람들이 있는 곳에 어느 곳이든 갈등은 항상 존재한다.

갈등이란 갈(葛)은 칡이고 등(藤)은 등나무를 일컫는다. 칡과 등나무는 서로 얽히기 쉬운 식물들로, 칡은 오른쪽으로 감아 올라가고 등나무는 왼쪽으로 감아 올라간다. 칡과 등나무처럼 얽히고설켜서 풀기 어려운 상태를 갈등이라 한다. 갈등이 발생하면 상대를 서로 공격하거나 피하면서 결국에는 마음의 담을 쌓고 헤어지기도 한다. 갈등이 해결되어 바람대로 끝을 맺으면 다행이지만 공격이나 회피로 인해 상대도 잃고 그동안 노력이 수포로 돌아가는 경우도 있다.

학교도 예외는 아니다.
학교 내부적으로 학생과 학생, 교사와 학생, 교사와 학부모, 교사와 교장, 교사와 교사, 교사와 교직원의 갈등이 끊임없이 발생한다.
특히 학생과 학생의 사이의 갈등으로 학교폭력 사안이 많이 발생하다 보니 학부모들은 우리 아이가 초등학교를 무사히 졸업할 수 있을까를 무척 걱정한다고 한다. 신문이나 방송에서 학교폭력 사안을 하도 많이 다루다 보니 혹시 우리 아이도? 하는 생각이 든다는 것이다.

첫째, 학생과 학생간의 갈등
언젠가 학교 앞 편의점에서 저학년 아이들 간에 서로 밀치는 사안이 발생했다. 학교에서 일어난 일도 아니고 반이 다른 교사들은 서로 자기 아이가 피해자라는 양쪽 부모의 연락을 받고 난감해했다.
먼저 관련된 아이들을 만나서 이야기를 들어보았다. 내용을 알아보니 잠깐 무인 편의점에 들려서 뒷걸음을 치다가 B가 A를 밀치면서 안경을 쳤고 A는 B의 가슴을 두 번 쳤다는 것이다.

며칠 뒤에 멋지게 차려입은 교양 있어 보이는 양쪽의 부모 네 명과 아이들 여섯 명이 다시 만났다. 학부모들은 CCTV를 편의점에 요청해서 받아서 가지고 왔다. 막상 확대해온 CCTV를 보니 화질이 좋지 않고 약간 구역이 벗어나서 화면이 선명하지가 않았다. 그럼에도 한 아버지가 CCTV를 보며 자녀의 동선을 따라 생중계를 하자 상대방의 아버지가 "그렇게 안 보이는데 어떻게 그렇게 볼 수 있냐?"며 큰 목소리로 제동을 걸었다. 분위기가 살벌해지면서 위기의 상황이 되었다.

아이들에게 질문을 통해서 상황을 다시 물어보았고 양쪽의 부모들은 아이들의 이야기를 가만히 들었다. 그런데 A가 B의 가슴을 두 번 세게 쳤다는 것과 그 이야기를 부모에게 말하지 않았다는 것을 알게 되었다. A의 부모는 B가 A를 세게 밀쳐서 안경을 쳤고 B의 위험한 행동으로 자녀의 눈이 다칠 뻔했다고 주장하면서 사과를 요청하고 있던 상황이었다.

A는 부모에게 B가 밀치면서 자신의 안경을 쳤다고 말했다. 여기서 A의 부모는 **'세게 밀쳐서 안경을 쳤고 그래서 눈이 다칠 뻔했다'**고 오해했다. 받아들일 때 밀쳤으니 세게 밀쳤다고 자의적으로 해석한 것이다. 알아보니 뒷걸음을 치면서 옆으로 살짝 민 것이었고 더구나 B도 화가 나서 B의 가슴을 두 번이나 쳤다는 사실을 부모에게는 혼날까 봐 말하지도 않았다.

B의 부모는 A가 **'자신의 가슴을 두 번이나 세게 때렸다'**는 이야기를 듣고 **가슴을 아주 세게? 그것도 두 번이나 때렸어?**라고 역시 자의적으로 생각하였다. 물론 외동아이들이니 부모에게는 '눈에 넣어도 아프지 않은 불

면 날아갈까!' 걱정되는 귀한 자식이다. 그래서 배웠다는 부모들이 아이의 학교생활을 더 지나치게 간섭을 하고 호들갑스럽다. 이렇듯 부모가 개입을 해서 일이 커지고 급기야 자녀의 잘못된 부분이 서로 바뀌는 일도 있다.

어른들이 핏대를 올리는 동안 아이들은 이미 갈등 상황은 잊은 것 같았다. 천진스럽게 서로를 보면서 키득거리며 웃고 있었다. 아이들은 서로 잘못한 부분에 대해서 사과를 했다. 아이들의 의사가 중요한 만큼 부모들도 오해한 상황을 서로 바로잡고 사과하면서 잘 마무리되었다. 사실 만나서 자세히 서로 말하고 들어보면 충분히 잘 해결될 일이었다.

그동안 학교에서는 응보주의에 기초하여 학교폭력 사안을 다루었다. 잘못된 행동을 했으니 그에 상응하는 처벌을 부여함으로써 가해 학생의 변화를 기대한다는 것이 응보주의적 관점이다. 가해 학생은 낙인이 찍히게 되고 관계를 단절시켜 공동체에서 소외된다. 응보주의 관점은 가해자에게 초점을 맞추고 처벌을 받게 하는 데 있다. 이 과정에서 피해 학생이 진심으로 원하는 필요가 외면받기도 한다. 이렇듯 학교에서는 이런 문제를 회복적 대화모임을 통해 교육적으로 해결하고자 노력하고 있다.

어떤 일이 발생했는가?
그 일로 누가 영향을 받았고 어떤 피해가 발생했는가?
발생한 피해를 회복하기 위해 필요한 것은 무엇인가?
앞으로 재발방지를 위해 노력할 점은 무엇인가?
당사자들이 서로 모여 질문을 통해 대화를 시작하고 스스로 잘못된 부분을 바로잡아 문제해결을 위해 노력한다. 피해 학생에게 발생한 피해 회복을 위해 학교 구성원 모두가 노력하며 재발 방지를 약속한다. 왜냐하면 피해 학생과 가해학생 모두 안전하게 학교에 다니는 것이 목적이기 때문이다.

둘째, 교사와 학부모의 갈등

학교에서 학생과 학생 사이에 갈등이 발생하면 학부모가 개입하게 되고 곧 교사와의 갈등으로 연결된다. **물론 다 그런 것은 아니고 교사를 신뢰하는 학부모들이 더 많다.** 대부분 학교폭력 사안이 발생하면 자녀의 이야기만 듣고는 화가 나서 학교로 전화한다. 발생한 원인과 상황이 있기 마련인데 그보다 먼저 '내가 옳다'고 생각하여 언성이 높아지고 무례한 행동을 한다.

아이들은 그냥 엄마에게 응석 부리듯이 오늘 학교에서 있었던 이야기를 하고 싶을 수도 있다. 엄마가 해결해 주기보다 먼저 들어주기를 바랄 수도 있다. 여기서 주의할 점은 자녀가 문제를 대했을 때 역시 부모에게서 배운 그대로 해결한다는 것이다. 단순한 실수라도 못 넘어가는 아이들이 있다. 스스로 해결하지 못하고 사사건건 교사에게 이르거나 욕하고 싸우고 부딪히는 것으로 해결하는 아이들이 있다. 몇 명을 제외하고 학급의 아이들은 다투기도 하고 갈등도 일으키며 생활한다. 이런 상황을 대처할 때 부모는 생각이 많아져야 한다.

문제를 대하는 부모의 자세, 나의 행동, 언어습관 등이 모두 아이에게 영향을 주기 때문이다. 부모가 상대방을 존중으로 대하면 아이도 그대로 배워서 서로 존중하며 자란다. 부모가 친절하면 아이도 그대로 배워서 친절하다. 부모가 사용하는 언어가 곱고 예쁘면 아이도 그대로 배워서 언어사용이 곱고 예쁘다.

아이들 앞에서 어떤 모습으로 살아가느냐가 그 어떤 것보다도 중요하다.

교사와 학부모는 자녀의 수업 태도, 교과 활동, 생활지도에 관한 일들을 의논할 수 있어야 한다. 아이의 문제는 먼저 담임교사와 상의해주기를 진심으로 부탁을 드린다. 학부모가 자녀의 이야기를 담임교사에게 하면 최선의 노력을 할 것이다. 나아가 문제를 해결하는 학교의 TF팀으로부터 조언과 지원을 받을 수도 있다. 학교 안에서 서로 만나 교육적으로 해결하기를 바란다. 원만한 해결이 안 되었을 경우에 학교폭력 사안으로 신고해서 도움을 받으면 된다. 각 교육지원청마다 회복적 대화모임을 주도하는 화해중재라는 대화모임도 있어 도움을 받을 수 있다. 교사와 학부모는 아이를 위한 한 팀이다. 담임교사는 자녀를 일 년동안 전적으로 생활하며 공부도 가르쳐주고 지도하여 누구보다도 자녀에 대해 많은 것을 알고 있는 사람이기 때문이다.

셋째, 교직원과 교직원의 갈등

교사와 교사, 교사와 교직원, 교직원과 교직원의 갈등의 원인은 다양하다.

다양한 갈등 가운데 주로 업무로 인한 갈등이 심한 편이다. 특히 업무와 관련된 일에 있어서는 서로의 주장에 한 치의 양보 없이 주장하다 보면 갈등이 폭발하게 된다. 학교마다 학교에서 자체적으로 협의를 통하여 정한 업무 분장이 존재한다. 그럼에도 갈등의 지점은 학생을 가르치는 교사, 교사들의 업무를 지원하는 행정실무사, 3~4명으로 예산과 시설을 지원하는 행정실, 급식실 등 다양한 직군이 함께 근무하기 때문에 직군별로 서로의 이해관계가 다르기 때문이다.

교사들은 가르치는 일에 집중할 수 있도록 해달라고 요구를 한다. 행정실무사는 현재로도 감당할 수 없을 만큼의 업무를 지원하고 있기에 더 이상은 힘들다고 한다. 행정실은 몇 명의 인원으로 예산과 시설지원 등으로 눈코뜰새 없이 바쁘다고 한다. 모두 맞는 말이다.

<이번엔 빈대 떠넘긴다…또 터진 교사·행정실 갈등, 누가 잡나>
(중앙일보 2023. 11.29)

전국 곳곳에서 빈대가 나타났다는 소식이 전해지면서 교육부는 빈대 방역을 지시하는 공문을 일선 교육청에 보냈다. 지역교육청으로 부터 공문이 학교로 내려오자 부서마다 '우리 일이 아니라며' 반발이 터져 나왔다. 빈대 관련 업무를 학교의 누가 담당할 것인지에 대한 의견이 엇갈리고 보건교사와 행정실 간에 '업무 핑퐁' 즉 업무 떠넘기기가 벌어졌다. 빈대 관련 업무는 한시적인 것이고 학생들과 교직원을 위해 한차례 방역만 하면 되는 일인데 도대체 왜 이렇게 피 터지게 서로 싸우는 것일까?

너무나 안타까운 것은 빈대 관련 업무가 서로 우리 업무가 아니란 것을 침 튀겨가며 열정적으로 유엔 연설급으로 한다는 것이다. 그런 열정과 노력을 서로 우리가 하겠다는데 사용하는 것이 아니라 서로 떠넘기는 데 사용한다.

각 노조의 개입도 만만치 않다.

일반직공무원 노조에서는 "시설 점검의 실무를 행정실이 맡더라도 보건 분야에 전문성을 가진 보건교사가 빈대 업무를 총괄하면서 계획을 세우고 업무 지시를 내려야 한다."라며 "소독 약품의 독성 문제 판단 등 민감한 문제가 있음에도 시설 방역이라는 이유로 모든 책임을 행정실이 떠안아야 하는 건 부당하다"고 말한다. 교사 노조에서는 교사가 전문성을 향상시키고 수업과 생활지도에 전념할 수 있도록 행정업무를 경감하라며 학교에 공문을 보낸다.

공무직 노조에서도 학교 현장에서 '단체협약 위반 및 부당 노동사례 등이 있을 경우 경기도교육청에 강력한 지도 감독을 요청할 것이고 그로 인해 발생하는 책임은 해당 학교장에 있음을 밝힌다'는 거의 위협적인 문구로 된 공문이 사안에 따라 학기말에 쏟아진다. 학교 업무를 조정하는데 학교 내부적으로도 합의가 안 되는데 외부적으로 노조까지 가세하니 학교의 부서별 소통은 가능한 것일까?

3) 팽배한 개인주의

팽배한 개인주의로 인하여 학교 안에서도 교육공동체가 서로 제 목소리를 내고 있다. 교육기관인 학교에서 조차 문제를 해결하기 위해서 서로 협력하여 알고 있는 지식과 방법으로 머리를 맞대고 해결하는 것이 아니라 제각각 '내가 옳다'라고 외치고 있다. 이러다가는 '학교가 없어지는 것은 아닐까?' 하는 위기감이 든다. 학교가 교육기관이고 학교에 근무하는 교직원들이 학교의 비전과 목표를 향해 협력과 소통을 하며 나아가야 함에도 상대방의 의견을 듣지 않고 한 치의 양보도 없다면 도대체 어찌한단 말인가?

사실 모든 조직에서의 갈등은 늘 있는 일이고 어디서나 누구에게나 일어나는 일이다. 부서별 업무 핑퐁도 일어나는 일이다. 그러나 갈등이 심할 경우에는 그 갈등으로 인해 분열이 생기고 그 분열은 상처를 낳으며 그 상처는 결국 단절을 가져온다. 갈등을 없으면 가장 좋겠지만 갈등이 일어날 때 그것을 잘 해결하는 것이 더 필요하다. 대화하며 올바른 길을 찾아가는 지혜가 서로에게 필요하다.

학교라면 개인이나 직군별 이익보다 학교의 비전이나 목표가 먼저이다. 교직원들이 협력과 소통을 통해 공동의 목표 달성을 위해 노력하며 나아가기를 진심으로 바란다.

5장

교장 선생님, 소통은 어떻게 해요?

① 짱쌤, 유튜브로 소통하다

나는 교장 유튜버다.

"안녕하세요? 노래하는 교장쌤 TV의 짱쌤입니다. 반갑습니다~~"로 시작하는 발랄한 인사는 유튜브의 오프닝 멘트이다. 유튜브 시작을 한 계기는 첫째, 코로나로 단절된 학교와 학생 생활을 학생, 학부모와 소통하고자 함이었고 둘째, 자신이 다니던 학교의 모습으로 남아 있는 초등학교의 모습이 얼마나 변화하고 있는지 알리고 싶었다. 내가 교장으로 발령 당시는 전국적으로 코로나 상황이었다. 세계 적인 전염병으로 학교 등교와 휴교가 반복되는 상황을 처음 겪었기 때문에 만나는 학부모마다 학교생활에 대한 깊은 걱정과 우려를 나타냈다.

"교장 선생님, 코로나가 언제 끝날까요?"
"도대체 학교 소식을 하나도 모르겠어요."
"코로나가 계속 유행하는 상황에서 아이들이 등교수업을 해도 괜찮을지 걱정이 되네요."
"등교시 학교 방역은 어떻게 하나요? 아이들은 괜찮을까요?"
"아이들의 학교생활은 어떤지 정말 궁금해요."

학부모로서는 코로나로 단절된 학교와 교실 모습, 교실 방역과 등교수업에 참여하는 학생들의 생활 모습들이 정말 궁금할 것 같았다. 더구나 신입생을 둔 학부모들의 답답한 마음이 충분히 이해가 되었다. 걱정하는 학부모들에게 교장으로서 조금이나마 도움을 주고 싶었다.

교사 유튜버에 대한 선입견과 아이들 영상 송출에 따른 개인정보 등의 문제들로 인해 선뜻 유튜브를 시작하기가 쉽지 않았다.
"아니 어쩌려고 그래. 왜 걱정을 사서 하는데?"
"혹시 아이들 개인정보라도 나가면 어쩌려구."
"아이들 영상이 나오는데 학부모들이 가만히 있을까?"
혼자서도 이런저런 고민과 걱정으로 힘들었는데 주위에 나를 걱정하는 교장들이 한술 더 떠 뜯어 말렸다. 다 나를 위해서 하는 말이었다.

주저하고 머뭇거리던 시점에 정주영 회장의 **"이봐, 해보기나 해봤어?"** 이 말이 나에게 깊은 울림을 주었다. "요즘 시대가 얼마나 변했는데 가장 먼저 변화가 시작되어야 할 곳이 학교이구만." 시도조차 안하고 후회하느니 한번 도전해보자.
'아무것도 시도하지 않으면 아무 일도 일어나지 않는다.', '도전하는 사람은 언제나 청춘이다.'라는 아름다운 말에 힘입어 유튜브를 시작했다.
일단 시작하면 아무것도 아닌 것을, 망설이다 하마터면 시도조차도 못할 뻔 했다. 시작에 앞서 할 일들이 있었다. 학생 모두에게 개인정보 동의서도 받고 교육청에 겸직 신청도 해야 했다. 앞에 놓인 문제들을 하나씩 해결하고 유튜버로서 조심해야 할 부분에 대한 컨설팅도 받았다. 주변의 몇몇 분들이 영상을 매의 눈으로 보고 검열을 해주기로 했다. 드디어 졸업식 축하 영상을 올림으로써 유튜브의 시작을 알렸다. 그동안 코로나로 단절된 소통 창구가 열렸다. 유튜브를 매개로 학생, 학부모, 교사들과 소통이 시작되었다.

'유튜브를 시작할 때 사실 동영상에 대해 아는 것이 거의 없었어요.'

유튜브 창업자 스티브 첸의 말처럼 나도 아무것도 몰랐다. 어떻게 영상을 찍어야 되나? 편집은 어떻게 하지? 걱정이 많았으나 특유의 장점인 긍정적인 성격이 도움이 되었다. 믿음직한 의논 상대인 딸에게 영상을 유튜브로 학부모들을 도와주고 싶다고 했더니 기꺼이 편집을 도와주었다. 학부모가 궁금해하는 우리 학교 방역 모습을 핸드폰으로 촬영했다. 딸에게 편집을 배우며 자꾸 잊어버려서 공책에 적어가며 열심히 배웠다. 몇 번을 반복했더니 이제는 누워 떡 먹기다. 후훗~~.

딸의 도움을 받으며 영상을 제작하고 첫 영상을 올린 순간 너무 뿌듯했다. 나도 할 수 있다는 성취감으로 크게 만족했다. 전문적인 유튜버가 아니기에 영상 화질이 부족하고 카피도 곧이곧대로다. 어딘가 어색하고 경직된 교사의 냄새가 화악! 풍긴다. 한술에 배부를까? 점점 나아지겠지? 하고 스스로를 다독였다.

영상을 올린 후 학부모회장에게 유튜브 소식을 알리고 주소도 보냈다.
"방역 영상을 보니 너무 안심이 되요."
"그동안 학교 소식을 몰라 답답했었는데 한 방에 해결요!!"
"제가 아는 학부모들에게 모두 알려야겠어요."라는 전화와 문자로 "구독과 좋아요도 눌렀어요." 하는 게 아닌가? 역시 젊은 학부모들의 센스가 넘친다.

"도움이 되셨다니 저도 기뻐요. 우리 학교에 대해 궁금하신 점이나 좋은 의견 있으시면 언제든 연락을 주세요." 〈노래하는 짱쌤 TV〉로 학부모와 소통을 시작한 대견한 나를 머리를 쓰다듬으며 셀프 칭찬을 했다.

강력한 소통의 창구, 유튜브

유튜브를 시작하며 날마다 성장하고 있음을 느낀다. 영상을 보면서 나의 말이 경직되고 아주 방어적이라는 것, 아이들이 제일 싫어하는 지적과 잔소리, 훈계가 많다는 것도 알게 되었다. 경직된 말투와 부자연스런 행동을 고치려 노력했다. 환하게 웃으며 목소리를 하이톤으로 올려서 발랄하게 보이려고 거울을 보며 연습을 했다. 다양한 상황에서 학부모와 학생, 교사들을 열린 마음으로 수용하고 직접 만나 의견을 들었다.

무엇보다도 학생활동을 찾아 학교의 구석구석을 다니니 체력이 좋아지고 활력이 생겼다.

"안녕하세요? 선생님."

"얘들아, 안녕?"

복도나 운동장에서 만나는 아이들과 교사와 반갑게 인사를 나누며 행복하다.

교직원들과 준비하는 영상에 대해 이야기를 나누며 더 많이 소통하게 된 것은 덤이다. 가능하면 영상에는 활동에 대한 느낌이나 생각을 알기 위해 아이들에게 인터뷰를 많이 하는 편이다. 아이들에게 갑자기 물어봐도 자신의 의견이나 생각을 또렷하게 잘 표현하는 친구들이 있어 놀랄 때가 많다.

유튜브를 하다 보니 자꾸 욕심이 생긴다. 아이들이 좋아할 만한 콘텐츠나 눈길을 사로잡을 만한 재미있는 카피를 고민한다. 제작한 영상에 공감도 받고 싶다. '구독과 좋아요'도 신경 쓰이기 시작했다. 구독자는 우리 학생들, 학부모, 교직원들이지만 아이들의 관심을 받으려면 재미가 있어야 한다. 사람들의 시선을 끌어야 유튜브를 본다. 어떻게 하면 재미있는 영상을 만들까 고민도 많아졌다. 유명한 유튜버들의 영상도 보고 관련된 책도 찾아 읽는다.

덕분에 "이렇게 해보면 어떨까? 저렇게 해보면 어떨까?" 새로운 아이디어가 넘친다. 그러나 유튜브를 처음 시작할 때 다짐을 했던 것처럼 영상의 재미를 위해 선을 넘지 않도록 항상 조심한다. '지킬 것은 반드시 지킨다'는 첫 마음을 잃지 않도록 자기 검열도 게을리하지 않는다.

"짱쌤!! 잘 보고 있어요."
"노래하는 짱쌤이라면서 도대체 노래는 언제 하세요?"
"짱쌤이 편집도 직접 하시나요."
"화면발 좋은데요?"

놀림과 격려로 영상에 관심을 보여주는 구독자 '짱아'님들이 고맙고 감사하다. 학부모와 아이들을 도와주고 싶은 작은 열망에서 시작되었다.
　강력한 소통의 창구, 유튜브 〈노래하는 짱쌤TV〉를 통해 알차고 더 좋은 내용으로 많은 학생, 교사, 학부모들과 만나 소통하기를 희망한다.

② 하루 첫 소통의 시작, 아침 등교 맞이

'아침 등교 맞이'는 교장 부임 이후 매일 아침 일과이다.

'아침 등교 맞이'는 아침 등교 시간에 교문에서 "안녕하세요? 어서 오세요. 안녕?" 하면서 눈 맞추고 인사하며 학교에 등교하는 아이들을 반갑게 맞이하는 것이다. 인사는 자신의 마음을 열어 상대방을 받아들이는 개방과 수용의 의미가 있다.

처음 시작은 부임 인사로 한 달 정도만 할 예정이었다.

부임 첫날 안내장으로 아이들과 학부모들께 새로운 교장이 왔음을 알리지만 직접 만나서 "잘 부탁합니다~ 열심히 해 볼게요."라고 인사를 하고 싶었다.

그러나 한 달이 지난 이후에도 매일 아침 등교 맞이로 아이들과 만나고 있다. 그 이유는 아침 등교 맞이가 아이들을 직접 만나며 첫 하루를 여는 소중한 소통의 창구가 되었기 때문이다.

교문을 들어오며 대부분의 아이들은 자신의 방법으로 인사를 한다.

"안녕하세요? 어서 오세요."

"안녕? 어서 와." 하며 아이들의 다양한 인사와 행동에 따라 눈높이를 맞춰 인사를 하며 맞이한다. 하이톤은 하이톤으로, 공손히 손을 모으고 정중하게, 때로는 두 손을 마구 흔들어 대며 아이들에게 맞춤형으로 인사를 한다. 인사하는 목소리는 아이들 각자의 기분 상태를 알려준다. 정말 기분이 좋은 친구들은 배움터 선생님과 액티브한 '하이파이브'를 하기도 한다. 물론 쑥쓰러워서 눈도 못 맞추고 쭈뼛쭈뼛 들어오는 내성적이고 소심한 아이들도 있다.

어떤 모습이든지 활짝 웃는 얼굴로 인사를 하며 여는 하루가 기분 좋고 긍정에너지를 주는 것은 확실하다. 새 학기를 시작하며 교사들에게도 "우리도 만나면 서로 안녕하세요?라고 인사를 하면 어떨까요?" 제안했다. 부담스럽고 어색한 사람도 있겠지만 직원들과 만날 때마다 "안녕하세요?" 하고 먼저 인사를 하니 누구보다도 내가 더 기쁘다.

몇 명의 사교적인 아이들은 인사 후에 다가와 〈노래하는 짱쌤TV〉를 보았다고 속삭이며 기분을 더욱 좋게 한다. 아껴두었던 초콜릿을 친절하게 손바닥에 올려주고 부끄러워 서둘러 뛰어가는 아이도 있다.

동생을 데려다 주고 가던 학생이 "교장 선생님 안녕하세요? 저 졸업생이에요." 그냥 지나칠 수도 있는데 반갑게 인사를 한다.
"반갑다. 친구. 건강하게 잘 지내지?" 하고 물었더니 밝게 웃으며 "저는 잘 지내요. 짱쌤의 유튜브도 열심히 보고 있어요. 백만 유튜버 응원합니다~~." 익살스런 표정으로 파이팅!!을 외치고는 급히 뛰어가는 뒷모습을 바라보며 흐뭇하고 자랑스러웠다.

"교장 선생님, 저 파마했어요."
"그래? 예쁘다. 자연스럽게 잘 나왔네." 하고 그 마음을 알아채고 잘 어울린다고 해주었더니 기분이 몹시 좋아보였다. 샴푸 광고처럼 순간 긴 머리를 귀밑에서 위로 쓸어 올리더니 '샬랄라~' 발걸음 경쾌하게 투스텝으로 뛰어간다. 교문에 서 있는 짱쌤에게 자랑하고 싶었나보다. 특별하게 그 아이와 마음을 나눈 것 같아 얼굴에 미소가 절로 피어났다.

아이들도 루틴이 있어 비슷한 시간에 등교를 한다.
비슷한 시간에 등교하는 친구들이 안 보이면 '벌써 왔나? 아니면 무슨 일이 있나?' 걱정이 된다. 교문에서 아이들을 맞이하다 보니 누가 누구와 형제자매인지도 자연스럽게 알게 되었다. 아이들을 알아가는 일이 신기하고 즐겁다.
등교 맞이가 아니면 어떻게 대면으로 800여 명이나 되는 우리 아이들을 매일 만날 수 있겠는가?

비가 오나 눈이 오나 각자의 사연을 가지고 학교에 들어오는 아이들을 반갑게 맞이하는 그 시간이 즐겁고 행복하다. 등교하는 한 사람 한 사람의 아이들이 소중하다. 매일 아침 등교하는 아이들을 보며 좋은 교장을 꿈꾸고 다짐한다.
부임 인사로 한 달 동안만 하려고 했던 '아침 등교 맞이'가 시간이 갈수록 하루를 더 의미 있게 해주었다. 아이들과의 첫 소통으로 여는 아침 등교 맞이가 우리 아이들에게 하루의 생활에 기쁨을 주는 소중한 시간이기를 진심으로 바란다.

처음에는 교문 앞에 서 있는 것도 아이들과 인사하는 것도 쑥스럽고 어색했다. 하지만 이제는 망설임 없이 먼저 인사를 한다.

나의 첫 번째 구독자인 남편이 업로드된 유튜브를 보며 "짱쌤은 인사를 참 열심히 잘 하시네요!" 하였다. 그 말에 영상을 보니 누군가를 만날 때마다 "안녕 하세요? 안녕하세요?"하며 정말 열심히 인사를 하고 있었다. 나도 모르는 사이에 "안녕하세요?"라는 인사가 입에 붙었고 인사하는 것이 습관이 되었다.

아침 등교 맞이를 하면서 학교 밖에서 보이는 것들이 있다.

코로나로 등교 수업과 원격수업이 번갈아 진행되면서 갑자기 원격수업으로 바뀌기도 한다. 전날 학교에서 수업하느라 두고 갔던 교과서를 가지러 헐레벌떡 학교에 오는 몇 명의 아이들과 마주쳤다. 가방 가득 교과서를 넣은 무거운 가방과 신발주머니를 목에 걸고 손에는 미처 넣지 못한 교과서를 한 손에 들고 학교 밖으로 나가는 아이들을 배웅하며 눈물이 핑~돈다.

교사들과 협의하여 갑자기 등교와 원격수업이 바뀌더라도 수업이 가능하도록 방법을 찾아 안내하였다. 실내화를 잊고 오는 아이들을 위해서 학급에 여분의 실내화도 구입해 놓았다.

단설유치원에 비해 경쟁력이 없어 해마다 병설 유치원 원아 모집이 쉽지 않았다. 만 3세부터 병설 유치원에 보내는 학부모의 마음을 헤아려 도우미 선생님들을 배치하였다. 교문부터 교실까지 원아들의 촘촘하고 안전하게 원아들의 등교를 도와주었다. 우리 학교의 마스코트!! 만 3세 유치원 민호가 누나의 손을 잡고 해맑은 모습으로 교문을 당당하게 들어선다. 그 모습이 너무 귀여워 박수를 치며 모두 어쩔 줄 모른다.

그밖에도 학부모가 원하는 것은 유치원 버스 운영, 방학 중에도 돌봄교실 운영이었다. 위의 사항들로 인해 병설 유치원을 선뜻 지원하기가 쉽지 않다고 했다. 이러한 사실도 아이를 데리고 등교하는 학부모와의 소통으로 알게 되었다.

모집 전 유치원 학부모들과 대화모임을 갖고 대책을 논의하였다. 학부모의 의견을 수렴하여 '방학 중 유치원 돌봄교실'을 먼저 운영하기로 하였다. 그 결과 병설 유치원 신입생 모집에 도움이 되었다. 폐원되는 병설 유치원과 달리 우리 학교는 여전히 병설 유치원을 운영하고 있다.

우리 학교는 차도와 바로 연결되었기 때문에 교문 앞 인도가 좁고 협소하다. 교문 앞 위험한 상황이 늘 신경이 쓰였다. 학교 앞 도로가 외곽으로 진입하는 길목이어서 대형 트럭들이 꼬리에 꼬리를 물고 진입하여 보기에도 위협적이고 위험천만하다. 또 등교 시간대에는 교문과 불과 몇 미터도 안 되는 횡단보도를 한꺼번에 몰리는 학생들과 배웅하는 학부모들이 섞여 매우 혼잡하였.

직접 마주한 상황들을 경찰서와 지자체에 학생들의 안전을 위해 여러 제안들을 수시로 한 결과 대각선 횡단보도와 과속 방지 카메라가 추가 설치되었다.

교문 앞에 서서 아침 등교 맞이를 하다 보면 아이들을 데려다 주는 학부모들과 만나게 된다. 교문에 서 있는 교장과 서로 인사를 나누며 다가와 학교와 학생을 위한 좋은 의견을 주기도 한다. '아침 등교 맞이'가 자연스럽게 학부모와의 소통의 창구가 되었다.

교문 앞에서 만나 주신 소중한 의견들을 반영한 결과를 〈노래하는 짱쌤 TV〉을 통해 안내도 하며 학부모들과 열심히 소통을 하려 애쓰고 있다. 나의 선택과 결정 앞에는 항상 우리 아이들이 있다. 오늘도 아침 등교 맞이를 통해 우리 아이들에게 한껏 에너지를 받고 활기찬 하루를 시작한다.

③

절친, 부모가 만들어 줄 수 없다

아이가 친구에 대해 고민할 땐, 그저 들어주세요.

복도에서 가방을 메고 어깨 동무를 하고 지나가는 아이들을 만났다. 흔히 볼 수 없는 모습에 너무 반가웠다. "너희들은 아주 친한가 보다?"라고 물었더니 "절친"이라고 했다. 저학년의 경우는 같은 유치원을 나왔다거나 같은 아파트에 살거나 아파트 놀이터에서 놀다가 친해지는 경우가 있다. 또는 새 학년이 되면서 짝꿍이나 같은 팀이 되어서 관찰과 탐색을 하다가 성격이 비슷한 아이들끼리 친해지기도 한다.

여자아이들의 경우는 손을 잡거나 팔짱을 끼고 다니면서 어디든지 함께 다니는 특징이 있다. 아이들은 마음이 맞는 절친이 있으면 마음이 편안하고 안정감을 느낀다. 등교도 함께 하고 수업 시간과 쉬는 시간에도 함께 할 수 있는 친구가 있으니 학교생활이 즐겁다. 마음속 고민을 터놓을 수도 있고 친구 관계에 있어서 별로 스트레스를 받지 않는다. 서로 무엇을 좋아하는지도 알고 대화하는데 불편하지 않다.

절친 특집을 준비하며 아이들을 수소문하여 세 팀의 절친을 섭외하였다.

교장실에 초대하여 인터뷰를 하였다. 첫 번째 팀은 고학년 남자 3명이었다.

"3명이 절친이 된 이유가 뭘까요?"
"3명이 잘 맞아요."
"그래? 뭐가 잘 맞아요?"
"성격도 비슷하고 게임 취향이 잘 맞아요."
"아 그래서 절친이 되었구나. 그런데 절친으로 지내면서 위기는 없었어요?"
"2번 정도 있었어요."
"그 이야기를 듣고 싶은데?"
"한번은 친구 A가 전화를 해서 '친구를 그만하자'고 하더니 뚝 끊었어요."
"그래서 어떻게 되었어?"
"서로 오해가 풀려서 하루 만에 다시 절친이 되었어요. 또 한번은 중간에서 친구 B가 중간에 도와줘서 화해를 하고 다시 친구가 되었어요."
"멋지다. 너희들. 오해도 금방 풀고 중간에서 친구가 애쓰기도 하네."
"앞으로 서로에게 하고 싶은 말이 있어요?"
"절친으로 서로에게 좋은 친구가 되자. 파이팅!!"을 외치고 교장실을 나갔다.

두 번째 팀은 저학년 남자아이들 2명이었다.
등교 맞이에서 보면 둘이 항상 학교를 같이왔다. 그 이유가 궁금하여 물었다.

"너희 둘이 친하니?"

"우리 둘이 같은 유치원에 다녔어요. 그러다가 초등학교 들어와서 2학년 때 같은 반이 되어서 다시 친해졌어요. 그리고 같은 아파트에 살아요."

"매일 어떻게 학교에 같이 오는 거야?"

"아침에 전화해서 아파트 앞에서 만나요. 그래서 학교에 함께 와요."

이 두 아이들을 보며 어릴 때부터 가까이 지내는 친구를 표현하는 사자성어 '죽마고우'가 생각났다. "앞으로도 둘이 좋은 친구로 지내." 하고 격려해주었다.

세 번째 팀은 4학년 여자아이들로 교장실에도 자주 들르는 친구들이다. 편의상 '미래'와 '현재'라고 부르겠다. 두 친구는 항상 같이 다닌다. 가만히 지켜보며 성격이 너무 다르다고 생각했는데 잘 지내는 비결이 궁금했다.

"너희들은 언제부터 친해졌니?"

"저희는 3학년 때부터 친하게 지냈어요."

"혹시 싸운 적은 없어?"

"싸울 때도 있어요."

"그럼, 어떻게 해서 화해를 하는데?"

"저는 친구에게 속상할 때는 툭 까놓고 나 이런 게 속상하거든?이라고 직접 말해요."

"오! 그래? 솔직하게 직접 말하는구나."

"그래서 서로 싫어하는 것은 하지 않고 맞춰주려고 해요. 우리는 자매 같아요."

"오호~ 세상에~"

어린 아이들인데도 서로 맞춰주면서 친하게 지내고 있었다. 그 비결을 알고 있다니 놀라웠다. 그래서 현재와 미래는 절친인가보다.

그런 친구들이 교장실에 한동안 오지 않았다. 어느 날, 미래가 혼자서 교장실에 왔다.

"혼자 왔어? 현재는 같이 안 왔네."

"…… 요즘 우리 사이가 안 좋아요."

"그래? 혹시 둘이 싸웠니?"

"네."

"현재랑 무슨 일로 다투었어?"

"여러 가지 일로 조금 맞지 않아서 다투었는데 이제는 다른 아이랑 다녀요."

"그래서 미래가 속상하구나?"

"네." 속상한 마음을 터놓고는 잠시 머무르다 쉬는 시간이 끝나자 교실로 돌아갔다.

이번에는 현재가 새로운 친구와 교장실에 들렀다.

"오늘은 새로운 친구와 왔네?"

"네." 하고는 둘이 들어와서 쭈뼛쭈뼛하다가 그냥 나갔다.

그 뒤로 몇 번을 현재, 미래 따로 교장실에 오고 다른 친구와도 들어오고 나가기를 반복했다. 그럴 때마다 염려가 되었지만 가만히 지켜보았다. 이 두 친구는 서로가 절친으로 오랫동안 함께 다녔다. 그러다가 다투고 새로운 친구들과 같이 다니면서 서로에게 질투를 유발하며 서로에게 신경을 쓰고 있었다.

현재와 미래가 절친으로 함께 다니던 학교의 여기저기를 새로운 친구와 어울려 다니면서도 서로 계속 관심을 가지고 있었다.

"미래가 어떻게 했어요. 현재가 이렇게 했네~~." 하면서 교장실에 들어와서 나에게 와서 하소연을 했다. 두 친구가 각각 교장실에 들어와서 자신의 입장에서 이야기를 하면서 속상한 마음을 나에게 이야기했다. 가만히 살펴보니 의견 충돌로 갈등이 있었고 다툼이 발생했지만 두 친구 모두 절친의 시절로 다시 돌아가고 싶은 마음이 있는 것 같았다.

"지금 너희들이 다투었지만 다시 절친이었던 시절로 돌아가고 싶은 거 같은데. 맞니?"했더니 고개를 끄덕인다.

"짱쌤이 어떻게 도와주면 될까?" 물었더니 내 책상을 만지작 거리며 "모르겠어요." 한다.

"미래가 현재와 화해를 하고 싶으니까 만나서 이야기하면서 될 것 같은데? 두 사람이 풀어야 되지 않을까? 두 사람이 어떻게 하면 화해할 수 있을지 서로 아는 것 같은데?"라며 두 사람이 직접 풀어야 한다고 힌트를 주었다.

우연히 복도에서 상담 선생님을 만났다.

"혹시 두 사람이 절친으로 지내다 다투었을 때 어떻게 도와주어야 할까요?" 하고 물었다. 대뜸 "혹시 미래와 현재 아닌가요?" 하기에 "네, 맞아요." 했더니 "두 아이들이 서로 돌아가며 상담실에 왔었어요." 하는 것이 아닌가?

두 친구들도 이 갈등 상황을 어떻게든 풀고 싶어 나에게도 오고 상담교사도 만나고 있었다. 서로 방법을 찾아 해결하려고 노력 중이었다.

아이들은 생각보다 대견하다.

어른이 보는 시각에서는 어설프고 부족해 보여도 속이 멀쩡하다. 나름대로 고민하고 해결하기 위해 노력하고 있다. 아이들은 친구 관계를 통해 다른 사람과의 관계를 배운다. 시행착오를 겪으며 문제해결력을 키운다. 과정을 거치며 사회성을 기르게 되고 스스로도 성장하게 된다.

처음에 갈등이 생겨 다투고 사이가 멀어졌다. 서로 다시 관계를 회복하고 싶어 어쩔 줄 모르고 교장실에 왔을 때 안타까웠다. 두 친구 모두 내가 잘 알고 있었기 때문에 도와주고 싶었다. 나의 기준으로 두 친구를 불러다 놓고 "이제 서로 화해하는 게 어때?"라고 개입을 해서 말해주고 싶었다. "많은 친구들과 두루두루 어울리는 게 좋지 않니?" 하고 조언을 해주고도 싶었다. 그러나 꾹 참고 가만히 지켜보았다.

며칠 후에 교장실에 두 명의 친구가 나에게 할 이야기가 있다고 하면서 함께 왔다. 반갑게 맞이하면서 "오늘은 함께 왔네. 둘이 화해했어?" 했더니 고개를 끄덕였다. 의자에 함께 앉아서 조잘조잘 대며 어떻게 화해를 했는지 한참 이야기하였다. 함께 앉아서 두 사람이 각자의 이야기를 충분히 할 수 있도록 배려하였다. 긴 시간 동안 고개를 끄덕이며 두 사람의 이야기를 진지하게 들어주었다. 화해를 하고 절친이 되어 기쁜 마음으로 돌아가는 아이들을 보며 흐뭇하고 좋았다.

절친으로 지내는 것이 친구 관계에서 받는 스트레스가 별로 없다. 하지만 갈등이나 다툼이 생겼을 때가 문제가 된다. 누군가에게 말할 친구가 없다. 새로운 친구에게 뺏기지 않기 위해 집착을 하기도 한다. 친구를 독점하고 싶은 마음이 생긴다. 친구는 절친뿐이었는데 두 사람이 싸우거나 갈등이 생겨 멀어지게 될 경우 다른 대안이 없어 더욱 힘들어진다. 그래서 큰일이라고 생각하여 서로에게 더욱더 집착하고 얽매이게 되면서 관계는 더욱 어려워지고 힘들어지게 되는 경우도 있다.

'절친'은 부모가 만들어 줄 수 없다.

절친은 한순간에 만들어지기보다 서로 끊임없이 노력하고 관심을 가져야 한다. 서로의 관심사를 잘 살펴야 하고 싫어하는 행동도 삼가야 한다. 그렇게 노력하며 절친이 되는 것이다. 어떤 학부모는 아이들을 집으로 초대해서 친구를 만들어 주기도 한다. 그러나 자녀의 성향에 따라 친구 관계가 맺어지는 만큼 학교나 학원에서 아이가 스스로 만들어 가는 친구 관계를 지켜보고 지지하는 것이 좋다. 부모의 역할은 아이가 친구 관계를 잘 맺고 있는지 잘 살펴보아야 한다. 사실 부모들도 친구 관계에 대해서 아이들이 이야기를 할 때 어디까지 개입하고 나서야 할지 잘 모른다. 그래서 학교에서 우리 아이가 친구들과 어울리며 잘 지내는지 항상 불안하다.

분명한 것은 그 시작은 '가정'이다.

분명한 것은 대화와 소통하는 방법도 가정에서 배워야 한다는 것이다. 친구와 갈등과 다툼이 있으면 부모에게 쉽게 말 할 수 있는 분위기여야 한다는 것이다. 평소에 긍정적이든 부정적인 마음의 표현이든 말할 수 있어야 한다.

가정에서 아이들이 자신의 긍정적이거나 부정적인 감정을 정확하게 표현하거나 자기주장을 할 때 부모가 아이의 감정을 얼마나 받아주고 수용해주는가에 따라 자유롭게 말하기도 하고 숨기기도 한다. 친구 관계를 맺는 데에도 영향을 미친다. 아이들은 부모와의 상호작용을 통해 소통방식을 배운다.

부모에게 배운 소통방식으로 친구를 사귀고 관계를 맺어가게 된다. 평소에 부모와 소통을 잘하는 아이는 학교생활에서도 자신감을 가지고 적극적으로 친구를 사귀게 된다. 친구 관계에서 자신의 감정을 자연스럽게 표현하고 주장을 하면서 문제에 대처하고 갈등을 해결해 나가게 되는 것이다.

특히 감정의 표현은 친구 관계에서 중요한 역할을 한다. 평소에 가정에서 표현하는 법을 배운 아이들은 다툼이 있을 때에도 말로 잘 해결해간다. "네가 일요일에 나하고 약속해놓고 그 시간에 아무런 연락이 없어서 속상했어. 앞으로는 미리 연락해줘." 친구에게 속상함과 요구를 정확하게 표현할 줄 아는 아이가 된다. 그러나 다툼이 있어도 어떻게 말해서 풀어야 하는지 모르는 아이들이 많다. 입을 다물고 지켜볼 뿐이다. 가정에서 부모가 간섭하거나 부정적인 감정표현을 받아주지 않는다면 아이는 집에서 입을 다문다. 학교에서 친구 관계로 속상하거나 고민이 있어도 해결하지 못한다. 심지어 부모에게 말을 하지 않는 경우도 있는데 이것이 가장 심각하다.

한명하고만 친한 아이 VS 두루두루 친한 아이

부모 중에는 "아이가 절친만 친하게 지내는 것과 여러 명의 친구들과 두루두루 사귀는 것 중 어느 것이 더 좋을까요?" 하며 물어보는 분들이 있다. 절친하고만 지내면 학교에서 받는 스트레스가 적고 학교생활에 집중할 수 있다. 반면 많은 친구들을 사귀면서 다양한 인간관계나 사회생활을 통해 얻을 수 있는 경험이 적어진다. 그러다 보니 친구의 특성에 맞게 대하는 방식이나 여러 친구들이 만나면서 의사소통하는 방식, 갈등이 생겼을 때 해결하는 방법은 직접 경험하면서 발전하게 되는데 이런 점이 부족한 편이다.

그러나 절친으로 지내는 것과 다양한 아이들과 지내는 것이 아이의 성향에 따라 다르므로 아이 스스로 결정할 수 있도록 도와주는 것이 좋다.
평소에 아이가 절친과만 만나는 경우 다양한 친구를 만나며 생길 수 있는 경험들, 절친과 갈등과 다툼이 있을 때 발생하는 문제점 등을 부모님과 대화를 나누며 알려주면 더욱 좋다. 아이의 친구 관계는 자녀의 성향을 고려해 자유롭게 생각하고 선택할 수 있도록 다양한 관점을 알려주며 시야를 넓혀줄 필요가 있다.

초등학교 저학년은 주로 친한 친구들끼리 지내다가 고학년이 될수록 여러 명이 무리 지어서 몰려다닌다. 파워가 있는 무리들에 끼고 싶어한다. 친구 관계 속에서 안정감을 찾기도 하고 상처를 받기도 한다. 무리를 지어 어울리며 그 안에서 은근히 따돌림도 있고 소외받기도 하며 화해하기도 한다.

그러나 친구 관계에서의 힘든 과정도 부모와의 충분한 대화를 통해 부모가 아이의 힘든 마음을 받아주고 아이가 위로를 받는다면 아이는 충만함을 느낀다. 아이는 부모와의 대화를 통해 상처를 극복하고 다시 일어서는 회복탄력성이 좋아진다. 또한 내면의 단단함으로 의젓하게 성장해 갈 수 있다.

④

아이들의 '좋아요'를 받는 비결

올해 초 첫 발령이라서 특별한 애정으로 근무했던 원동초를 떠나 두 번째 근무지인 광성초로 학교를 옮겼다. 두 번째이기에 초보 딱지를 뗀 조금은 편한 마음이었으나 이제 학생, 학부모, 교사들, 교직원들을 새로 사귀어야 한다.

"어떤 아이들일까?"

"교사들은 어떤 분들일까?"

"학부모들은 어떨까?" 하는 기대감으로 새학기를 맞이했다.

아침 등교 맞이를 하면서 처음 아이들을 만났다.

"안녕하세요? 어서 오세요."로 인사하며 그저 가방을 메고 학교에 오는 친구들이 반갑고 좋아서 두 팔 벌려 아이들을 맞이하였다. 너희들을 진심으로 환영해'라는 마음으로 최대한 활짝 웃는 얼굴로 환하게 맞이하였다.

복도나 화장실, 급식실, 도서실에서 마주치는 아이들에게는 "안녕?" 하며 먼저 다가갔다. 말도 걸면서 대화를 하고 아이 한 명도 그냥 지나치지 않았다. 그러다 보니 아이들 얼굴이 익숙해지고 새로운 학교에 잘 적응하고 있었다.

"안녕하세요?"하고 먼저 인사하는 아이들이 하나 둘 늘어나기 시작했다. 학교를 돌아보다가 방과 후 시간을 기다리는 아이들이 있으면 웃으며 다가갔다. 여러 명이 핸드폰으로 무언가를 보고 있으면 "뭘 보고 있니?"라고 웃으며 말을 걸었다.

"혹시 너희들 좋아하는 유튜브 있니?"

"교장쌤도 유튜브 하는데."

"유튜브 해요? 유튜브 이름이 뭐예요?"

"이름 알려줄까? 교장쌤이 운영하는 유튜브는 〈노래하는 짱쌤TV〉야."

"학교 소식을 많이 올릴 거야. 너희들이 활동하는 것도 올라가고."

"궁금하지? 유튜브 보고 친구들에게도 알려줘."라고 부탁과 함께 홍보도 한다.

어느 날부턴가 "안녕? 하면 안녕하세요? 짱쌤."하면서 반갑게 인사를 받아주었다.

"저 〈노래하는 짱쌤TV〉 구독했어요."

"좋아요와 구독도 눌렀어요."

"아이들에게도 알려줬어요."

내가 지나갈 때마다 짱쌤! 짱쌤!을 불러주며 마음을 열고 나를 따뜻하게 맞이해준다. 짱쌤이라고 불러줄 때마다 아주 행복했다. 아이들은 유튜브를 보다가 좋으면 '하트'와 '좋아요'를 누른다. 아이들이 마음을 열고 나를 받아주는 이유가 무엇일까? 문득 궁금해졌다. 어느 날 아침, 아이들을 만나며 그 이유를 깨닫게 되었다.

첫째, 아이들에게 먼저 인사하기

아이들이 너무 예쁘다. 나이가 들어서인지 아이들이 그냥 예쁘게 보인다. 그러니 자연스럽게 아이들에게 먼저 다가가 말을 걸고 인사를 한다. 먼저 인사를 한다는 것은 내 마음을 열고 상대방을 받아들인다는 뜻이다. 엘리베이터 안에서 누군가를 만나도 먼저 인사를 하는 편이다. 어색하게 있다가도 내가 들어가면서 "안녕하세요?" 하고 먼저 인사를 하면 상대방도 모른 척하고 있다가도 쑥스럽게 "안녕하세요?" 하고 인사를 받아준다. 당연히 내릴 때에도 서로 인사를 한다.

우연히 교사들과 '엘리베이터를 타면 인사를 하는가?'와 관련된 이야기를 하게 되었다. 자신은 엘리베이터를 탔는데 상대방이 고개를 들어 자신을 쳐다보지 않거나 핸드폰을 계속 들여다보고 있으면 상대방을 배려하는 차원에서 먼저 인사를 하지 않는다고 하였다. 딸도 언젠가 비슷한 말을 한 적이 있었다. 내가 엘리베이터를 탔을 때 아주 어린아이들이 타면 너무 귀여워서 "어머나 너무 귀엽네."라고 말이라도 할라치면 나를 '툭~' 치며 하지 말라고 눈을 껌벅거린다. "엄마, 귀엽네. 예쁘네 하면서 아이들에게 말을 걸지 마세요. 요즘 젊은 엄마들은 싫어해요." 한다. 과연 그 말이 사실일까?

어느 정신과 의사가 말하기를 상대에게 친절하고 양보하는 행동이 자발적이면 '배려'이지만 상대 때문이라면 '눈치'를 보는 행동이라고 하였다. 배려하는 사람에게는 결정권이 자신에게 있지만 눈치 보는 사람에게는 결정권이 상대에게 있기 때문이라고 했다. 인사를 먼저 하는 것이 예의 바른 행동이라면 인사를 받아주고 안 받고는 사실 중요하지 않다. '인사를 먼저 하는 것이 진정한 승자다'의 말처럼 인사를 먼저 하는 것이야말로 상대방에 대한 존중과 관심을 표현하고 그 사람에 대한 진심 어린 배려이기 때문이다.

둘째, 환한 웃음으로 친절하게 대하기

나는 가능하면 웃는다. 웃으려고 노력한다. 아이들을 만나면 기분이 태도가 되지 않도록 환하게 웃고 친절하게 대하려고 한다. 아이들을 경직된 자세로 대하지 않고 아이들을 만날 때는 어떤 마음이든 최대한 반갑고 친절하게 맞이하려고 노력한다. 그것이 나의 책임이고 역할이라고 생각한다. 황창현 신부는 '웃음은 기적의 시작'이며 3분 동안 계속 환하게 웃음 짓다 보면 본인에게 감정이 좋지 않은 사람도 변화시키는 마법이라고 했다.

태풍으로 인하여 아이들 등교 시간에 갑자기 비가 막 내렸다.
걱정이 되어 복도를 나가보니 6학년 아이가 헐레벌떡 현관으로 비를 피해 뛰어 들어왔다. 내가 가까이 있는 것도 모르고 비 맞은 다리랑 옷을 털어내고 있었다.
"비가 오네. 너무 많이 온다. 비 맞았어?"
"네."
"내가 수건 좀 가져올게. 그걸로 닦고 가."
"아니에요."
"잠깐 교장실로 가자." 쭈뼛거리며 따라오는 아이에게 수건을 건네며
"수건으로 옷이랑 팔을 좀 닦아."
"감사합니다."
"가방은 손이 안 닿으니까 내가 닦아줄게" 우연히 만나 베푼 작은 친절이

었지만 아이가 편안하게 가는 뒷모습을 보며 내가 더 기뻤다.

셋째, 그냥 편하게 아이들의 이야기를 들어주기

아침 맞이 등교를 하면서 6학년 아이가 어슬렁거리며 들어왔다. 항상 그러하듯 환하게 웃으면서 "안녕하세요? 어서 오세요?" 하고 반갑게 인사하며 맞이했다. 아이가 슬그머니 내 옆으로 다가온다. 그러더니 대뜸 "저는 학교 오기 싫어요."라고 고백을 하는 것이 아닌가? 뜬금없는 이야기가 사랑 고백처럼 들렸다.

"그래? 이유가 있니?"

"졸려서요."

"잠이 부족하구나?"

"네. 학교에서도 책상에 엎드려 잠만 자요."

"혹시 저녁에 늦게 자니?"

"네. 게임 하느라구요."

6학년이 이렇게나 솔직하다니.

"그렇구나."

"……." 잠깐 동안 서로 말이 없었다.

"ㅇㅇ야, 일찍 자고 일찍 일어나야지. 규칙적인 하루를 보내는 것이 머리를 좋게 한다는 연구 결과도 나왔어."라고 훈계를 늘어놓거나 "게임을 줄여!! 조절이 안 되네!!" 혹은 "무슨 애가 게임을 그렇게 늦게까지 하니?", "네가 밤늦게 까지 게임을 하니까 졸립지!!"라고 말하지 않았다. 그 아이와 몇 마디의 대화를 나눠 보며 학교에 오기 싫은 이유와 해결 방법을 이미 스

5장 교장 선생님, 소통은 어떻게 해요?

스로 알고 있었기 때문이었다. 단지 실천이 어려울 뿐.

6학년이나 된 그 아이는 왜 나한테 그 이야기를 한 것일까?
아마도 잠깐이지만 이야기 할 사람과 들어줄 사람이 필요했을지도 모른다.
들어가는 아이의 뒷모습을 한참 동안 바라보았다. 나에게 먼저 다가와 말해준 것이 고마울 뿐이었다.

아이들 몇 명이 스승의 날을 맞이하여 나에게 편지를 썼다면서 가지고 왔다. 하나하나 펼쳐 읽으면서 우리 아이들의 각별한 마음을 느낄 수 있었다.
"교문에서 캠페인을 하시는 것을 보고 정말 멋지다고 생각을 하였습니다."
"우리 학교를 위하는 마음이 대단해서 존경합니다."
"교장 선생님 멋진 분이신 것 같아요."
"항상 저희의 안전을 지켜주셔서 감사합니다."

새로운 학교에서 확실하게 느낀 것은 아이들도 격의 없이 먼저 마음을 열고 다가가는 것을 좋아한다는 것이다. 아이들은 누군가 관심을 가져주기를 진심으로 바란다. 아이들은 함께 대화하고 소통하는 것을 좋아한다.
만일 그 누군가가 아이의 부모님이라면 어떨까?
먼저 인사해주고 "학교 잘 다녀와."
환한 웃음으로 맞이해주며 "어서 와, 학교 잘 다녀왔어?"
"오늘 학교에서 친구들이랑~~" 아이가 학교에서 있었던 일을 이야기한다면 고개를 끄덕거리며 귀 기울여 그냥 들어주자.
아이는 이 세상에서 가장 행복한 사람이라고 느낄 것이다.

⑤

교장쌤과 부르는 〈꿈꾸지 않으면〉

　나는 노래 부르는 것을 좋아한다. 유튜브 채널명도 〈노래하는 짱쌤TV〉이다.
　동심이 느껴지는 예쁜 가사의 동요를 좋아한다. 동요를 자주 듣고 부르는데 부를 때마다 가사가 주는 감동과 뭉클함이 있다. 그런 나의 장점을 활용해서 우리 아이들에게 무언가 도움이 되고 싶었다.

　그러는 중 교육청에서 실시하는 학생예술제 공문을 보게 되었다.
　예술제까지 한 달여 남짓 남았지만 '우리 아이들과 함께 부르면 재미있겠는걸?' 하는 마음으로 예술제에 참여해 보기로 하였다.
　초등학교는 1~6학년까지 함께 생활하다 보니 학년별로 차이가 뚜렷하다. 변성기에서 자유로우면서 악보도 볼 줄 알고 연습 시간을 맞추려면 시정표가 같은 학년 아이들을 대상으로 해야 한다. 그래서 3~4학년을 대상으로 '교장 선생님과 함께 부르는 노래'라는 제목으로 신청서를 받았다. 좋은 기회이니 신청자가 많을 거라는 예상과는 달리 참여율이 너무 저조하였다. 아이들에게 개인적으로 물어보니 "학원가야 돼요.", "엄마가 시간이 없다고 하지 말래요."라고 참가하지 못하는 이유를 말했는데 결국은 학원 때문이었다.

우리나라 학생들 중 사교육에 참여하는 비율은 82%나 된다. 초등학생이 사교육에 쓰는 시간이 6.8시간으로 가장 길다. 학교에서 아이들을 위해 무언가를 해보려고 해도 학원을 2~3개를 기본적으로 다니는 아이들에게는 한시적으로 이루어지는 교육활동 참여조차 어렵다.

저학년 아이들 세 명이 서로 욕하고 때려서 만나서 이야기 하려고 담임교사가 학부모에게 허락을 받기 위해 전화를 했다. 그랬더니 그 중에 ○○엄마가 말하기를 "우리 ○○는 학원을 가야 돼서 20분 정도만 이야기하고 학원 차를 놓치지 않도록 횡단보도까지 데려다 주세요."라고 했다. 다른 아이 엄마도 방과후 교실에 가야 된다면서 빨리 끝내달라고 했다.
 '아이구야, 도대체 무엇이 중한지도 모르고 학원 타령이네. 아이가 친구들과 욕하고 싸움질하고 다니는데 학원이 이토록 중요한가?' 하는 생각이 들었다.

아침에 등교하여 학교가 끝나면 바로 학원으로 달려가야 하는 일정이 아이들의 대부분의 기본 루틴이다. 학교에서 아이들을 위해 무언가를 하고 싶어도 사교육에 참여하느라 학교 활동의 참여가 저조하다. 고민 끝에 2학년을 대상으로 더 모집을 하였고 20명의 아이들이 모였다.

연습을 시작하려고 하니 아이들끼리 시간표가 맞지 않아 모두 모여 연습하기가 쉽지 않았다. "학원가야 한다.", "방과 후를 해야 한다."라는 이유로 사기는 떨어졌지만 함께 모여 연습할 방법을 찾아보아야 했다.

"아유, 이렇게까지 해야 돼요? 저 같으면 안 해요."라고 누군가 옆에서 이야기 할 정도였다.

많은 생각 끝에 2학년, 3~4학년이 따로 점심시간에 시간을 내어 연습하기로 했다. 실제로 연습 시간은 20여분 남짓하였으나 노래를 좋아하는 아이들이 모였기 때문에 동기는 충분했고 아주 적극적이었다. 시간을 효율적으로 활용할 수 있었다. 다만 점심시간을 두 타임으로 나누어 아이들을 지도하려니 내 몸이 바쁘고 피곤하였다. 함께 노래하는 것이 즐거워 연습 시간만큼은 모두 잊을 수 있었다.

심각한 일은 따로 있었다. 피아노 반주에 맞춰 그 음과 노래를 제대로 부르는 아이들이 몇 명이 되지 않았다. 그만큼 노래를 불러보지 않았다는 것이다. 노래를 불러본 적 없는 아이들을 데리고 '쌩으로' 시작하려니 눈앞이 캄캄했다. 그러나 노래를 좋아하는 친구들이 자발적으로 모여서인지 노래도 율동도 빨리 배웠다. 무엇보다도 연습 시간에 맞춰 적극적으로 참여를 했다. 시간을 내어 남들보다 무엇인가를 더 한다는 것은 대단한 일이다. 아이들도 마찬가지다.

예술제 날짜가 다가올수록 연습 시간이 부족했다.
그동안 시간표가 달라서 따로 연습했는데 한꺼번에 모여 노래와 율동을 맞춰 볼 시간이 필요하였다. 모두 다 참여할 수 있는 시간은 아침 시간뿐이었다. '과연 아침 시간에 맞춰 올 수 있을까?'라는 걱정이 먼저 앞섰다.

어느 날, 잠시 쉬는 시간에 합창을 참여하게 된 이유에 대해 물었더니
"춤추고 노래하는 것을 좋아해요."
"노래 부르는 걸 좋아해요."
"이 다음에 커서 유명한 유튜버가 될 건데 엄마가 자신감이 부족하니 무대에도 서보고 노래도 해보라고 하셨어요."
"엄마가 TV를 보게 해주신다고 하면서 해보라고 했어요."
"아빠가 기프트 카드를 준다고 해보라고 해서 참여했어요."
참 솔직하다. 순수하게 노래를 좋아해서 참여한 아이들과 엄마의 권유에 의해 참여한 아이들로 나뉘었다.

스스로 좋아하기 때문에 참여한 친구들은 시간도 잘 맞춰서 오고 궁금한 것도 많아 이것저것 물어보았다. 시간보다 일찍 오면 시킨 것도 아닌데 부족한 부분을 스스로 연습하기도 하고 동기부여가 확실하였다.
거기에 만족하지 않고 "이렇게 하는 것은 어떨까요?" 자신들의 의견을 적극적으로 표현하였다.
"왜 그렇게 생각해?" 이유들과 생각을 물어도 "몰라요." 하지 않고 여유 있는 표정으로 자신의 의견을 또박또박 말하였다. 때로는 이유 없이 까르르~ 거리기도 하고 까불 까불거리며 장난을 칠 때도 있지만 연습에 임할 때만큼은 진지하게 집중해서 하려는 모습이 보기 좋았다.

아이들과 직접 만나서 노래를 가르치는 것은 아주 오랜만이었다.
아이들과 함께 한 것은 아이들을 이해하는데 많은 도움이 되었다. 아이들과 짧은 기간 만났지만 아이들과 함께 배우며 가르치며 소통하였다. 우

리 아이들의 변화하는 모습을 보며 희망을 갖게 되었다. 아이들과 만나 노래를 연습하면서 스스로 다짐을 한 것들이 있었다.

첫째, 좋은 관계를 위해 노력하기

좋은 마음으로 공연을 준비하면서 연습 과정에서 짜증을 내고 화를 내다 보면 아이들과의 관계가 나빠진다. 이런 경우 공연이 끝나고 나면 그 공허함과 허탈감이 마음을 무겁게 짓누른다. 강압적으로 이룬 성취의 결과라 그만큼 속상함도 크다. 도대체 공연이 뭐라고 아이들과 관계를 망치면서까지 이렇게 해야 되었을까? 찜찜함이 무겁게 마음 한편에 늘 남아있다. 함께 나누는 축제의 과정을 즐기지 못하고 공연의 기쁨도 아이들과 함께 즐기지 못하는 것은 공연을 준비하는 목적에서 벗어난 것이다.

즐거운 마음으로 연습하고 과정도 결과도 즐겁고 행복한 추억에 목적을 두기로 했다.
"노래를 잘 못하면 어때?"
"아이들이 즐겁고 나도 행복하면 되지."
나의 마음을 이렇게 바꾸니 아이들과 만나는 시간이 즐거웠다.
입에서 나가는 비난과 꾸중 대신 격려와 칭찬, 친절한 설명으로 바뀌었다. 노래가 사람들의 마음을 감동시켜 아름답고 풍성한 삶을 누리기 위함인데 그 과정에서 악쓰고 큰소리를 내며 서로에게 상처를 준다면 얼마나 우스운 일인가? 아이들과 평화롭게 노래하며 그 시간이 즐겁고 행복했다.

욕심을 부리다 보면 수준을 따라오지 못하는 아이들을 보는 것이 힘들다.

연습과정에서도 화를 내면서

"도대체 너는 왜 그래?"

"○○좀 봐라. 얼마나 잘하는지."

하며 다른 아이와 비교를 하게 된다. 그래서 스스로 마음을 단단히 먹었다. 일에 치여 바쁘고 상황이 꼬이는 날에는 '내가 이걸 왜 하고 있지?' 속으로 화가 나는 날도 있었다. 그런 날은 미리 "오늘 짱쌤이 기분이 별로 좋지 않아. 그러니 집중해서 들어주고 실수를 반복하지 않도록 조심하자."라고 내 기분을 말로 설명해주었다.

아침에 모두 모여 함께 연습하는 과정에서 시간을 지키지 않는 것은 무척 힘든 일이다. 그런데 연습 시간에 늦는 아이들이 몇 명 있었다.

그러나 교사가 옳은 행동에 대해 알려주더라도 아이들의 늦는 습관이 화악~바뀌지 않는다. 연습을 마치고 아이들에게 중창은 함께 협력하는 작업이기 때문에 시간을 지키지 않으면 시간을 지킨 사람의 시간을 빼앗는 결과라고 말해주었다. 덧붙여 다른 사람을 배려하지 않는 행동이라고 알려주었다.

그런 다음에 시간을 지키지 않는 아이들을 따로 불러 교장실에 만났다.

이유를 물었더니 참으로 다양했다.

"정해진 시간에 나오는 것이 아직 습관이 안 되었어요."

"집에서 나오려는 데 택배가 많아서 층마다 엘리베이터가 서는 바람에 늦었어요."

"일찍 나오면 아침밥을 못 먹고 와요."

"언니가 저를 안 깨우고 혼자만 가요."
"저는 늦게 자는데 안 고쳐져요."
"준비물 챙기느라 늦었어요."

"연습 시간에 늦으면 정확한 시간에 온 친구들에게 피해를 주는 거야."
"독창이 아니고 함께 하는 합창이니 사정이 있어도 모두 정해진 시간에 와야 해."라고 말해주었다.
"어떻게 하면 시간에 맞춰 올 수 있는지 돌아가며 말해보자."
잠시 생각할 시간을 두고 한 사람씩 돌아가면서 듣다 보니 피식~하고 웃음이 나왔다.

"준비물 챙겨서 미리 놓으면 돼요."
"조금 일찍 잘게요."
"평소보다 일찍 일어나서 밥도 조금 먹고 올게요."
시간 맞춰 오려면 어떻게 해야 하는지 방법까지도 이미 다 알고 있었다.
"너희들 사정이 각자 다르니까 말한 방법대로 노력을 해보자."
아이들이 시간을 맞추려고 노력을 했지만 유독 한 명의 친구가 거의 연습이 끝나갈 즈음에 왔다.

다음 날, 교감쌤께 연습을 부탁드리고 아침 등교 맞이를 하다가 학교에 들어오는 그 친구를 만났다. 나를 보더니 배시시 웃으면서 "늦었어요. 죄송합니다." 하면서도 뛰지 않고 느릿느릿 걸어갔다. 천하태평이었다. 아마도 연습이 거의 끝났을 것 같았다. 뒷모습을 보고 있자니 태연한 태도에 화가 났다. 늦게 왔더라도 장소에 빨리 가서 조금이라도 빨리 합류하면 좋으련만 도대체 서둘지를 않는다.

여러 명이 협력해서 하는 일인데 이 아이로 인해 시간에 맞춰 열심히 참여하는 아이들이 피해를 입으니 따로 불러서 '그만 두는 게 좋겠다'고 말하고 싶었다. 그러나 다시 한번 참으며 그 아이를 다시 불러서 오늘 지각한 태도에 대해 말해주고 시간에 맞춰 와야 하는 이유를 또 다시 알려주었다.

약간씩 당겨지는 변화는 있었지만 늦는 습관은 여전했다. 연습에 참여해도 행동이 엄청 산만했다. 더구나 다른 아이들은 이미 알고 있는 것을 못 들었다며 연습 도중에 물어봤다. 율동을 할 때도 산만한 자신의 몸을 통제하지 못했다. 아이들 앞에서 "동작을 오른쪽부터 해야지~."라고 말을 해줘도 "늘~ 죄송합니다."라고 본능적으로 사과하고 노여움도 타지 않았.

아이들이 시간을 내어 무엇인가를 더 한다는 일은 쉽지 않은 일이기에 기특하고 칭찬할만하다. 그리고 책임감을 가지고 임한다면 더 훌륭한 일이다. 아이들의 행동이 변화하기 위해서는 시간이 필요하다.

둘째, 격려와 칭찬으로 시작하기

노래에 집중하지 못하고 율동도 계속 틀리는 아이들이 있었다.
"집중해서 해볼까?"
"자꾸 연습하다 보면 훨씬 나아질 거야."
"부족한 부분은 쉬는 시간에 행동이 아니어도 머릿속으로 생각해봐."
"이미지로 생각만 해도 도움이 돼. 그리고 함께 모여 연습할 때 스스로 점검해보세요." 했더니 연습을 통해서 실수를 줄여나갔다.

"너는 왜 이렇게 매일 늦고 틀리는 곳에서 계속 틀리는 거야?"
"도대체 이유가 뭐야?"
"집에서 5번씩 연습하라고 했는데 안 했지?" 등의 비난과 꾸중 없이도 아이들은 점점 나아졌고 스스로 노력했다. 깔끔하게 해결되었다.

연습은 가능하면 칭찬과 격려로 시작을 하였다.
"오늘 모두 시간 맞춰 왔네. 잘했어."
"오늘도 즐거운 마음으로 연습 해볼까?"
아이들 중에도 매우 열심히 하는 아이가 있고 자세하게 안내해준 내용을 기억하고 있다가 노래도 율동의 동작도 잊지 않고 잘 하는 아이들이 있다.
"이렇게 하면 어떨까요?"
"저렇게 하면 어떨까요?" 더 잘하고 싶어서 아이디어도 낸다.

율동자리를 배치하는데 전부 가운데 서고 싶다고 했다. "들어는 봤을까? 센터부심이라고?" 아이들이 아이돌도 아닌데 센터 욕심들이 있었다.
"그럼 전부가 가운데 설 수는 없으니 어떻게 하면 좋을까?" 하고 물었다.
"잘 하는 아이를 가운데 세워요."
"잘하는 사람을? 잘 하는지 어떻게 아는데?"
"잘하는 사람은 우리가 아는데."하며 말끝을 흐린다.
"다른 방법은 없니?"
"키가 작은 아이들을 앞으로 세워요."

"그래. 너희들은 어떠니? 앞쪽에 작은 친구들이 서고 뒤쪽으로 키가 큰 친구들이 서면 모두 잘 보이겠네."

"그럼 뒤로 갈수록 키가 큰 순서대로 서면 될까? 그리고 사이사이에 서서 모두의 얼굴이 다 보이게 서면 되겠네." 했더니 "네, 좋아요. 그렇게 서요." 한다.

"얘들아, 고맙다. 어쨌든 자리를 요리조리 바꾸면서 방법을 찾아보자."

"짱쌤이 앞에서 보면 너희들 얼굴이 아주 잘 보여."

"입 모양과 동작, 표정 하나하나 다 보이는데?"

"'나는 센터다'고 생각하고 열심히 해보자." 아이들과 대화를 하며 자리 배치도 해결되었다.

셋째, 모두 함께 하는 '협력'을 가치에 두었다.

노래를 잘하는 사람도 율동을 잘하는 사람도 우리는 함께 해야 서로 빛난다고 말해주었다. 우리가 합창을 하는 것은 독창이 아니고 함께 어우러져 노래를 부르고 율동도 다 함께 잘 표현해서 노래를 더욱 돋보이게 하는 것임을 알려주었다. 날이 갈수록 노래와 율동이 좋아졌고 엉뚱한 곳에 서 있는 저학년의 옷자락을 끌어당기며 챙겼다. 한 달 동안 아이들과 평화적인 소통으로 합창을 잘 마무리하기까지 힘들고 어려운 시간이었다. 그 시간을 아이들의 의견을 물어보며 방법을 찾으며 한발 한발 내딛으며 왔다.

드디어 무대에 서는 날,

"우리 잘 할 수 있을까요?"

"그럼 열심히 했으니까 잘 할 수 있지."

"저는 무대에 처음 서봐요."

"오호~ 그래? 좋은 추억이 되면 좋겠네."

공연장으로 가는 버스 안에서 아이들은 그동안의 고단함을 잊고 무대에 설수 있다는 설렘으로 한껏 들떠 있었다.

"짱쌤 하고 합창을 하면서 배운 것이 있다면 무엇이 있을까요?"라는 질문에

"노래를 잘하지 못했는데 멋있게 부르는 법을 배운 것 같아요."

"친구들과 같이 노래를 부르는 것이 쉽지 않다는 것을 알았어요."

"그렇지? 협력하는 게 쉽지가 않지? 그렇지만 잘해주었어."라고 아이들을 칭찬해주었다.

"처음에는 가사도 모르고 음도 못 내고 노래도 못 불렀었는데 노력하면 된다는 것을 배웠어요."

"〈꿈꾸지 않으면〉이라는 노래를 알게 되었고 고음을 낼 수 있게 되었어요."

"노래하는 동안 즐거웠고 지금은 조금 긴장이 되지만 노래를 부르고 나면 엄청 뿌듯할 거 같아요."

"기억나는 한 가지는 합창은 함께 어우러져야 한다는 것을 알게 되었어요."

"얘들아, 짱쌤도 너희들과 보낸 시간이 즐겁고 행복했어. 〈꿈꾸지 않으면〉의 가사처럼 배운다는 건 꿈을 꾸는 것이고 가르친다는 것 희망을 노래하는 것이란다. 얘들아 모두들 수고했어."

교장 선생님과 함께 큰 무대에 서서 노래를 불렀던 기억이,

함께 노래를 맞추어 가면서 배웠던 협력의 의미와 가치가 우리 아이들이 살아가는데 피가 되고 살이 되었으면 좋겠다.

⑥

학교에 캠핑장이 생겼다고?

2학기에는 우리 학교도 현장 체험학습이 준비되어 있었다.

그런데 그즈음 현장 체험학습 중에 발생한 교통사고로 초등생이 숨지는 사고가 발생했다. 인솔 교사들은 누구보다 학생 안전을 위해 많은 준비와 노력을 하고 주의의무를 성실히 했음에도 예측할 수 없는 사고에 교사들이 업무상 과실치사 혐의로 재판을 받게 되자 교사들의 반발로 현장 체험학습을 취소하는 학교들이 늘었다.

우리 학교에서도 예외가 아니어서 직원협의회에서 교사에게 무한책임을 묻는 상황에서는 현장 체험학습을 운영하는 것이 염려된다는 것이 교사들 대부분의 의견이었다.

법제처에서도 현장 체험학습을 가려면 안전한 노란 버스를 타고 가야 한다는 법의 해석이 나왔기에 그동안 관광버스를 타고 갔던 상황도 불법이었.

불법으로 발생하는 사고는 더구나 법의 보호를 받지 못하기 때문에 교사들이 현장학습을 가다가 발생한 사고는 말할 필요가 없다.

학교에서 이런 상황으로 인해 갈등이 발생하자 교육청에서는 부랴부랴 경찰청과 협의하여 현장의 혼란을 최소화할 수 있는 방안이 도출될 때까지 관광 버스를 타고 가도 단속 대신 계도와 홍보를 하겠으니 학교에서는 매뉴얼 준수, 동승보호자 탑승, 교통안전 교육 실시 등을 하고 안전하고 교육적인 현장체험학습이 추진될 수 있도록 협조를 부탁한다는 공문을 보냈다.

임기응변의 땜빵식 답변으로 일관한 교육부를 향해 교사들은 학생과 교사들이 안전하게 교육활동을 할 수 있는 환경을 법과 제도를 통해 마련해 달라며 호소했지만 학교는 계획된 수학여행 등 체험학습 운영을 두고 2학기 내내 몸살을 앓았다. 우리 학교는 학생과 학부모들의 의견을 물었고 교사들의 의견도 존중하였다. 그러나 6학년의 예정된 현장학습에 대한 아쉬움이 많아 결국은 아이들이 좋아하는 현장학습에 버금가는 대체 프로그램을 운영하기로 했다.

학년별로 현장학습이 과학 매직쇼, 떡 만들기, 레크레이션으로 대체되어 아이들이 즐거운 시간을 보냈다. 특히 6학년은 마지막 졸업하는 학생들이기에 "무엇을 하면 아이들이 좋아하고 추억이 될까?"를 염두에 두고 교사가 아이들의 의견을 수렴하여 결정하기로 하였다. 6학년이 되면 아이들은 스스로 주도성을 가지고 하려는 태도가 강하기 때문에 협력하여 주도성을 발휘할 수 있는 체험학습을 찾아보는 것이 필요하였다. 최종 결정된 대체 프로그램은 캠핑 데이였다. 대다수의 아이들도 학부모들도 캠핑 데이에 아주 만족하였다.

아이들은 학교 안에서 이루어지는 캠핑을 기대하며 계획하였다.
캠핑을 하기 전에 반별로 모둠을 구성하고 모둠 이름과 구호 등을 정해서 이름과 구호로 갈랜드를 만들었고 음식 만들기 경연대회를 위한 음식을 고르고 재료도 나누는 등 한껏 기대감을 가지고 기다렸다.

드디어 캠핑 데이가 시작되는 날.
모둠별로 지정된 학교 운동장 가장자리에 텐트를 쳤다.
미리 텐트를 치는 방법을 배웠지만 실제로는 쉽게 쳐지지 않는 모둠도 있어서 텐트를 치는 것에서 조금씩 차이가 났다. 요즘은 가정에서 캠핑 가는 것이 일상화되어 있어 텐트에 대해서 아는 친구들도 있지만 대부분은 고군분투하고 있었다. 자신들의 속도에 맞게 개성 있게 텐트를 치고 캠핑 약속과 모둠 이름을 멋지게 적어서 주렁주렁 가랜드를 만들어 걸었다.

열심히 텐트를 치다가 장갑이 뚫어졌다며 자랑삼아 보여주는 친구도 있었다.
텐트를 다 친 모둠에서는 내부를 자신의 집처럼 아늑하고 예쁘게 꾸미고는 둘러앉아 보드게임도 하고 과자를 먹었다. 텐트를 다 친 모둠에게 집이 완성된 소감을 몇 명의 친구들에게 물었더니
"너무 웃겨요."
"너무 좋아요."
"재미있어요."
"행복해요." 하며 수줍게 말하는 친구도 있었고 얼마나 힘이 들었는지 "너무 힘들어요."라고 진지하게 말해서 나도 픽! 웃고 말았다.
교사의 도움을 받거나 텐트를 쳐 본 경험이 있는 친구들을 중심으로 협력해 가는 것이 보기 좋았다. 초등시기의 아이들은 이러한 다양한 경험을

통해서 뇌를 자극하고 발달시키며 긍정적 경험치를 쌓아간다.

텐트를 다 치고 나서 '음식 만들기 대회'가 시작되었다.

텐트 앞 책상에 준비해온 음식 재료들을 올려놓고 재료들을 다듬고 손질하였다. 도대체 무엇을 만드는지 궁금해서 돌아 다녀보니 김밥, 명란젓 주먹밥 등 도 있었지만 평범한 재료를 거부하는 기발한 비주얼의 음식들도 있었다. 어디서 보았는지 소시지로 눈을 붙여서 문어 주먹밥, 코알라 모양의 주먹밥도 있었다. 상품으로 팔아도 될 정도의 제법 훌륭한 샌드위치도 만들었다. 돌아다니며 아이들이 만든 음식을 보니 나름대로 다채롭게 준비한 재료들을 활용해서 고학년답게 창의적으로 음식을 만들었다.

아이들은 내가 지나갈 때마다 "교장쌤 드셔보세요."라고 자신들이 만든 음식들을 다정하게 권했다. 아이들의 만든 음식을 먹으며 맛도 있었지만 함께 나누고자 하는 아이들로 인해 행복했다.

"너무 맛있어요." 하고 만든 음식의 맛을 말해주었더니 오히려 "맛있어요?" 하며 "감사합니다!"라고 90도로 인사를 하였다. 하하호호 깔깔거리며 웃음이 넘치고 좋아하는 아이들을 보며 나도 덩달아 기뻤다.

아이들에게 음식을 만드는 소감을 묻자 음식만 뚫어져라 집중하며 "재미있네요."라고 시니컬하게 말하는 친구도 있고 "해보고 싶었는데 음식을 직접해보니 굉장히 즐겁습니다." 사뭇 진지하고 비장하게 말하는 남학생의 얼굴을 보며 웃음이 나왔다. 사실 어른들의 시선으로 보면 별것도 아닌 것을 이 아이들은 너무 즐겁게 참여하고 행복해하였다. 완성된 음식들을 가져다 놓고 평가를 기다리며 "일등은 우리가 따 놓았다."라며 서로 자기 모둠이 잘했다며 의기양양(意氣揚揚)했다.

초등학교 시절 스카우트에서 1박 2일로 캠프를 하는 날이면 주로 레크리에이션으로 마무리 되듯이 강당에서는 레크레이션 활동이 실시되었다. 주로 팀 활동으로 공동체 의식을 함양시키는 활동들로 구성되었다.

마치 두 사람이 한 사람이 되어 하는 활동들과 모둠이 한 팀이 되어 숫자를 표현하고 꽃을 만들고 홀라후프를 먼저 통과하는 팀이 승리하는 주로 협력이 필요한 활동들로 이루어졌다. 아이들은 오랜만에 레크리에이션 활동을 하며 마음껏 웃으며 마음껏 즐거워하였다.

"오늘 하루 어땠어요?"라는 질문에 아이들은 하나같이 엄지를 척하고 들어 올리며 "너무 재미있어요."라는 말로 답을 해주었다.

2학기 현장체험학습을 기대했던 아이들이 갈 수 없는 상황에서 우리 교사들과 학생들이 함께 만들어낸 멋진 프로그램으로 우리 아이들은 오늘 하루 종일 즐겁고 행복한 시간을 보냈다.

생각지도 못한 상황을 학생들과 학부모, 교사들의 이해와 긍정의 마인드로 오히려 더 좋은 프로그램으로 아이들 기억 속에 남는 체험학습이 되었다.

"선생님 고맙습니다."

"우리 친구들, 고마워요."

⑦

잔소리 그만, 주도적인 아이로 키우는 방법

〈유퀴즈 온 더 블럭〉에서 길거리에서 초등학교 고학년 아이들로 보이는 아이들에게 물었다. "잔소리와 조언은 어떻게 달라요?" 이에 대한 대답을 듣곤 깜짝 놀랐다. 아이들의 말이 진국이오, 명언이었다.

"잔소리는 왠지 모르게 기분이 나쁜데 조언과 충고는 더 기분 나빠요."
"차라리 잔소리가 나은가요?" 하고 물었더니 "그냥 둘 다 안 하는게 나은 것 같아요." 한다. 잔소리와 충고는 초등학교 아이들도 이미 알고 있고 기분 나쁘게 생각한다. "엄마가 잔소리 하는 거 없어요?"라고 물어보니 "너무 많아요. 공부 제대로 하라고!!"
"하하하."

아침 등교 시간에는 많은 것들이 보인다.
주정차를 할 수 없는 혼잡한 학교 앞 도로에서 규칙을 어겨가며 아이를 내려주는 부모도 있고 "여기는 주정차가 안 됩니다." 하고 막는 배움터 지킴이 선생님과 말싸움하는 부모도 있다. 아이의 가방을 부모님이 메고 와서는 교문 앞에 와서야 아이에게 건네주는 부모도 있고 동생 유모차에 아이를 태워 와서는 교문 앞에다 내려주는 부모도 있다.

아이가 신발주머니를 안 가져갔다며 전해달라고 하시는 부모도 있고 교문 안으로 들어간 아이를 기어코 다시 불러서 "아유. 엄마를 안아주고 가야지?" 하고 많은 아이들 등교하는 교문 앞에서 다시 아이를 품에 안아주는 부모도 있다.

어떤 할머니는 "아이 가방이 너무 무거우니까 저 현관까지 제가 갖다 주면 안 될까요?" 하고 물어보며 안타까워하는 할머니도 계신다.

인사하고 교문으로 들어가는 아이에게 계속 "이렇게 해! 저렇게 해!"라며 계속 여러 지시를 하며 학교에 들어가는 아이 뒤통수에 대고 끊임없이 말하는 분들도 있다. 아이가 계속 뒤돌아보며 손을 흔들고 고개를 끄덕이느라 도대체 아이가 교실로 들어가지를 못한다. 어느 부모님은 많은 아이들이 보는 앞에서 안아주고 "사랑한다"고 말하며 헤어짐이 너~무 긴 부모도 있다.

도대체 왜 저럴까? 하고 생각해보니 지금 헤어지면 저녁 늦게야 만나니까 아이가 짠하기도 애틋하기 때문이다. 또 "얘가 잘 할 수 있을까?" 하는 부모의 불안 때문이다. '혹시 학원에 늦는 것은 아닐까?', '가방 안에 준비물 넣어놨는데 모르는 거 아닐까?' 하는 불안감에 계속 알려주고 지시를 한다.

그런데 아이들은 부모의 생각보다 훨씬 의젓하다. 스스로 할 수 있는 능력이 충분하다. 부모는 아이들을 너무 아기처럼 대하는 경향이 있다. 가만히 살펴보면 부모가 우리 아이들에게 스스로 할 수 있도록 기회를 주지 않는다. 부모가 해결사로서 옆에 남아서 이것저것을 참견한다.

초등 시기는 스스로 선택할 수 있도록 단계적으로

초등 시기는 부모가 아이들에게 거리를 두고 스스로 할 수 있는 범위를 늘려가도록 단계적으로 도와주어야 한다. 대부분의 아이들이 혼자서 가방을 메고 씩씩하게 학교에 온다. 그 중에 어떤 아이는 신발주머니를 빠트리기도 하고 준비물을 안 가져오기도 한다. 당연히 어린 아이들이니까 실수가 있게 마련이다.

그런 실수를 통해 아이들은 대처 능력을 배우고 사회성을 키우며 성장한다.

"오늘 신발주머니를 빠트리고 갔어?"
"그래서 엄마가 항상 잘 챙기라고 했지?"라고 혼을 내기보다는 아이의 마음을 우선 공감해주고 어떻게 해결했는지 묻는다. 그래서 공감을 잘하는 친구들은 문제 해결력도 좋다.
"저런, 속상했겠네."(공감)
"그래서 어떻게 했어?"
"선생님께 말씀드렸더니 여분의 실내화를 빌려주셨어요."(문제 해결력)
"그랬구나. 앞으로 신발주머니를 잊지 말고 잘 가져가야겠네." 하고 실수를 돌아보고 꼭 챙길 수 있도록 생각하게 한다면 아이는 생각하는 힘을 기르게 될 것이고 자신의 물건을 스스로 챙기게 되는 법을 깨닫게 된다.

초등학교 시기는 자기 주도적인 삶의 습관을 기르는 중요한 시기이다.
수많은 시행착오를 겪으며 경험치를 늘리고 자기 주도적인 능력을 키워 나간다.

부모의 역할은 자기 주도적 습관과 환경을 만들어 가도록 도와주는 것이다.

아이들의 곁에서 자기 스스로 자신의 삶을 개척할 수 있는 협력자로 함께 해주었으면 좋겠다.

학원을 정하는 문제나 친구 관계 등에서 아이가 빠지고 엄마가 전적으로 결정을 해서 통보를 하는 경우가 많다.

"어느 학원이 좋겠어?"라고 묻고 어느 학원이 좋을지 아이와 충분히 이야기를 나눈 후에 "○○ 학원과 ○○학원에 있는데 어떤 학원이 좋을까?" 하고 두 학원 중에 아이가 선택하게 하면 어떨까?

자녀가 중학년이라면 "어느 학원이 좋겠어?"라고 이야기를 나누고 한번 정해보라고 선택권을 주는 것도 좋다. 아이가 커갈수록 학교생활, 친구 생활에서 "네 생각은 어때?"라고 아이의 생각과 의견을 물어보면서 생각을 키워갈 수 있도록 훈련이 되어야 한다.

내 아이를 잘 알기 위해서는 '지피지기면 백전백승'이라고 초등학교 시기의 아이들의 특성을 알아보는 것이 아주 중요하다. 삐아제가 연구한 초등학교 시기의 인지적 발달 단계는 '구체적 조작기'에 해당된다. 구체적 조작기인 초등 시기는 아이들의 사고와 심리적 행동 양식이 논리적이고 체계적인 사고가 발달하는 시기이다. 탈중심적 사고가 발달하는 시기로 자기만의 생각이 현저하게 발달하고 다른 사람의 입장에서 생각할 수 있게 된다.

초등학교 시기는 유치원보다 행동과 사고영역이 넓어지고 학교 교문을 들어서는 순간부터 교육이 시작된다. 유치원 아이들은 어린 시절에 주양육자인 부모, 가족, 선생님, 주위 어른들, 종교적인 가르침을 검증 없이 받아들인다. 그러나 초등학교 시기는 시행착오와 수정과 사고의 과정을 거쳐 자기 것으로 받아들인다. 그러므로 초등학교 시기는 아이들에게 단계적으로 자신이 스스로 할 수 있는 일 또는 생각을 키워갈 수 있도록 도와주어야 한다.

친절한 부모를 좋은 엄마라고 생각하기도 한다. 그러나 친절함이 과해도 아이를 키우는데 있어 도움이 되지 않을 수 있다.
아침에 비 온다는 소식을 미리 알고 우산을 챙기고 장화를 신고 아이도 있다.
"오늘 비 온다고 했어?" 하고 물어보면 씩씩하게 "네." 하고 대답을 한다.
반면에 비 온다는 말을 듣지 못하고 우산을 안 챙겨왔는데 하교 시간에 비가 온다면 아이는 어떻게 대처를 할까? 우산을 가져다 줄 사람이 없으면 현관에서 동동거리던 경험을 통해서 우산을 미리 챙겨놓은 습관을 가지게 될 것이다.

갑자기 날씨가 쌀쌀해졌는데 반팔과 반바지를 입고 오는 아이들이 있다. 나를 쳐다보면서 "으으으~ 추워요." 하면 "그러게. 추워 보인다."라며 아이의 말에 공감을 해준다. 하지만 거기까지다. 스스로 깨달아 준비하지 않으면 아무리 알려주어도 깨닫지 못한다.

자녀와 적당한 거리두기

'선택 장애' 또는 '결정 장애'라는 말을 들어보았을 것이다.

초등학교 시기에 스스로 자신이 주도하여 결정하고 선택하는 훈련이 되지 않으면 자신이 진짜로 원하는 것이 무엇인지 알지 못한다. 자장면을 먹을지 짬뽕을 먹을지 선택이 어려워서 "아무 거나요~."라고 말하는 사람도 제법 많다.

아이를 키우면서 신체적으로 일반화된 자료를 기준으로 몇 살에 키와 몸무게가 현저하게 부족하거나 넘치면 병원에 가서 진단을 받거나 치료를 받는다.

그런데 자녀가 인지적, 심리적으로 발달이 늦거나 덜 발달된 부분에는 무관심한 부모들이 상당하다.

초등학교 시기는 에릭슨의 행동 심리사회적 발달 단계를 보면 근면성 대 열등감의 시기로 얼마만큼 성실하게 나의 일을 해냈느냐가 중요한 발달과제가 된다. 노력의 힘을 아는 아이들은 계속해서 발전하지만 그렇지 못한 아이들은 쉽게 좌절하고 무기력해진다. 그러므로 부모는 실패하고 좌절했을 때 한 번 더 일어설 수 있는 과제를 잘 이행할 수 있도록 돕는 것이 필요하다.

부모님들은 불안감에 휩싸여 아이들을 통제하고 '이거해라 저거해라' 명령하고 지시하지만 학교에서 아이들과 만나 대화를 해보면 아이들은 훨씬 더 자신의 생각을 잘 표현한다. 자신의 생각을 또렷하게 표현하고 친구들과의 의견도 잘 조율하며 지낸다. 부모님 생각보다 훨씬 의젓하게 지낸다.

소통!! 하면 무슨 '넘사벽'처럼 여겨지지만 결코 어려운 일은 아니다.

아이가 학교에서 돌아왔을 때
"학교에서 어땠어?"
"학원에서는 어떻게 지냈어?"
"오늘 저녁은 무엇을 먹을까?" 이런 질문으로 자녀의 수준에 맞게 대화를 하며 학년이 올라 갈수록 자녀와 거리를 두어야 한다. 아이의 학년에 맞게 단계적으로 스스로 하는 범위를 늘려주면서 주도성을 키워갈 수 있도록 도와주어야 한다.

텔레비전이나 뉴스를 보면서 간단하게 본 것을 서로 나눌 수도 있다. 일방적인 부모의 통제나 지시가 아닌 아이의 의견을 묻고 엄마가 아이에게 부탁하고 싶은 것들을 설명하면 된다. 자녀와 적당한 거리를 두고 자녀가 스스로 결정하고 선택을 하며 그에 따른 책임도 질 수 있도록 하자. 엄마가 아이와 늘 함께 할 수는 없다.

부모도 스스로에게 질문해보자.
자녀와 적당한 거리를 두고 있나요?
자녀가 스스로 할 수 있도록 단계적으로 도와주고 있나요?

8

쉿! 어른들은 모르는 아이들의 속마음

　101회 어린이날을 맞이하여 아이들의 마음을 알리는 뜻깊은 영상을 만들고 싶었다. 2022년에 올린 첫 번째 영상에는 어린이날을 맞이하는 저학년 친구들을 위주로 인터뷰를 하였다. 우리 친구들은 어린이날만큼은 가족과 함께 키즈카페나 놀이공원에 가서 신나고 즐겁게 놀기를 바라고 있었다.

　두 번째 영상에는 고학년인 6학년 친구들을 대상으로 어린이날을 맞이하여 어떤 생각을 가지고 있는지 그 마음을 알아보고 싶었다.

　"어른들이 하는 말 중에 가장 듣기 싫은 말은 무엇인가요?" 라는 질문에 이렇게 답한다.
　"잼민이 같고 키가 작다는 말이요."
　'잼민이'나 '초딩'과 같은 표현은 온라인상에서 초등학생을 일컫는 말이다. 어린이들을 서툴고 부족한 존재로 보는 인식이 전제되어 있다.
　"공부 좀 열심히 해!!"(학업성적)
　"너보다 쟤가 낫네."(비교)
　"공부를 열심히 해서 성적이 올랐는데 벼락치기 한 거 아냐?"(깎아내림)

"너는 어려서 몰라."(무시)

"키가 작으니까 밥 더 먹으라고 할 때."(외모 비하)

"너는 왜 이것도 못하니?"(비난)

무심코 뱉은 어른이나 부모의 한마디에 상처받는 아이들이 많다.

부모가 아무 생각 없이 뱉은 말, 부모의 기억에 없는 말 한마디가 내 아이에게 상처를 주는 것은 아닌지 깊이 생각해봐야 한다. 아이가 잘되라고 하는 말인데 강요하고 협박처럼 들린다. 부모는 자녀가 조금 더 성장하라는 의미에서 말이지만 이런 언어습관이 반복되면 부모와 아이의 관계는 틀어지고 깨지고 만다.

이런 상처, 비난, 모욕, 협박 등의 말에 아이는 상처를 받고 의욕이 떨어지고 상심한다.

아이들은 진심으로 자신이 듣고 싶은 말이 아니면 잔소리로 듣는 경향이 있다.

대화는 아이를 존중하는 마음에서 시작되어야 한다. 아이를 존중하지 않는 대화는 부모와 아이의 관계를 멀어지게 한다. 존중의 뜻은 나와 상대방을 공손하고 소중하게 대함으로써 그 가치를 인정하고 높여주는 것이다.

아이들의 인터뷰에도 나타나듯 가장 듣기 싫어하는 말에는 다른 사람과의 관계를 깨트리는 말로 비교, 판단, 무시, 비하, 강요와 지시가 있다. 비교, 판단, 지시는 부모님이나 주위 사람들이 생각 없이 자주 사용하는 말들인데 우리 친구들이 듣기 가장 싫어하는 말이다.

특히 '키가 작다'는 말은 외모 비하로 얼굴과 신체에 대한 평가는 관계를 망치고 깨트리는 말이다. 많은 사람들이 자신도 모르는 사이에 자신의 잣대로 다른 사람을 항상 판단하고 평가하며 살아간다. 그 외에도 비교, 무시, 강요 등의 말은 가까운 부모님이라도 자녀에게 사용하지 않도록 주의해야 한다.

부모님이 이런 말을 자주 쓰면 자녀의 자존감이 낮아지고 위축되기 쉽다. 또한 자녀도 부모의 언어를 따라 배우기 때문에 그대로 보고 사용하게 된다. 더구나 부모의 언어습관을 보고 배워서 평소에 자주 쓴다면 학교에서 아이들과 사이좋게 지내지 못한다.

두 번째 질문은 **언제 부모님께 사랑을 받고 있다고 느끼나요?**

"항상 사랑을 받고 있다."
"엄마가 항상 저를 생각해주고 혼도 내지 않고 웃으면서 넘겨주세요."
"항상이요, always."
"나를 안 좋아하면 밥도 안 해주고 귀찮아서 소파에 누워 있기만 할 텐데 밥도 잘해주고 맛있는 것도 사주셔서 사랑받고 있다고 생각합니다."
"제가 가지고 싶은 물건을 사줄 때 사랑받고 있다고 느낍니다."
"제가 먹고 싶은 음식을 사주실 때 사랑받고 있다고 느껴요."
"저는 부모님이 저를 도와줄 때 사랑받는다고 느껴요."
고학년 아이들은 부모가 자신들에게 가지고 싶은 물건이나 음식을 사주거나 무엇인가를 해줄 때 사랑받고 있다고 느끼는 것 같다.

특히 인터뷰 중 "혼나고 있을 때 사랑받고 있다고 생각해요. 사랑하지 않으면 혼낼 이유가 없잖아요." 하고 확신에 찬 의젓하고 속 깊은 답변으로 나와 친구들을 놀라게 하였다. 옆에서 듣고 있던 아이들이 "허억~~ 명언이야. 엄마가 신경을 써주니까 화도 내는 거야."라며 공감을 해주었다. 속 깊은 우리 아이들을 어쩌면 좋을까요? 그 순간 카메라도 놀라 미끄러지며 팽그르르 돌았다.

"항상 사랑받고 있다", "혼나고 있을 때도 사랑받고 있다고 생각해요."라고 확신에 찬 어조로 말한 친구들은 부모와 애착을 잘 형성해 안정감을 느끼고 있다. 안정된 애착은 원만한 사회성과 행복한 생활의 근원이 되기도 한다. 힘들거나 괴로운 일이 있어도 잘 극복하고 행복한 생활을 유지한다. 행복하다고 느낄 때 뇌가 활성화되고 '옥시토신'이라는 호르몬이 분비되어 기분이 좋아진다고 한다. 사랑의 호르몬인 '옥시토신'을 풍성하게 공급하는 가정이 건강한 가정이다.

부모가 해야 할 일은 자녀가 안심하고 긍정적이며 편안하게 성장할 수 있는 장소 즉 가정을 제공해야 한다. 건강한 가정이 되었을 때 아이들은 공부도 하고 정서적으로 안정되어 건강하게 성장하기 때문이다.

선생님들도 한 말씀씩 축하의 말로 응원을 해주셨다.
"너희들은 소중하단다."
"건강이 최고!!"
"너희는 세상의 빛"
"미래의 주인공은 바로 여러분입니다."
"최고야, 사랑해!!"

우리 아이들은 미래 세상의 빛이며 반짝반짝 빛나는 존재들이다.

"잘하고 있어.", "정말 잘하고 있어."라고 격려하며 눈을 맞추고 1:2:3법칙을 지켜 대화를 해보자. **"한 번 말하고, 두 번 생각하고, 세 번 공감해주자."**

"어린이날을 축하해요."
"뭐니 뭐니해도 밥심이 최고예요."
"맛있는 급식 먹고 건강하게 자라요!!"
"친구들과 잘 어울려 뛰어놀기 위해서는 무엇보다 중요한 것은 건강이 최고!!"

우리 친구들에게 최선을 다해 '최고의 한 끼'를 준비해주시는 급식실 선생님들도 우리 친구들에게 응원의 메시지를 보내주셨다.

어린이날을 맞이하여 우리 고학년 아이들의 속마음을 들여다보았다. 고학년 아이들은 부모님께 언제 사랑을 받고 있다고 느끼고 듣기 싫어한 말이 무엇인지 알게 되었다.

첫째, 아이에게 스트레스를 주는 공부에 대한 이야기, 아이의 단점, 다른 아이와의 비교, 어린아이라고 얕잡아 보고 무시하는 말과 행동을 조심하여야 한다. 둘째, 사랑과 애정을 듬뿍 표현해주기를 진심으로 바란다. 고학년 아이들이 부모보다 키와 몸집이 커도 아이들은 아이들이다. 부모로부터 사랑과 애정을 끊임없이 확인하고 사랑과 애정표현을 듣고 싶어 한다. 아이들도 초등학교를 졸업하면 부모와의 관계에서 조금씩 벗어나려 한다. 친구들과의 관계에 더 큰 비중을 두기 때문에 부모와의 대화와 소통이 줄어들 것이다. 아이들이 성장하면서 발달 단계에서 자연스러운 특성이다. 아이들이 부모의 사랑을 원할 때 충분한 사랑을 표현해주기를 바란다. 부모와의 긍정적 애착이 앞으로 아이들이 성장하며 자기 주도적으로 살아가는 데 큰 밑거름이 된다.

사춘기에 접어 든 초등학교 고학년 아이들과 대화를 하기 위해서는 요즘 아이들의 관심사가 무엇인지 잘 관찰하여 소통을 시작해보기를 권한다. 아이의 말을 많이 들어주고 말을 아끼자.

누군가 아이의 존재 이유는 "사랑받기 위함"이라고 했다. 늘 최선을 다해 사랑을 표현해주기를 바란다.

"딸, 엄마가 사랑해!"
"아들, 엄마가 정말 사랑해!!"

"우리 친구들!! 짱쌤이 정말 많이 사랑해."

— 에필로그 —

당신은 이미 좋은 부모입니다

　베이붐 마지막 세대로서 변화하는 사회 속에서 학교의 변화를 지켜보며 40여 년을 학교에서 아이들과 생활하였다. 학교를 좋아하는 사람으로서 학교와 학생은 저의 모든 것이다. 학교를 다니며 더 좋은 교사를 꿈꾸고 관계와 성장을 배웠다. 학교를 다니며 결혼과 사랑스런 두 아이를 낳고 키웠다. 학교를 다니며 더 공부를 했고 교사로 시작하여 장학사, 교감, 교장이 되었다.

　교사이면서 엄마이기에 나의 아이들에게 2배로 더 가혹했다. 바쁜 엄마의 여러 부족함에도 두 아이들은 스스로 잘 성장해 주었다. 항공 회사를 다니고 연설문 쓰는 사람이 되었다. "엄마, 괜찮아요. 그래도 엄마가 우리를 보듬어주고 소통하려고 노력한 부분들을 알아요." 초긍정의 타고난 기질을 닮았나보다. 덕분에 가장 친하고 더 좋은 친구가 되었다.

　언젠가 엄마를 뵈러 갔는데 마침 딸에게 전화가 왔다. 딸과 대화하는 모습을 보더니 "너는 딸과 참 다정하게 말도 하네. 나는 그런 적이 없는데." 하면서 한숨과 동시에 혼잣말을 하신다. 엄마도 어슴푸레 나와의 기억이 나시나 보다.

딸이 전화 너머로 "엄마, 근데 할머니하고 말투가 똑같아요.", "정말? 나도 엄마 딸인데 엄마를 닮았겠지."

아이들이 학교로 학원으로 지쳐 가정으로 돌아오면 찐하게 안아주자.

마음의 쌓인 억울한 사정이나 아이들의 마음을 헤아려주는 것이 필요하다. 아이들은 이야기를 들어줄 사람이 필요하다. 그 사람이 부모라면 얼마나 좋을까?

『결국은 부모의 말이 전부다』에서 배운 대로 아주 간단한 세 가지를 주의하며 들어주자.

첫째, 아이와 눈 맞추며 이야기를 들어주자.
둘째, 제발 중간에 끼어들어 이야기를 끊지 말자.
셋째, 조언이나 훈계하지 말고 끝까지 들어주자.

"무슨 일이 있었니? 한번 말해볼래?"
"그런 일이 있었구나? (속상)했겠다."
"너는 이 일이 어떻게 해결되기를 바래?"
"엄마가 무엇을 도와줄까?"

언제나 늦었다고 생각할 때 시작하는 것이 최선이다.
자녀와의 관계에서 좀 더 나은 소통을 위해 지금이라도 노력하는 당신!!
당신은 이미 충분히 좋은 부모이다.

『결국은 부모의 말이 전부다』를 읽어주신 분들께 진심으로 감사드린다.
이 책이 작은 도움이 되었다면 그것으로 충분하다.